Dados Internacionais de Catalogação na Publicação (CIP)
(Câmara Brasileira do Livro, SP, Brasil)

Brasil : nunca mais / prefácio de Dom Paulo Evaristo Arns. –
Petrópolis, RJ : Vozes, 2025.

Bibliografia.
ISBN 978-85-326-7036-6

1. Direitos humanos 2. Ditadura – Brasil – História
3. Militarismo – Brasil 4. Perseguição política 5. Resistência ao governo
I. Arns, Dom Paulo Evaristo.

24-243870 CDD-320.98108

Índices para catálogo sistemático:
1. Brasil : Ditadura militar : História política 320.98108

Cibele Maria Dias – Bibliotecária – CRB-8/9427

Prefácio do Cardeal Arns

BRASIL: NUNCA MAIS

40 ANOS DE PUBLICAÇÃO

PARA QUE NINGUÉM SE ESQUEÇA

EDITORA VOZES

Petrópolis

Rua Frei Luís, 100
25689-900 Petrópolis, RJ
www.vozes.com.br
Brasil

Diagramação: Editora Vozes
Revisão gráfica: Fernando Sergio Olivetti da Rocha
Capa original: João-Lauro
Adaptação de capa: Érico Lebedenco

ISBN 978-85-326-7036-6

Este livro foi composto e impresso pela Editora Vozes Ltda.

Sumário

Parte II
O sistema repressivo

Parte III
Repressão contra tudo e contra todos

Parte IV
Subversão do direito

Parte V
Regime marcado por marcas da tortura

Parte VI
Os limites extremos da tortura

Anexos

"Escreve isto para memória num livro" (Ex 17,14).
"Lembrem-se do que aconteceu no passado: Naqueles dias, depois que a luz de Deus brilhou sobre vocês,
vocês sofreram muitas coisas,
mas não foram vencidos na luta. Alguns foram insultados e maltratados publicamente,
e outros tomaram parte no sofrimento
dos que foram tratados assim. Vocês participaram do sofrimento dos prisioneiros.
E quando tiraram tudo o que vocês tinham, vocês suportaram isso com alegria,
porque sabiam que possuíam coisa muito melhor, que dura para sempre.
Portanto,
não percam a coragem,
porque ela traz grande recompensa"
(Hb 10,32-35).

Prefácio do cardeal-arcebispo de São Paulo

Testemunho e apelo

As angústias e esperanças do povo devem ser compartilhadas pela Igreja. Confiamos que este livro, composto por especialistas, nos confirme em nossa crença no futuro.

Afinal, o próprio Cristo, que "passou pela Terra fazendo o bem", foi perseguido, torturado e morto. Legou-nos a missão de trabalhar pelo Reino de Deus, que consiste na justiça, verdade, liberdade e amor.

As experiências que desejo relatar no frontispício desta obra pretendem reforçar a ideia subjacente em todos os capítulos, a saber, que a tortura, além de desumana, é o meio mais inadequado para levar-nos a descobrir a verdade e chegar à paz.

1. Durante os tempos da mais intensa busca dos assim chamados "subversivos", atendia eu na Cúria Metropolitana, semanalmente, a mais de vinte, senão cinquenta pessoas. Todas em busca do paradeiro de seus parentes.

Um dia, ao abrir a porta do gabinete, vieram ao meu encontro duas senhoras, uma jovem e outra de idade avançada.

A primeira, ao assentar-se em minha frente, colocou de imediato um anel sobre a mesa, dizendo: "É a aliança de meu marido, desaparecido há dez dias. Encontrei-a, esta manhã, na soleira da porta. Sr. padre, que significa essa devolução? É sinal de que está morto ou é um aviso de que eu continue a procurá-lo?"

Até hoje, nem ela nem eu tivemos resposta a essa interrogação dilacerante.

A senhora mais idosa me fez a pergunta que já vinha repetindo há meses: "O senhor tem alguma notícia do paradeiro de meu filho?" Logo após o sequestro, ela vinha todas as semanas. Depois reaparecia de mês em mês. Sua figura se parecia sempre mais com a de todas as mães de desaparecidos. Durante mais de cinco anos acompanhei a busca de seu filho através da Comissão Justiça e Paz e mesmo do chefe da Casa Civil da presidência da República. O corpo da mãe parecia diminuir, de visita em visita. Um dia também ela desapareceu. Mas seu olhar suplicante de mãe jamais se apagará de minha retina.

Não há ninguém na Terra que consiga descrever a dor de quem viu um ente querido desaparecer atrás das grades da cadeia, sem mesmo poder adivinhar o que lhe aconteceu. O "desaparecido" transforma-se numa sombra que ao escurecer-se vai encobrindo a última luminosidade da existência terrena.

Para a esposa e a mãe, a Terra se enche de trevas, como por ocasião da morte de Jesus.

2. Numa noite singular, chegou à minha residência um juiz militar, que estudara em colégio católico e demonstrava compreensão para a ação da Igreja de São Paulo, empenhada na defesa de presos políticos.

A certa altura, a conversa toma rumo oposto. O magistrado, aparentemente frio e objetivo, se comove. Acaba de receber dois documentos – diz ele – provenientes de fontes diversas e assinados por pessoas diferentes. Dois presos políticos afirmam terem assassinado a mesma pessoa, em tempo e circunstâncias totalmente inverossímeis. E ele, juiz, a concluir: "Imagine o senhor a situação psicológica, e quem sabe física, de quem chega ao ponto de declarar-se assassino, sem o ser!"

O inquérito sob tortura, ou ameaça de tortura, no entanto, chega a absurdo e inutilidade ainda maiores:

3. O engenheiro, antes de prestar depoimento à Comissão Justiça e Paz, relata-me o seu drama.

Nada tinha a temer, quando foi preso. Como, no entanto, ouvira que a tortura era aplicada a quem não confessasse, ao menos, alguma coisa, foi preparando a mente para contar minuciosamente tudo que pudesse, de qualquer forma, ser interpretado como sendo contrário ao regime. Diria até mais do que numa confissão sacramental. Não conseguiu.

Após tomarem seus dados pessoais, fizeram-no assentar-se, de imediato, na cadeira do dragão e, a partir desse momento, conta-me ele: "Tudo se embaralhou. Não sabia mais o que fizera, nem mesmo o que desejava contar ou até ampliar, para ter credibilidade. Confundi nomes, pessoas, datas, pois já não era mais eu quem falava e sim os inquisidores que me dominavam e me possuíam no sentido mais total e absoluto do termo".

Como e quando há de recompor-se um homem inocente, assim aviltado?

4. O que mais me impressionou, ao longo dos anos de vigília contra a tortura, foi porém o seguinte: como se degradam os torturadores mesmos. Este livro, por sua própria natureza, não pode dar resposta plena à questão. Daí o meu testemunho:

Quando foram presos os líderes da Ação Católica Operária, em fins de janeiro de 1974, tive ocasião de passar quatro tardes inteiras no interior do Deops, na esperança de avistar-me com eles. Eu havia sido chamado para tanto, de Curitiba, onde passava os dias com todos os irmãos, que confortavam a mãe em seus últimos dias de vida.

Durante a longa espera, nos corredores da cadeia, pude entreter-me com delegados que presidiam a inquéritos, semelhantes aos que virão descritos nesta obra. Cinco deles me contaram de seus estudos em colégios católicos e um deles na Universidade Católica de São Paulo. Cada qual com problemas sérios na família e na vida particular, que eles próprios atribuíam à mão vingadora de Deus. Instados a abandonar esta terrível ocupação, respondiam: "Não dá. O senhor sabe por quê!"

Na sexta-feira à tardinha pude afinal avistar-me com dois dos nossos agentes de pastoral, em situação lastimável, na presença mesmo dos delegados que encarei firmemente.

Um deles, meses após, esperava-me, ao final da missa, sozinho, na Igreja da Aclimação. Abordou-me, num grito de desespero: "Tem perdão para mim?"

Só onze anos depois, em março de 1985, fiquei sabendo que, na manhã de 12 de fevereiro de 1974, um delegado fizera subir os presos para anunciar-lhes, com ar triunfante e cínico, que minha mãe havia morrido no dia anterior. Os presos baixaram os olhos e nada disseram.

Lembrei-me então da advertência de um general, aliás contrário a toda tortura: quem uma vez pratica a ação, transtorna-se diante do efeito da desmoralização infligida. Quem repete a tortura quatro ou mais vezes se bestializa, sente prazer físico e psíquico tamanho que é capaz de torturar até as pessoas mais delicadas da própria família!

A imagem de Deus, estampada na pessoa humana, é sempre única. Só ela pode salvar e preservar a imagem do Brasil e do mundo.

Daí, o nosso apelo ao governo brasileiro para que assine e ratifique a Convenção Contra a Tortura proposta pela ONU e estampada no final deste livro, todo ele escrito com sangue e com muito amor à pátria.

São Paulo, 3 de maio de 1985
Paulo Evaristo, CARDEAL ARNS
Arcebispo Metropolitano
de São Paulo

Prefácio do ex-secretário-geral do Conselho Mundial de Igrejas

É com um senso de profunda gratidão e humildade que recomendo ao leitor este livro singularmente significante. Gratidão, por ter sido possível que um grupo corajoso de pessoas pudesse legalmente fazer uso dos processos da Justiça Militar brasileira entre abril de 1964 e março de 1979, e colocar perante o público um relato da trágica prática da tortura durante um período especialmente repleto de acontecimentos na história do mundo e do Brasil. Humildade, porque eu, assim como todos os leitores, compartilho uma humanidade comum com os torturados e torturadores, e compartilhamos também do sofrimento e culpa daqueles que se envolveram nessa violação degradante da nossa natureza humana como aqueles que fomos feitos à imagem de Deus revelada em Jesus Cristo.

Escrevo como alguém que esteve envolvido durante quase quarenta anos no movimento ecumênico mundial, o qual sempre deu destaque à promoção dos direitos humanos e à dignidade inviolável da pessoa humana. Quando o Conselho Mundial de Igrejas [uma confraternização de mais de 300 Igrejas ortodoxas, protestantes e pentecostais em mais de 100 países] foi oficialmente inaugurado em 1948 seus membros fizeram uma clara declaração sobre direitos humanos [cf. *Official Report*, p. 93].

A primeira Assembleia do Conselho Mundial de Igrejas (CMI) instou as Igrejas para que trabalhassem a favor da aprovação pelas Nações Unidas da Declaração Universal dos Direitos Humanos, o que acabou acontecendo no dia 10 de dezembro daquele mesmo ano. Líderes de igrejas membros do CMI participaram na elaboração da minuta daquela Declaração Universal.

Esperávamos realizar no Brasil, em 1964, a reunião da comissão geral da Federação Mundial de Estudantes Cristãos, da qual eu era presidente naquela época. Infelizmente, porém, o golpe militar nos forçou a nos reunirmos em um país vizinho. Estávamos então e continuamos a estar preocupados com o destino de estudantes, professores e intelectuais que desafiavam o sistema político, econômico e social e que estavam sujeitos à detenção sumária e à tortura.

Durante os anos em que fui diretor da Comissão de Missão Mundial e Evangelismo (1967-1972) e secretário-geral (1972-1984) do CMI, sempre estive profundamente envolvido na questão dos direitos humanos. Na Quarta Assembleia do CMI, em 1968, destacamos o caráter internacional dos direitos humanos [cf. *Official Report*, p. 64].

Foi neste espírito que apelos foram feitos às autoridades brasileiras e ao mundo sobre o que estava acontecendo no Brasil e em outros lugares. Na Quinta Assembleia do CMI, em 1975, foi dada ênfase especial à situação dos direitos humanos na América Latina [cf. *Official Report*, p. 178-179].

Embora alguns países latino-americanos tenham sido mencionados naquela declaração, foi considerado como questão de prudência não fazer referência direta ao Brasil por causa da situação muito tensa existente ali. Na mesma época a Assembleia Geral da ONU aprovou a "Declaração sobre a Proteção de todas as Pessoas de serem submetidas à Tortura e outro Tratamento ou Castigo Cruel, Desumano ou Degradante". O CMI, a partir de então, também abriu um escritório especial de direitos humanos para acompanhar a situação na América Latina.

Dois anos depois o Comitê Central do CMI fez uma declaração sobre a tortura como uma contribuição ao esforço das Nações Unidas para aprovar uma "Convenção contra a Tortura e outro Tratamento ou Castigo Cruel, Desumano ou Degradante", o que acabou acontecendo em 10 de dezembro de 1984. A declaração do CMI está reproduzida neste livro como Anexo IV.

Fizemos referência a várias declarações e resoluções do CMI. Convém notar, ademais, que a Igreja Católica Romana, especialmente após o Concílio Vaticano II (1962-1965), tem falado inequivocamente sobre direitos humanos e a dignidade da pessoa humana. A Constituição Pastoral sobre a Igreja no Mundo Moderno (*Gaudium et Spes*) é citada no Anexo II deste livro. E na Terceira Conferência Geral dos Bispos Latino-Americanos, realizada em Puebla em 1979, a Igreja tomou uma posição muito clara:

> A Igreja assume a defesa dos direitos humanos e se associa em solidariedade com aqueles que os promovem. Aqui citaremos somente uma das numerosas declarações do magistério sobre este assunto, mas de especial importância, o discurso do Papa João Paulo II ao corpo diplomático, em 20 de outubro de 1978: "A Santa Sé age nessa área com o conhecimento de que a liberdade, o respeito à vida e dignidade das pessoas (as quais jamais são meros instrumentos), o tratamento igual, a consciência profissional no trabalho e a busca mútua do bem comum, o espírito de reconciliação, e uma abertura aos valores espirituais são exigências fundamentais para uma vida harmoniosa na sociedade e para o progresso de cidadãos e sua civilização" [*Puebla*, n. 146].

De fato, os católicos têm estado nas fronteiras da luta pelos direitos humanos na América Latina, sendo que muitos padres e religiosos foram torturados até a morte.

Das muitas violações dos direitos humanos, por que será que a tortura é destacada pela comunidade internacional e os cristãos estão tão preocupados com ela?

I

Primeiramente, porque a tortura é o crime mais cruel e bárbaro contra a pessoa humana. Tradicionalmente se argumentou – tanto os antigos gregos e romanos com relação aos escravos quanto a Igreja medieval com relação aos assim chamados hereges – que a tortura era um meio de forçar as pessoas a falarem a verdade. A realidade de hoje mostra, porém, que, com os sofisticadíssimos instrumentos de tortura não somente física mas também mental, é possível dobrar o espírito das pessoas e fazê-las admitir tudo quanto for sugerido pelo torturador. A intenção é reduzir as pessoas a máquinas funcionais. A lógica disso é o fenômeno do nosso tempo em que pessoas desaparecem como se jamais tivessem existido. Esta é a própria negação da identidade humana legada por Deus e contraria a vontade do nosso Criador. O que é especialmente intolerável nos dias de hoje é que, justamente quando a maioria dos povos subscreve o reconhecimento e defesa dos direitos humanos e a dignidade do ser humano, esses direitos estão sendo mais flagrantemente suprimidos e violados no mundo inteiro.

II

Em segundo lugar, se os torturadores são agentes conscientes desse ato degradante, deve haver motivos supervenientes que os levam a agir dessa forma com outras pessoas. Invariavelmente, o motivo é obediência a algum tirano, ou em nome da segurança nacional, conforme descrito na 2ª Parte deste livro [O sistema repressivo]. Na busca de desenvolvimento econômico rápido, o regime militar assumiu poderes excepcionais e suprimiu os direitos constitucionais dos cidadãos. Essas medidas de exceção, no entanto, acarretaram maiores privações à vasta maioria da população. Precisamente aqueles que levantaram suas vozes ou agiram a favor dos pobres e oprimidos foram os que sofreram tortura e morte. Cremos, como cristãos, que a única e verdadeira segurança nacional reside em facilitar a plena participação das pessoas na vida do seu país. Somente quando houver diálogo e uma vida de confiança e respeito mútuos entre pessoas em todos os níveis da sociedade, somente então poderá existir a verdadeira segurança nacional.

III

Em terceiro lugar, a prática da tortura é uma indicação dos valores herdados que influenciam uma sociedade ou nação. O que aconteceu no Brasil precisa ser visto à luz da sua longa história desde 1500 quando os primeiros colonizadores chegaram. O tratamento dos índios, a cruel instituição da escravidão que somente foi abolida em 1888, e a forma violenta como o Brasil foi explorado através dos séculos, tudo isso deixou suas marcas na mentalidade do povo e especialmente nas classes dominantes. Infelizmente, a época da colonização foi também a época da Inquisição da Igreja, o que fez com que a Igreja ficasse inibida, na sua tarefa evangelizadora, de disseminar os valores da dignidade humana e justiça para todos. Nos últimos trinta e tantos anos, no entanto, os cristãos ficaram conscientes da necessidade de acordar a consciência das pessoas a fim de promover o respeito para com todos e uma sociedade mais justa. Este livro é, por conseguinte, um apelo para que sejam repensados os valores e atitudes tradicionais.

IV

Finalmente, a tortura é uma preocupação para os cristãos e para todas as pessoas de boa vontade porque ela é um fato universal não somente na sua prática como também no envolvimento de muitos países, como o Brasil. Esse envolvimento assume muitas formas, começando com a exportação de instrumentos sinistros de tortura e de material policial e carcerário. Mais importante ainda, porém, é o envolvimento econômico e militar de muitos países através de investimentos para lucros rápidos e fáceis num país cuja segurança se baseia numa massa trabalhadora controlada e reprimida. Este livro não é somente sobre o Brasil, portanto, mas também sobre a comunidade inteira de nações. Somos todos responsáveis pelo que aconteceu lá.

É com penitências, pois, que encaramos este livro. Ele não pretende ser meramente uma acusação, mas sim um convite para que todos nós reconheçamos nossa verdadeira identidade através das faces desfiguradas dos torturados e dos torturadores. Fazemos isso em nome de Cristo que foi torturado e crucificado para que tivéssemos vida em toda a sua plenitude. Na cruz, Jesus intercedeu pelos seus torturadores: "Pai, perdoa-lhes, pois não sabem o que fazem". Foi este Jesus que falou aos seus discípulos, assim como a nós: "Conhecereis a verdade e a verdade vos libertará". E aquela verdade é conhecida e praticada quando se é justo e se afirma a dignidade de cada ser humano.

Philip Potter
Genebra, Suíça
5 de junho de 1985

Apresentação

O Brasil vive, hoje, mais uma página de esperança em sua história. Superados 21 anos de Regime Militar sonha o país com projetos de reconstrução. As leis começam a ser repensadas. Mudanças importantes foram prometidas pelos que hoje governam, diante de praças repletas de corações angustiados.

De esperança em esperança, esse mesmo povo, em outras épocas, peregrinou por caminhos semelhantes de aberturas políticas que acabaram durando pouco. Anos de mais tolerância frente a opiniões discordantes e maior preocupação com nossos problemas socias deram lugar, já antes de 1964, a outras etapas de intransigência, perseguições e até mesmo desprezo pelas reivindicações dos marginalizados.

Isso não pode se repetir agora, mais uma vez. A esperança que renasce hoje não pode ser novamente passageira.

É preciso tomar decisões, adotar medidas corajosas que favoreçam a consolidação de um país democrático. É preciso trabalhar, sem trégua e sem demoras, na remoção dos rastros do autoritarismo e na edificação de um legítimo Estado de Direito, que seja sólido e ao mesmo tempo permeável à crítica. Onde não seja proibido participar, nem discordar, nem contestar. Onde o grito dos pobres possa ser ouvido. O grito de todos.

Para tanto, é indispensável aprender as lições que emanam de nosso passado recente. As lições de nossa história.

Este livro é a reportagem sobre uma investigação no campo dos direitos humanos. É uma radiografia inédita da repressão política que se abateu sobre milhares de brasileiros considerados pelos militares como adversários do regime inaugurado em abril de 1964. É também a anatomia da resistência.

Em março de 1979, tomava posse na presidência da República o General João Batista Figueiredo, prometendo aprofundar a distensão política iniciada no Governo Geisel, transformando este país numa democracia. Poucos meses mais tarde, começava a dar seus primeiros passos, no silêncio necessário da discrição e do sigilo, o *Projeto de Pesquisa "BRASIL: NUNCA MAIS"*. Um reduzido grupo de especialistas dedicou-se, por um período superior a cinco anos, à elaboração de um volumoso estudo que será resumido neste livro.

O que foi o Projeto "Brasil: nunca mais"

No mundo todo, a questão da repressão política é quase sempre levantada a partir de denúncias dos atingidos, ou de relatos elaborados por entidades que se dedicam à defesa dos direitos humanos. Emotivos ou equilibrados, são testemunhos que ajudam a revelar uma história oculta. Mas tropeçam, às vezes, na desconfiança daqueles que alegam serem depoimentos tendenciosos, por partirem de vítimas que, na sua maioria, teriam motivações políticas.

A pesquisa "Brasil: Nunca Mais" (BNM) conseguiu superar esse dilema, estudando a repressão exercida pelo Regime Militar a partir de documentos produzidos pelas próprias autoridades encarregadas dessa tão controvertida tarefa.

De que modo?

Cuidando de reunir as cópias da quase totalidade dos processos políticos que transitaram pela Justiça Militar brasileira entre abril de 1964 e março de 1979, especialmente aqueles que atingiram a esfera do Superior Tribunal Militar (STM).

Foram obtidas, por inúmeros caminhos, cópias de 707 processos completos e dezenas de outros incompletos, num total que ultrapassou 1 milhão de páginas imediatamente microfilmadas em duas vias, para que uma pudesse ser guardada, sem riscos, fora do país. Sobre o outro conjunto de microfilmes uma equipe se debruçou durante cinco anos, produzindo um relatório (Projeto "A") de aproximadamente 5 mil páginas, contendo informações impressionantes.

No exato momento em que este livro chega às livrarias, com edições em português e em inglês, cópias de uma tiragem restrita do Projeto "A" são distribuídas entre universidades, bibliotecas, centros de documentação e entidades voltadas para a defesa dos direitos humanos, no Brasil e no exterior.

O que este livro traz na forma de síntese, aquele trabalho contém de modo mais desenvolvido.

Estabelecendo 15 de março de 1979 como data-limite do período a ser investigado, os responsáveis pela pesquisa procuraram assegurar um mínimo de distanciamento histórico em relação a repressão política enfocada. E, mais que isso, evitaram apreciar fatos ainda em desenvolvimento.

Não foram poucas as dificuldades, nem pequenos os riscos que acompanharam a realização da Pesquisa BNM.

De um lado, os traumas do período anterior, marcado pela tortura rotineira, pelas mortes e pelos desaparecimentos, ainda estavam bastante vivos nas consciências, inspirando temores e exigindo cautelas. Não se tinha, sequer, a certeza de que a pesquisa conseguiria atingir o seu final, nem se sabia se um dia seria possível publicá-la.

Em abril de 1981, por exemplo, quando o Projeto BNM se encontrava em pleno desenvolvimento, o acidente terrorista do Riocentro, que vitimou dois militares do DOI-Codi, um deles fatalmente, veio evidenciar que os órgãos de repressão estudados pela pesquisa permaneciam em ação, ainda eram capazes de crimes tão dementes quanto aquele que se tentava praticar contra milhares de jovens reunidos para um *show* de música popular brasileira, em comemoração ao 1º de maio. É inegável que os envolvidos com o Projeto BNM passavam por um certo susto em episódios assim.

De outro lado, existia uma contradição grave com o fator tempo. A investigação era necessariamente morosa, dadas as dificuldades para se reunir a fonte documental e a exigência de um estudo cuidadoso de cada página daquelas centenas de processos. Mas existia, em contrapartida, uma pressa real em se assegurar a conclusão do trabalho antes que alguma eventual mudança na conjuntura política impedisse o prosseguimento do estudo, ou algum incêndio ardiloso eliminasse das repartições oficiais documentos que eram preciosos para as conclusões da pesquisa. No fim do Estado Novo, um desses incêndios já havia destruído os documentos da polícia política chefiada por Felinto Müller, no Rio de Janeiro.

Nesse sentido, o Projeto BNM sempre correu contra o relógio, e a divulgação de seus resultados, agora, significa uma animadora vitória sobre todos aqueles riscos e dificuldades.

Por que a escolha dos processos da Justiça Militar como fonte básica?

No livro *Vigiar e punir*, o pensador francês Michel Foucault havia mostrado ser possível reconstruir boa parte da história de uma época através do processo penal arquivado no Poder Judiciário de cada país. A verdadeira personalidade do Estado ficava ali gravada, sob a forma de sentenças judiciais determinando torturas, esquartejamentos em praça pública, normas de vigilância carcerária, castigos ao corpo, punição ao espírito.

Daí o salto conclusivo: se, no Brasil, fosse possível recuperar a história das torturas, dos assassinatos de presos políticos, das perseguições policiais e dos julgamentos tendenciosos, a partir dos próprios documentos oficiais que procuravam legalizar a repressão política daqueles 15 anos, teríamos chegado a um testemunho irrefutável.

Pode-se argumentar que, dispensando a tomada de depoimentos das próprias vítimas, e trabalhando com documentos produzidos pelas autoridades do regime, o Projeto estaria condenado a apurar apenas uma pequena parte das violências cometidas contra os direitos humanos no período. A fonte documental podia ser comparada a um material de onde os agentes da repressão removeram as "impressões digitais" dos crimes cometidos no ato de investigar.

Mas havia uma contrapartida compensadora: o que se produzisse como constatação de irregularidades, de atos ilegais, de medidas injustas, de denúncias sobre torturas e mortes, teria a dimensão de prova indiscutível. Definitiva.

Em outras palavras: a denúncia que uma vítima de torturas faz perante uma entidade de direitos humanos não questiona tão frontalmente as autoridades governamentais quanto a verificação de que a mesma fora apresentada em tribunal, confirmada por testemunhas e até mesmo registrada em perícias médicas, sem que daí resultasse qualquer providência para eliminar tais práticas, responsabilizando criminalmente seus autores.

Aceitou-se, por isso, o desafio de trabalhar com a informação básica contida apenas nos processos, recorrendo-se só ocasionalmente a fontes complementares, também de idoneidade inquestionável.

O relatório do Projeto BNM e o conteúdo deste livro

Não é tarefa simples resumir, numa reportagem que permita leitura relativamente fácil, o conteúdo das milhares de páginas que encerram as conclusões da longa pesquisa.

Para que o leitor tenha uma dimensão mais precisa da relação que existe entre este livro e aquele exaustivo relatório, vale anotar os tópicos que compõem aquela obra, localizável para consultas nas entidades já citadas.

O relatório começa situando, como estudo de referência, a evolução das instituições políticas do Brasil entre 1964 e 1979, partindo dos antecedentes do Regime Militar e completando-se com a montagem do aparelho de repressão erguido sobre o alicerce da Doutrina de Segurança Nacional.

Em seguida, são apresentadas as características metodológicas da pesquisa, a classificação dos processos quanto à natureza dos atingidos (organizações de esquerda, setores sociais e atividades) e explicados os instrumentos que serviram para a coleta dos dados. Todas as informações, recolhidas por meio de dois questionários, foram armazenadas e processadas por computadores que forneceram, com programas especiais, listagens e estatísticas, cujos disquetes foram postos a salvo juntamente com os microfilmes. Nesse capítulo, é também explicada a constituição de um acervo separado de 10 mil documentos políticos que estavam anexados aos processos, que será de grande valia para qualquer pesquisa futura sobre o movimento sindical brasileiro, a luta dos estudantes, a história das organizações clandestinas de esquerda.

O terceiro passo do relatório é uma discussão pormenorizada dos resultados da pesquisa no campo mais estritamente jurídico, mediante comparação entre o que as leis – mesmo as leis criadas pelo Regime Militar – determinavam, e o que realmente acontecia nos inquéritos e processos judiciais. Discutida, antes, a legitimidade duvidosa das várias Leis de Segurança Nacional e demais códigos baixados pelas autoridades militares, estuda-se, nesse item, a rotina do descumprimento das leis sempre que se tratasse de agravar o arbítrio sobre os investigados.

Segue-se, então, uma impressionante sequência de transcrições de depoimentos relatando torturas, num total aproximado de 2.700 páginas datilografadas. São denúncias firmadas em juízo, com nomes de torturadores, de centros de sevícias, de presos políticos assassinados, de "desaparecidos", de infâmias sem conta. Em anexo, são arrolados os nomes dos desaparecidos; por razões compreensíveis deixamos de elencar os nomes dos torturadores citados, de todas as autoridades ligadas a tarefas policiais e judiciais de repressão, de todos os atingidos na qualidade de réus ou indiciados.

O último capítulo dedica-se à sistematização das principais – *senão das primeiras* – conclusões que se pode tirar daquele estudo, que termina como obra aberta a quantos pesquisadores queiram prossegui-la, aprofundando cada uma de suas ricas possibilidades de investigação.

Como encaixar na reportagem deste livro essa vastidão de informações?

Era preciso descobrir uma forma de transmitir a essência daqueles resultados, sem repetir a estrutura monótona de um relatório, nem angustiar os leitores com intermináveis descrições sobre as aflições da tortura. Mas se sabia, de antemão, que era impossível extrair dali uma reportagem leve, agradável, tranquilizadora. De uma história de horrores só poderia mesmo emergir um livro duro, forte, questionador.

Na sequência dos 21 capítulos que compõem esta reportagem procurou-se alternar os conteúdos mais impactantes das denúncias, com passagens analíticas que mostram as origens do aparelho repressivo, sua estruturação e a relação entre torturas na fase de inquérito e o comportamento conivente das autoridades judiciárias. Dessa forma, seria evitado tanto o enfado das descrições intermináveis quanto o erro de falar daquelas torturas e daqueles crimes como se fossem desligados de todo um sistema político construído no Brasil a partir de 1964.

Na transcrição dos depoimentos foram conservados os erros ortográficos e gramaticais existentes no original. Só foram corrigidos os erros que, na hipótese de serem conservados, deturpassem o sentido da leitura.

Os objetivos do Projeto "Brasil: nunca mais"

Desde seus primeiros passos, em agosto de 1979, até sua conclusão, em março de 1985, o Projeto de pesquisa "BRASIL: NUNCA MAIS" não tem outro objetivo que não seja o de materializar o imperativo escolhido como título da investigação: que nunca mais se repitam as violências, as ignomínias, as injustiças, as perseguições praticadas no Brasil de um passado recente.

Não é intenção do Projeto organizar um sistema de provas para apresentação em qualquer Nuremberg brasileiro. Não o anima qualquer sentido de revanche. Na busca da justiça, o povo brasileiro nunca foi movido por sentimentos de vingança.

O que se pretende é um trabalho de impacto, no sentido de revelar à consciência nacional, com as luzes da denúncia, uma realidade obscura ainda mantida em segredo nos porões da repressão política hipertrofiada após 1964. É a observância do preceito evangélico que nos aconselha o conhecimento da verdade como pressuposto para a libertação.

Feliz coincidência, esta, do lançamento dos resultados da pesquisa num momento de esperança nacional, de superação do autoritarismo, de reelaboração das leis do país. Num momento em que se anuncia a possibilidade de convocação de uma Assembleia Constituinte que venha a construir instituições democráticas.

Que ninguém participe desse debate nacional sem tomar conhecimento sobre o conteúdo deste livro, para que se possa exigir medidas no sentido de não se repetirem esses anos de perseguição e ódio.

Que ninguém termine a leitura deste livro sem se comprometer, em juramento sagrado com a própria consciência, a engajar-se numa luta sem tréguas, num mutirão sem limites, para varrer da face da Terra a prática das torturas.

Para eliminar do seio da humanidade o flagelo das torturas, de qualquer tipo, por qualquer delito, sob qualquer razão.

São apenas esses os objetivos do PROJETO "BRASIL: NUNCA MAIS".

São Paulo, março de 1985

PARTE I

CASTIGO CRUEL, DESUMANO E DEGRADANTE

1
Aulas de tortura: os presos-cobaias

O estudante Ângelo Pezzuti da Silva, 23 anos, preso em Belo Horizonte e torturado no Rio, narrou ao Conselho de Justiça Militar de Juiz de Fora, em 1970:

> [...]; que, na PE [Polícia do Exército] da GB, verificaram o interrogado e seus companheiros que as torturas são uma instituição, vez que, o interrogado foi o instrumento de demonstrações práticas desse sistema, em uma aula de que participaram mais de 100 [cem] sargentos e cujo professor era um Oficial da PE, chamado Tenente Ayton que, nessa sala, ao tempo em que se projetavam *slides* sobre tortura, mostrava-se na prática para a qual serviram o interrogado, Maurício Paiva, Afonso Celso, Murilo Pinto, P. Paulo Bretas, e, outros presos que estavam na PE-GB, de cobaias [...][1].

A denúncia é confirmada no mesmo processo, por depoentes acima citados, como o estudante, de 25 anos, Maurício Vieira de Paiva:

> [...] que o método de torturas foi institucionalizado em nosso país e que a prova deste fato não está na aplicação das torturas pura e simplesmente, mas, no fato de se ministrarem aulas a este respeito, sendo que, em uma delas o interrogado e alguns dos seus

1. BNM n. 158, V. 3º, p. 929-932.

> companheiros, serviram de cobaias, aula esta que se realizou na PE da GB, foi ministrada para cem [100] militares das Forças Armadas, sendo seu instrutor um Tenente Hayton, daquela U.M.; que, à concomitância da projeção dos *slides* sobre torturas elas eram demonstradas na prática, nos acusados, como o interrogado e seus companheiros, para toda a plateia [...][2].

Na mesma linha, depõe Murilo Pinto da Silva, de 22 anos:

> [...] que, quando esteve na PE-GB, o interrogado e seus companheiros serviram de cobaia a demonstrações práticas de torturas em aulas ministradas a elementos das Forças Armadas [...][3].

E a denúncia desse episódio foi reiterada, ainda uma vez, no depoimento judicial do estudante Júlio Antonio Bittencourt de Almeida, de 24 anos:

> [...] que durante o período em que o interrogado esteve na PE foi dado um curso sobre tortura para cerca de oitenta a cem membros para o qual os presos serviram de cobaias. Que os professores e a plateia desse curso eram de elementos das Forças Armadas [...][4].

De abuso cometido pelos interrogadores sobre o preso, a tortura no Brasil passou, com o Regime Militar, à condição de "método científico", incluído em currículos de formação de militares. O ensino deste método de arrancar confissões e informações não era meramente teórico. Era prático, com pessoas realmente torturadas, servindo de cobaias neste macabro aprendizado. Sabe-se que um dos primeiros a introduzir tal pragmatismo no Brasil foi o policial norte-americano Dan Mitrione, posteriormente transferido para Montevidéu, onde acabou sequestrado e morto. Quando instrutor em Belo Horizonte, nos primeiros anos do Regime Militar, ele utilizou mendigos recolhidos nas ruas para adestrar a polícia local. Seviciados em salas de aula, aqueles pobres homens permitiam que os alunos aprendessem as várias modalidades de criar, no preso, a suprema contradição entre o corpo e o espírito, atingindo-lhe os pontos vulneráveis[5].

A estudante Dulce Chaves Pandolfi, 24 anos, foi obrigada também a servir de cobaia no quartel da Rua Barão de Mesquita, no Rio, de acordo com petição anexada aos autos, em 1970:

---

2. BNM n. 158, V. 3º, p. 950 e 951.
3. BNM n. 158, V. 3º, p. 952-954.
4. BNM n. 158, V. 3º, p. 941-943.
5. Cf. LANGGUTH, A.J. *A face oculta do terror*. Rio de Janeiro: Civilização Brasileira, 1979.

> [...] Na Polícia do Exército, a supte. foi submetida a espancamento inteiramente despida, bem como a choques elétricos e outros suplícios, como o "pau de arara". Depois de conduzida à cela, onde foi assistida por médico, a supte. foi, após algum tempo, novamente seviciada com requintes de crueldade numa demonstração de como deveria ser feita a tortura [...][6].

Em seu depoimento na Justiça Militar, Dulce reitera a denúncia: [...] que no dia 14 de outubro foi retirada da cela e levada onde estavam presentes mais de vinte oficiais e fizeram demonstração de tortura com a depoente [...][7].

O estudante Afonso Celso Lana Leite, 25 anos, preso em Minas e transferido para o Rio, denunciou ao Conselho Militar que o interrogou, em 1970, ter sido torturado em instruções ministradas a oficiais no quartel da PE e na Vila Militar:

> [...] que, no dia 8 de outubro, na PE 1, posto de Segurança Nacional, quando era ministrada uma aula, na presença de mais de cem pessoas foram trazidos para aquela aula companheiros e, nesta ocasião, passaram filmes de fatos relacionados com torturas e em seguida era confirmada com a presença do denunciado, sendo, naquela ocasião também, torturados; ocasião esta coincidente com o seu depoimento; que estas torturas, ou seja, as acima descritas, se repetiram na Vila Militar [...][8].

Já o Professor José Antônio Gonçalves Duarte, 24 anos, preso em Belo Horizonte, revelou em seu depoimento, prestado em 1970, ter sido seviciado inclusive por um aluno do Colégio Militar:

> [...] que foi torturado e espancado pelo encarregado do inquérito Capitão João Alcântara Gomes, pelo escrivão do mesmo inquérito, Marcelo Araújo, pelo Cabo Dirceu e por um aluno do Colégio Militar cujo nome o interrogado não sabe e por um policial da Delegacia de Furtos e Roubos, cujo nome é Pereira; que causou estranheza ao interrogado um aluno do Colégio Militar, a título de prestar estágio no IPM, participar de uma coisa infame, como a infligência de torturas a um ser humano [...][9].

6. BNM n. 022, V. 1º, p. 351.
7. BNM n. 022, V. 2º, p. 599.
8. BNM n. 195, V. 3º, p. 692-693.
9. BNM n. 147, V. 2º, p. 441-444.

Os torturadores não apenas se gabavam de sua sofisticada tecnologia da dor, mas também alardeavam estar em condições de exportá-la ao sistema repressivo de outros países, conforme a carta-denúncia do engenheiro Haroldo Borges Rodrigues Lima, 37 anos, datada de 12 de abril de 1977:

> [...] As torturas continuaram sistematicamente. E a essas se aliavam as ameaças de me levarem a novas e mais duras sevícias, a mim descritas minuciosamente. Diziam, com muito orgulho, que sobre o assunto já não tinham nada a dever a qualquer organização estrangeira. Ao contrário, informaram-me, já estavam exportando *Know-how* a respeito [...][10].

---

10. BNM n. 043, V. 13º, p. 2.871-2.879.

2
Modos e instrumentos de tortura

Reza o artigo 5º da Declaração Universal dos Direitos Humanos, assinada pelo Brasil: Ninguém será submetido a tortura, nem a tratamento ou castigo cruel, desumano ou degradante.

Em vinte anos de Regime Militar, este princípio foi ignorado pelas autoridades brasileiras. A pesquisa revelou quase uma centena de modos diferentes de tortura, mediante agressão física, pressão psicológica e utilização dos mais variados instrumentos, aplicados aos presos políticos brasileiros. A documentação processual recolhida revela com riqueza de detalhes essa ação criminosa exercida sob auspício do Estado. Os depoimentos aqui parcialmente transcritos demonstram os principais modos e instrumentos de tortura adotados pela repressão no Brasil.

O "pau de arara"

> [...] O pau de arara consiste numa barra de ferro que é atravessada entre os punhos amarrados e a dobra do joelho, sendo o "conjunto" colocado entre duas mesas, ficando o corpo do torturado pendurado a cerca de 20 ou 30cm do solo. Este método quase nunca é utilizado isoladamente, seus "complementos" normais são eletrochoques, a palmatória e o afogamento [...][1].

1. Augusto César Salles Galvão, estudante, 21 anos, Belo Horizonte; carta de próprio punho, 1970: BNM n. 150, V. 2º, p. 448-450.

[...] que o pau de arara era uma estrutura metálica, desmontável, [...] que era constituído de dois triângulos de tubo galvanizado em que um dos vértices possuía duas meias-luas em que eram apoiados e que, por sua vez, era introduzida debaixo de seus joelhos e entre as suas mãos que eram amarradas e levadas até os joelhos [...][2].

O choque elétrico

[...] O eletrochoque é dado por um telefone de campanha do Exército que possuía dois fios longos que são ligados ao corpo, normalmente nas partes sexuais, além dos ouvidos, dentes, língua e dedos [...][3].

[...] que foi conduzido às dependências do DOI-Codi, onde foi torturado nu, após tomar um banho pendurado no pau de arara, onde recebeu choques elétricos, através de um magneto, em seus órgãos genitais e por todo o corpo, [...] foi-lhe amarrado um dos terminais do magneto num dedo de seu pé e no seu pênis, onde recebeu descargas sucessivas, a ponto de cair no chão [...][4].

A "pimentinha" e dobradores de tensão

[...] havia uma máquina chamada "pimentinha", na linguagem dos torturadores, a qual era constituída de uma caixa de madeira; que no seu interior tinha um ímã permanente, no campo do qual girava um rotor combinado, de cujos terminais uma escova recolhia corrente elétrica que era conduzida através de fios que iam dar nos terminais que já descreveu; que essa máquina dava uma voltagem em torno de 100 volts e de grande corrente, ou seja, em torno de 10 amperes; que detalha essa máquina porque sabe que ela é a base do princípio fundamental: do princípio de geração de eletricidade; que essa máquina era extremamente perigosa porque a corrente elétrica aumentava em função da velocidade que se imprimia ao rotor através de uma manivela; que, em seguida, essa máquina era aplicada com uma velocidade muito rápida a uma parada repentina e com um giro no sentido contrário, criando assim uma força contra eletromotriz que elevava a voltagem dos terminais em seu dobro da voltagem inicial da máquina [...][5];

2. José Milton Ferreira de Almeida, 31 anos, engenheiro, Rio; auto de qualificação e interrogatório, 1976: BNM n. 43, V. 2º, p. 421-430.

3. Id., nota 1.

4. José Milton Ferreira de Almeida. Op. cit.

5. Ibid.

[...] um magneto cuja característica era produzir eletricidade de baixa voltagem e alta amperagem; que essa máquina por estar condicionada em uma caixa vermelha recebia a denominação de "pimentinha" [...][6].

[...] que existiam duas outras máquinas que são conhecidas, na linguagem técnica da eletrônica, como dobradores de tensão, ou seja, a partir da alimentação de um circuito eletrônico por simples pilhas de rádio se pode conseguir voltagem de 500 ou 1000 volts, mas, com correntes elétricas pequenas, como ocorreu nos cinescópios de televisão, nas bobinas de carro; que essas máquinas possuíam três botões que correspondiam a três seções, fraca, média e forte, que eram acionadas individual ou em grupo, o que, nesta dada hipótese, somavam as voltagens das três seções [...][7].

[...] dobradores de tensão alimentados a pilha, que, ao contrário do magneto, produzem eletricidade de alta voltagem e baixa amperagem, como as dos cinescópios de TVs; que esta máquina produzia faísca que queimava a pele e provocava choques violentos [...][8].

O "afogamento"

[...] O afogamento é um dos "complementos" do pau de arara. Um pequeno tubo de borracha é introduzido na boca do torturado e passa a lançar água [...][9].

[...], e teve introduzido em suas narinas, na boca, uma mangueira de água corrente, a qual era obrigado a respirar cada vez que recebia uma descarga de choques elétricos [...][10].

[...] afogamento por meio de uma toalha molhada na boca que constitui: quando já se está quase sem respirar, recebe um jato d'água nas narinas [...][11].

A "cadeira do dragão", de São Paulo

[...] sentou-se numa cadeira conhecida como cadeira do dragão, que é uma cadeira extremamente pesada, cujo assento é de zinco, e

6. Gildásio Westin Cosenza, 28 anos, radiotécnico, Rio; auto de qualificação e interrogatório, 1975: BMN n. 684, V. 39º, p. 24-33.

7. José Milton Ferreira de Almeida. Op. cit.

8. Gildásio Westin Cosenza. Op. cit.

9. Id., nota 1.

10. José Milton Ferreira de Almeida. Op. cit.

11. Leonardo Valentini, 22 anos, instrumentador metalúrgico, Rio; auto de qualificação e interrogatório, 1973: BNM n. 75, V. 5º, p. 1.277.

que na parte posterior tem uma proeminência para ser introduzido um dos terminais da máquina de choque chamado magneto; que, além disso, a cadeira apresentava uma travessa de madeira que empurrava as suas pernas para trás, de modo que a cada espasmo de descarga as suas pernas batessem na travessa citada, provocando ferimentos profundos [...][12].

[...] também recebeu choques elétricos, cadeira do "dragão", que é uma cadeira elétrica de alumínio, tudo isso visando obtenção de suas declarações [...][13].

[...] Despida brutalmente pelos policiais, fui sentada na "cadeira do dragão", sobre uma placa metálica, pés e mãos amarrados, fios elétricos ligados ao corpo tocando língua, ouvidos, olhos, pulsos, seios e órgãos genitais [...][14].

A "cadeira do dragão", do Rio

[...] o interrogado foi obrigado a se sentar em uma cadeira, tipo barbeiro, à qual foi amarrado com correias revestidas de espumas, além de outras placas de espuma que cobriam seu corpo; que amarraram seus dedos com fios elétricos, dedos dos pés e mãos, iniciando-se, também, então uma série de choques elétricos; que, ao mesmo tempo, outro torturador com um bastão elétrico dava choques entre as pernas e o pênis do interrogado[15];

[...] uma cadeira de madeira pesada com braços cobertos de zinco ou flandres, onde havia uma travessa que era utilizada para empurrar para trás as pernas dos torturados [...][16].

A "geladeira"

[...] que por cinco dias foi metida numa "geladeira" na polícia do Exército, da Barão de Mesquita [...][17],

---

12. José Milton Ferreira de Almeida. Op. cit.

13. Manoel Cyrillo de Oliveira Netto, 23 anos, estudante, São Paulo; auto de qualificação e interrogatório, 1973: BNM n. 645, V. 6º, p. 1.318.

14. Marlene de Souza Soccas, 35 anos, dentista, São Paulo; carta ao juiz auditor, 24 de março de 1972: BNM n. 42, V. 16º, p. 4.660.

15. José Augusto Dias Pires, 24 anos, jornalista, Rio; auto de qualificação e interrogatório, 1977: BNM n. 700, V. 2º, p. 509v e 510.

16. Gildásio Westin Cosenza. Op. cit.

17. Jandira Andrade Gitirana Praia Fiúza, 24 anos, jornalista, Rio; auto de qualificação e interrogatório, 1973: BNM n. 75, V. 5º, p. 1.331.

[...] que foi colocado nu em um ambiente de temperatura baixíssima e dimensões reduzidas, onde permaneceu a maior parte dos dias que lá esteve; que nesse mesmo local havia um excesso de sons que pareciam sair do teto, muito estridentes, dando a impressão de que os ouvidos iriam arrebentar [...][18];

[...] que, sendo, de novo, encapuzado, foi levado para um local totalmente fechado cujas paredes eram revestidas de eucatex preto, cuja temperatura era extremamente baixa; [...] que naquela sala ouvia sons estridentes, ensurdecedores, capaz até de produzir a loucura [...][19].

[...] conduzido para uma pequena sala de aproximadamente 2 metros por 2 metros, sem janelas, com paredes espessas, revestidas de fórmica e com um pequeno visor de vidro escuro em uma das paredes; [...] a partir desse instante, somente podia ouvir vozes que surgiam de alto-falantes instalados no teto, e que passou a ser xingado por uma sucessão de palavras de baixo calão, gritadas por várias vozes diferentes, simultâneas; que, imediatamente, passou a protestar também em altos brados contra o tratamento inadmissível de que estava sendo vítima e que todos se calaram e as vozes foram substituídas por ruídos eletrônicos tão fortes e tão intensos que não escutou mais a própria voz; [...] que havia instantes que os ruídos eletrônicos eram interrompidos e que as paredes do cubículo eram batidas com muita intensidade durante muito tempo por algo semelhante a martelo ou tamanco e que em outras ocasiões o sistema de ar era desligado e permanecia assim durante muito tempo, tornando a atmosfera penosa, passando então a respirar lentamente [...][20];

[...] que inúmeras foram as vezes em que foi jogado a um cubículo que denominavam de "geladeira", que tinha as seguintes características: sua porta era do tipo frigorífico, medindo cerca de 2 metros por 1 metro e meio; suas paredes eram todas pintadas de preto, possuindo uma abertura gradeada ligada a um sistema de ar frio; que, no teto dessa sala, existia uma lâmpada fortíssima; que, ao ser fechada a porta, ligavam produtores de ruídos cujo som variava do barulho de uma turbina de avião a uma estridente sirene de fábrica [...][21].

18. José Mendes Ribeiro, 24 anos, estudante de Medicina, Rio; auto de qualificação e interrogatório, 1977, BNM n. 700, V. 2º, p. 586v e 587.

19. José Augusto Dias Pires, 24 anos, jornalista, Rio; auto de qualificação e interrogatório, 1977: BNM n. 700, V. 2º, p. 509v e 510.

20. José Miguel Camolez, 31 anos, engenheiro civil e capitão-tenente, engenheiro naval reformado, Rio; auto de qualificação e interrogatório, 1976: BNM n. 701, V. 6º, p. 1.970v e 1.971v.

21. Gildásio Westin Cosenza. Op. cit.

Algo semelhante a "geladeira" da Polícia do Exército, à Rua Barão de Mesquita, na Tijuca, Rio, era a cabine do Cenimar, na mesma cidade:

> [...] colocado em uma cabine, local absolutamente escuro, assemelhado a uma cela surda; que no mencionado local havia um como sistema elétrico que reproduzia sons dos mais diversos, lembrando sirenes, ruídos semelhantes a bombardeios etc., tudo isto com períodos intercalados de absoluto silêncio [...][22].

Insetos e animais

> [...] havia também, em seu cubículo, a lhe fazer companhia, uma jiboia de nome "Míriam" [...][23];
>
> [...] que lá na PE existe uma cobra de cerca de 2 metros a qual foi colocada junto com o acusado em uma sala de 2 metros por duas noites [...][24];
>
> [...] que, ao retornar à sala de torturas, foi colocada no chão com um jacaré sobre seu corpo nu [...][25];
>
> [...] que apesar de estar grávida na ocasião e disto ter ciência os seus torturadores [...] ficou vários dias sem qualquer alimentação; [...] que as pessoas que procediam os interrogatórios soltavam cães e cobras para cima da interrogada [...][26].
>
> [...] que foi transferida para o DOI da PE da B. Mesquita, onde foi submetida a torturas com choque, drogas, sevícias sexuais, exposição de cobras e baratas; que essas torturas eram efetuadas pelos próprios oficiais [...][27];
>
> [...] a interroganda quer ainda declarar que durante a primeira fase do interrogatório foram colocadas baratas sobre o seu corpo, e introduzida uma no seu ânus [...][28].

---

22. José Ferreira Lopes, 30 anos, operário, Rio; auto de qualificação e interrogatório, 1972: BNM n. 260, V. 1º, p. 410v e 411.

23. Leonardo Valentini. Op. cit.

24. Dalton Godinho Pires, 31 anos, auxiliar de escritório, Rio; auto de qualificação e interrogatório, 1973: BNM n. 75, V. 5º, p. 1.224.

25. Dulce Chaves Pandolfi, 23 anos, estudante, Rio; auto de qualificação e interrogatório, 1971: BNM n. 56, V. 1º, p. 328v.

26. Miriam de Almeida Leitão Netto, 20 anos, jornalista, Rio; auto de qualificação e interrogatório, 1973: BNM n. 674, V. 3º, p. 782v e 783.

27. Janete de Oliveira Carvalho, 23 anos, secretária, Rio; auto de qualificação e interrogatório. 1973: BNM n. 75. V. 5º, p. 1.226.

28. Lúcia Maria Murat Vasconcelos, 23 anos, estudante. Rio e Salvador; auto de qualificação e interrogatório, 1972: BNM n. 112, V. 1º, p. 386.

Produtos químicos

[...] que levou ainda um soro de pentotal, substância que faz a pessoa falar, em estado de sonolência [...][29].

[...] havendo, inclusive, sido jogada uma substância em seu rosto que entende ser ácido que a fez inchar [...][30];

[...] torturas constantes de choques elétricos em várias partes do corpo, inclusive nos órgãos genitais e injeção de éter, inclusive com borrifos nos olhos, [...] que de 14 para 15 tomou uma injeção de soro da verdade "pentotal" [...][31].

Lesões físicas

[...] que em determinada oportunidade foi-lhe introduzido no ânus pelas autoridades policiais um objeto parecido com um limpador de garrafas; que em outra oportunidade essas mesmas autoridades determinaram que o interrogado permanecesse em pé sobre latas, posição em que vez por outra recebia, além de murros, queimaduras de cigarros; que a isto as autoridades davam o nome de "Viet Nan"; que o interrogado mostrou a este Conselho uma marca à altura do abdômen como tendo sido lesão que fora produzida pelas autoridades policiais (gilete) [...][32].

[...] o interrogado sofreu espancamento com um cassetete de alumínio nas nádegas, até deixá-lo, naquele local, em carne viva, [...] o colocaram sobre duas latas abertas, que se recorda bem, eram de massa de tomates, para que ali se equilibrasse, descalço, e toda vez em que ia perdendo o equilíbrio acionavam uma máquina que produzia choques elétricos, o que obrigava ao interrogado à recuperação do equilíbrio [...][33].

[...] Amarraram-no numa forquilha com as mãos para trás e começaram a bater em todo corpo e colocaram-no, durante duas ho-

29. Olderico Campos Barreto, 31 anos, lavrador, Salvador; auto de qualificação e interrogatório, 1979: BNM n. 52, V 1º, p. 640v e 641.

30. Jussara Lins Martins, 24 anos, cabeleireira, Minas Gerais; auto de qualificação e interrogatório, 1972: BNM n. 54, V. 2º, p. 443v.

31. Alex Polari de Alverga, 21 anos, estudante, Rio; auto de qualificação e interrogatório, 1972: BNM n. 581, V. 1º, p. 159v e 160.

32. Apio Costa Rosa, 28 anos, bancário, Belo Horizonte; auto de qualificação e interrogatório, 1970: BNM n. 143, V. 7º, p. 2.304-2.306.

33. José Afonso de Alencar, 28 anos, advogado, Juiz de Fora; auto de qualificação e interrogatório, 1970: BNM n. 177, V. 7º, p. 1.574-1.576.

ras, em pé com os pés em cima de duas latas de leite condensado e dois tições de fogo debaixo dos pés [...][34].

[...] obrigaram o acusado a colocar os testículos espaldados na cadeira; que Miranda e o escrivão Holanda com a palmatória procuravam acertar os testículos do interrogado; [...] o acusado sofreu o castigo chamado "telefone", que consiste em tapas dados nos dois ouvidos ao mesmo tempo sem que a pessoa esteja esperando; que, em virtude deste castigo, o acusado passou uma série de dias sem estar ouvindo; que três dias após o acusado ao limpar o ouvido notou que este havia sangrado [...][35].

[...] foi o interrogado tirado do hospital, tendo sido novamente pendurado em uma grade, com os braços para cima, tendo sido lhe arrancada sua perna mecânica, colocado um capuz na cabeça, amarrado seu pênis com uma corda, para impedir a urina; [...] que, ao chegar o interrogado à sala de investigações, foi mandado amarrar seus testículos, tendo sido arrastado pelo meio da sala e pendurado para cima, amarrado pelos testículos [...][36].

Outros modos e instrumentos de tortura

[...] A palmatória é uma borracha grossa, sustentada por um cabo de madeira; [...] o enforcamento é efetuado por uma pequena corda que, amarrada ao pescoço da vítima, sufoca-a progressivamente, até o desfalecimento [...][37].

[...] que passou dois dias nesta sala de torturas sem comer, sem beber, recebendo sal em seus olhos, boca e em todo o corpo, de modo que aumentasse a condutividade de seu corpo [...][38].

[...] que a estica a que se referiu, como um dos instrumentos de tortura, é composta de dois blocos de cimento retangulares, como argolas às quais são prendidas as mãos e os pés das pessoas ali colocadas com pulseiras de ferro, onde o interrogando foi colocado e onde sofreu espancamentos durante vários dias, ou seja, de 12 de maio a 17 do mesmo mês [...][39].

---

34. José Genuíno Neto, 27 anos, estudante, São Paulo; auto de qualificação e interrogatório, 1973: BNM n. 693, V. 24º, p. 8.995-8.997.

35. Pedro Coutinho de Almeida, 20 anos, estudante, Pernambuco, auto de qualificação e interrogatório, 1970: BNM n. 507, V. 2º, p. 387v e 388.

36. Manoel da Conceição Santos, 35 anos, agricultor, Ceará, auto de interrogatório, 1972: BNM n. 215, V. 3º, p. 560-561.

37. Ibid., nota 1.

38. José Milton Ferreira de Almeida. Op. cit.

39. Renato Oliveira da Motta, 59 anos, jornalista-vendedor, São Paulo; auto de qualificação e interrogatório, 1975: BNM n. 26, V. 8º, p. 1.765-1.766.

> [...] As torturas psicológicas eram intercaladas com choques elétricos e uma postura que chamavam de "Jesus Cristo": despido, em pé, os braços esticados para cima e amarrados numa travessa. Era para desarticular a musculatura e os rins, explicavam [...][40].
>
> [...] continuaram a torturá-lo com processos desumanos, tais como: posição "Cristo Redentor", com quatro volumes de catálogo telefônico em cada mão, e na ponta dos pés, nu, com pancadas no estômago e no peito, obrigando-o a erguer-se novamente [...][41].
>
> [...] que várias vezes seguidas procederam à imersão da cabeça do interrogando, a boca aberta, num tambor de gasolina cheio d'água, conhecida essa modalidade como "banho chinês [...][42].

"Tortura chinesa" era também o nome utilizado pelos agentes do DOI--Codi de São Paulo para designar o tipo de suplício a que foi submetido outro preso político, já no final de 1976:

> [...] Com a aplicação destas descargas elétricas, meu corpo se contraía violentamente. Por inúmeras vezes a cadeira caiu no chão e eu bati com a cabeça na parede. As contrações provocavam um constante e forte atrito com a cadeira, causa dos hematomas e das feridas constatadas em meu corpo pelo laudo médico. Não contentes com este tipo de torturas, meus algozes resolveram submeter-me ao que chamavam "tortura chinesa". Deitaram me nu e encapuça do num colchão, amarraram minhas pernas e braços e prendiam estes ao meu pescoço. Para não deixarem marcas dos choques, colocaram pequenas tiras de gase nos meus dedos do pé. Molharam meu corpo com água, por várias vezes, para que a descarga elétrica tivesse maior efeito. Os choques se sucederam até o fim do dia. [...] Durante as descargas elétricas, os torturadores faziam galhofa com a minha situação de saúde, afirmando que os choques iriam fazer-me louco ou curar a minha epilepsia [...][43].

40. Renato Oliveira da Motta, lbid., carta, V. 4º, p. 986-996.

41. Fernando Reis Salles Ferreira, 48 anos, aeroviário, Rio; auto de qualificação e interrogatório, 1970: BNM n. 23, V. 9º, p. 2.155.

42. José Machado Bezerra, 25 anos, professor, Fortaleza; auto de qualificação e interrogatório, 1973: BNM n. 92, V. 1º, p. 196v e 197v.

43. Aldo Silva Arantes, 38 anos, advogado, São Paulo; carta de próprio punho anexada ao processo, 1977: BNM n. 43, V. 13º, p. 2.887-2.896.

3
Tortura em crianças, mulheres e gestantes

A tortura foi indiscriminadamente aplicada no Brasil, indiferente a idade, sexo ou situação moral, física e psicológica em que se encontravam as pessoas suspeitas de atividades subversivas. Não se tratava apenas de produzir, no corpo da vítima, uma dor que a fizesse entrar em conflito com o próprio espírito e pronunciar o discurso que, ao favorecer o desempenho do sistema repressivo, significasse sua sentença condenatória. Justificada pela urgência de se obter informações, a tortura visava imprimir à vítima a destruição moral pela ruptura dos limites emocionais que se assentam sobre relações efetivas de parentesco. Assim, crianças foram sacrificadas diante dos pais, mulheres grávidas tiveram seus filhos abortados, esposas sofreram para incriminar seus maridos.

Menores torturados

Ao depor como testemunha informante na Justiça Militar do Ceará, a camponesa Maria José de Souza Barros, de Japuara, contou, em 1973:

> [...] e ainda levaram seu filho para o mato, judiaram com o mesmo, com a finalidade de dar conta de seu marido; que o menino se chama Francisco de Souza Barros e tem a idade de 9 anos; que a polícia levou o menino às cinco horas da tarde e somente voltou com ele às duas da madrugada mais ou menos [...][1].

1. BNM n. 82, V. 5º, p. 1.188.

A Professora Maria Madalena Prata Soares, 26 anos, esposa do estudante José Carlos Novaes da Mata Machado, morto pelos órgãos de segurança, narrou ao Conselho da Auditoria Militar de Minas Gerais, em 1973:

> [...] que foi presa no dia 21/10/73, juntamente com seu filho menor Eduardo, de 4 anos de idade; que o motivo da prisão era que a interroganda desse o paradeiro de seu esposo; que, durante 3 dias, em Belo Horizonte, foi pressionada (para dizer) onde estava José Carlos, da seguinte maneira: que, se não falasse, seu filho seria jogado do 2º andar, e isso durou 3 dias, [...]; que na última noite que seu filho passou consigo já estava bastante traumatizado, pois ele não conseguia entender por que estava preso e pedia para ela, interroganda, para não dormir, para ver a hora que o soldado viria buscá-los; [...] ele não consegue entender o motivo do desaparecimento meu e de José Carlos; que o menino está traumatizado, com sentimento de abandono [...][2].

Ao depor no Rio, em 1969, declara o carpinteiro paranaense Milton Gaia Leite, 30 anos:

> [...] foi preso e torturado com tentativa de estupro, inclusive os seus filhos e esposa, tendo os filhos de 5 anos e 7 (sido) presos, não só no Paraná, e aqui (também) [...][3].

Em São Paulo, a estudante Iára Ackselrud de Seixas, de 23 anos, viu seu irmão menor, com evidentes sinais de torturas, ser levado à sua casa pela polícia, conforme narrou em seu depoimento, em 1972:

> [...] "alguns seres" que invadiram a casa, passando a agredi-la e aos demais, derrubando tudo, estando seu irmão, na ocasião, ensanguentado, mancando e algemado, tendo ele apenas 16 anos de idade [...][4].

Algumas crianças foram interrogadas, no intuito de se obter delas informações que viessem a comprometer seus pais. O ex-deputado federal Diógenes Arruda Câmara denunciou, em seu depoimento, em 1970, o que ocorreu à filha de seu companheiro de cárcere, o advogado Antônio Expedito Carvalho:

> [...] ameaçaram torturar a única filha, de nome Cristina, com 10 anos de idade, na presença do pai; ainda assim, não intimidaram o

2. BNM n. 684, V. 34º, p. 1.356v e 1.357.
3. BNM n. 93, V. 2º, p. 1.921.
4. BNM n. 180, p. 2.467.

> advogado, mas, de qualquer maneira, foram ouvir a menor e, evidentemente, esta nada tinha para dizer, embora as ameaças feitas – inúteis, por se tratar de uma inocente que, jamais, é óbvio, poderia saber de alguma coisa [...][5].

Ao prenderem, em São Paulo, em 24 de junho de 1964, o publicitário José Leão de Carvalho, não pouparam seus filhos mais novos:

> [...] fazendo ameaças aos seus filhos menores, do que resultou, inclusive, a necessidade de tratamento médico psiquiátrico no menino Sérgio, então com 3 anos de idade [...][6].

Na tentativa de fazerem falar o motorista César Augusto Teles, de 29 anos, e sua esposa, presos em São Paulo em 28 de dezembro de 1972, os agentes do DOI-Codi buscaram em casa os filhos menores deles e os levaram àquela dependência policial-militar, onde viram seus pais marcados pelas sevícias sofridas:

> [...] Na tarde desse dia, por volta das 7 horas, foram trazidos sequestrados, também para a Oban, meus dois filhos, Janaina de Almeida Teles, de 5 anos, e Edson Luiz de Almeida Teles, de 4 anos, quando fomos mostrados a eles com as vestes rasgadas, sujos, pálidos, cobertos de hematomas [...]. Sofremos ameaças por algumas horas de que nossos filhos seriam molestados [...][7].

A companheira de César, Professora Maria Amélia de Almeida Teles, também denunciou no mesmo processo:

> [...] que, inclusive, ameaçaram de tortura seus dois filhos; que torturaram seu marido também; que seu marido foi obrigado a assistir todas as torturas que fizeram consigo; que também sua irmã foi obrigada a assistir suas torturas [...][8].

A semelhante constrangimento foram submetidos os filhos do ferroviário aposentado João Farias de Souza, 65 anos, ao ser preso em Fortaleza, em 1964:

> [...] deveria declarar tudo quanto ele soubesse, sob pena de, se assim não o fizesse, ele (promotor) tinha autoridade para prender toda a sua família; que, no dia em que fizeram busca em sua residência, a polícia

5. BNM n. 299, V. 2º, p. 324-474.
6. BNM n. 008, V. 13º, p. 2.793.
7. BNM n. 693, V. 24º, p. 8.971v e 8.973v.
8. BNM n. 257, V. 1º, p. 128v.

havia levado dois de seus filhos, permanecendo naquela repartição até a hora em que o interrogado voltou à sua residência [...][9].

Não há indícios de que seriam menores os filhos citados na denúncia acima, bem como nos seguintes casos registrados nos autos de qualificação e interrogatório, das Auditorias Militares brasileiras.

No Rio de Janeiro, consta no depoimento prestado, em 1970, pela operária Maria Eloídia Alencar, de 38 anos:

> [...] que a altas horas da noite foi levada à sua residência; que a porta foi arrombada e a depoente entrou acompanhada desses homens e, lá, foi novamente espancada; [...] que prenderam e espancaram o filho da depoente [...][10].

Também o radiotécnico Newton Cândido, de 40 anos, denunciou na Justiça Militar em São Paulo, em 1977:

> [...] que, em São Paulo, foi, juntamente com sua esposa e filhos, torturado [...][11].

Os arquivos processuais das Auditorias Militares registram outros casos de sevícias envolvendo relações de parentesco, como o do advogado José Afonso de Alencar, de 28 anos, conforme seu depoimento à Justiça Militar de Minas, em 1970:

> [...] que a esposa de Carlos Melgaço foi trazida para ver os espancamentos sofridos pelo interrogado, Melgaço, Ênio, Mário e Ricardo, sendo de notar que a esposa de Melgaço, diante de tais cenas, desmaiou algumas vezes [...][12].

O mesmo ocorreu com o estudante Luiz Artur Toribio, 22 anos, quando preso em São Paulo, em 1972:

> [...] Como se isso não bastasse, foi torturado na frente de sua namorada, Lúcia Maria Lopes de Miranda e, ela, torturada em sua presença [...][13].

Em Fortaleza consta, no depoimento prestado em 1972 pelo estudante José Calistrato Cardoso Filho, 29 anos:

---

9. BNM n. 693, V. 24º, p. 8.917v e 8.918 v.
10. BNM n. 205, V. 6º, p. 1.580-1.581.
11. BNM n. 551, V. 10º, p. 2.960v.
12. BNM n. 177, p. 1.574-1.576.
13. BNM n. 224, V. 3º, p. 657v-658v.

> [...] Que foi levado a assinar referidas declarações por ter sofrido torturas e maus-tratos, aplicados não apenas na pessoa do interrogando, como também à noiva do interrogando e às irmãs destes [...][14].

Mulheres torturadas

O sistema repressivo não fez distinção entre homens e mulheres. O que variou foi a forma de tortura. Além das naturais diferenças sexuais da mulher, uma eventual gravidez a torna especialmente vulnerável. Por serem do sexo masculino, os torturadores fizeram da sexualidade feminina objeto especial de suas taras.

A engenheira Elsa Maria Pereira Lianza, de 25 anos, presa no Rio, narrou em seu depoimento, em 1977:

> [...] que a interrogada foi submetida a choques elétricos em vários lugares do corpo, inclusive nos braços, nas pernas e na vagina; que o marido da interrogada teve oportunidade de presenciar essas cenas relacionadas com choques elétricos e os torturadores amplificavam os gritos da interrogada, para que os mesmos fossem ouvidos pelo seu marido [...][15].

A bancária Inês Etienne Romeu, 29 anos, denunciou:

> [...] A qualquer hora do dia ou da noite sofria agressões físicas e morais. "Márcio" invadia minha cela para "examinar" meu ânus e verificar se "Camarão" havia praticado sodomia comigo. Este mesmo "Márcio" obrigou-me a segurar o seu pênis, enquanto se contorcia obscenamente. Durante este período fui estuprada duas vezes por "Camarão" e era obrigada a limpar a cozinha completamente nua, ouvindo gracejos e obscenidade, os mais grosseiros [...][16].

Maria do Socorro Diógenes, de 29 anos, e Pedro, sofreram vexames sexuais como forma de tortura, segundo denúncia dela à Justiça Militar do Rio, em 1972:

> [...] que, de outra feita, a interrogada, juntamente com o acusado neste processo por nome de Pedro, receberam aplicação de cho-

14. BNM n. 461, V. 1º, p. 191v.
15. BNM n. 700, V. 2º, p. 407v e 409.
16. Cf. *Pasquim*, Rio, 12 (607), 4 a 18 de janeiro de 1981.

ques, procedidos pelos policiais, obrigando a interrogada a tocar os órgãos genitais de Pedro para que, dessa forma, recebesse a descarga elétrica [...][17].

Violentada no cárcere, a estudante de Medicina Maria de Fátima Martins Pereira, 23 anos, contou, no Rio, ao Conselho de Justiça, em 1977:

> [...] que, um dia, irromperam na "geladeira", ela supõe que cinco homens, que a obrigaram a deitar-se, cada um deles a segurando de braços e pernas abertas; que, enquanto isso, um outro tentava introduzir um objeto de madeira em seu órgão genital [...][18].

Em Minas Gerais o mesmo se deu com a Professora Maria Mendes Barbosa, de 28 anos, segundo seu depoimento, em 1970:

> [...] nua, foi obrigada a desfilar na presença de todos, desta ou daquela forma, havendo, ao mesmo tempo, o Capitão Portela, nessa oportunidade, beliscando os mamilos da interrogada até quase produzir sangue; que, além disso, a interrogada foi, através de um cassetete, tentada a violação de seu órgão genital; que ainda, naquela oportunidade, os seus torturadores faziam a autopromoção de suas possibilidades na satisfação de uma mulher, para a interrogada, e depois fizeram uma espécie de sorteio para que ela, interrogada, escolhesse um deles [...][19].

No Rio, a funcionária pública Maria Auxiliadora Lara Barcelos, de 25 anos, narrou, em 1970, como a forçaram a atos degradantes com outros prisioneiros políticos:

> [...] que nesta sala foram tirando aos poucos sua roupa; [...] que um policial, entre calões proferidos por outros policiais, ficou à sua frente, traduzindo atos de relação sexual que manteria com a declarante, ao mesmo tempo em que tocava o seu corpo, tendo esta prática perdurado por duas horas; que o policial profanava os seus seios e, usando uma tesoura, fazia como iniciar seccioná-los; [...] que, na Polícia do Exército, os três presos foram colocados numa sala, sem roupas; que, inicialmente, chamaram Chael e fizeram-no beijar a declarante toda e, em seguida, chamaram Antonio Roberto para repetir esta prática, [...] o Cabo Nilson Pereira insistia para que a declarante o fitasse, sem o que não lhe entregaria a refeição [...][20].

---

17. BNM n. 156, V. 2º, p. 474v.
18. BNM n. 700, V. 2º, p. 588v e 589.
19. BNM n. 143, V. 7º, p. 2.199.
20. BNM n. 30, V. 3º, p. 703-706 e BNM 95, V. 2º, p. 2.409-2.412.

Em 1973, no Rio, o tribunal militar ouviu da revisora gráfica Maria da Conceição Chaves Fernandes, de 19 anos:

> [...] sofreu violências sexuais na presença e na ausência do marido [...][21].

Gravidez e abortos

Para as forças repressivas, as razões de Estado predominavam sobre o direito à vida. Muitas mulheres que, nas prisões brasileiras, tiveram sua sexualidade conspurcada e os frutos do ventre arrancados, certamente preferiram calar-se, para que a vergonha suportada não caísse em domínio público. Hoje, no anonimato de um passado marcante, elas guardam em sigilo os vexames e as violações sofridas. No entanto, outras optaram por denunciar na Justiça Militar o que padeceram, ou tiveram seus casos relatados por maridos e companheiros.

O auxiliar administrativo José Ayres Lopes, 27 anos, preso no Rio, declarou, em 1972:

> [...] que, por vezes, foram feitas chantagens com o depoente em relação à gravidez de sua esposa, para que o depoente admitisse as declarações, sob pena de colocar sua esposa em risco de aborto e, consequentemente, de vida [...][22].

Idêntica situação enfrentou, também no Rio e no mesmo ano, o estudante José Luiz de Araújo Saboya, de 23 anos:

> [...] que durante o período em que esteve no Dops, em seguida no Codi, a sua esposa se encontrava em estado de gestação e permaneceu detida como elemento de coação moral sobre o interrogando [...][23].

No Recife, o Conselho de Justiça ouviu, em 1970, este depoimento da estudante Helena Moreira Serra Azul, de 22 anos:

> [...] que o marido da interrogada ficou na sala já referida e ela ouviu, do lado de fora, barulho de pancadas; que, posteriormente, foi reconduzida à sala onde estava o seu marido, que se apresentava com as mãos inchadas, a face avermelhada, a coxa tremendo e com as costas sem poder encostar na cadeira; que o Dr. Moacir Sales,

---

21. BNM n. 701, V. 4º, p. 1.027.
22. BNM n. 688, V. 3º, p. 756v.
23. BNM n. 112, V. 1º, p. 390 e 391.

dirigindo-se à interrogada, disse que, se ela não falasse, ia acontecer o mesmo com ela; [...] na Delegacia, todos já sabiam que a interrogada estava em estado de gestação [...][24].

Também no Recife, a mesma ameaça sofreu a vendedora Helena Mota Quintela, de 28 anos, conforme denunciou, em 1972:

> [...] que foi ameaçada de ter o seu filho "arrancado a ponta de faca" [...][25].

Em Brasília, a estudante Hecilda Mary Veiga Fonteles de Lima, de 25 anos, revelou, em 1972, como ocorreu o nascimento de seu filho, sob coação psicológica e com acentuados reflexos somáticos:

> [...] ao saber que a interrogada estava grávida, disse que o filho dessa raça não devia nascer; [...] que a 17/10 foi levada para prestar outro depoimento no Codi, mas foi suspenso e, no dia seguinte, por estar passando mal, foi transportada para o Hospital de Brasília; que chegou a ler o prontuário, por distração da enfermeira, constando do mesmo que foi internada em estado de profunda angústia e ameaça de parto prematuro; que a 20/02/72 deu à luz e (24 horas após o parto, disseram-lhe que ia voltar para o PIC [...][26].

A mera coação psicológica é suficiente para provocar o aborto, como aconteceu à estudante de Medicina Maria José da Conceição Doyle, de 23 anos, também em Brasília, em 1971:

> [...] que a interroganda estava grávida de 2 meses e perdeu a criança na prisão, embora não tenha sido torturada, mas sofreu ameaças [...][27].

O mesmo deu-se em São Paulo com a Professora Maria Madalena Prata Soares, de 26 anos, conforme seu depoimento prestado em 1974:

> [...] que, durante sua prisão em Minas, foi constatado que estava grávida e, em dia que não se recorda, abortou na Oban [...][28].

Outras mulheres abortaram em consequência das torturas físicas sofridas, como foi o caso da secretária Maria Cristina Uslenghi Rizzi, de 27 anos, que, em 1972, denunciou à Justiça Militar de São Paulo:

---

24. BNM n. 507, V. 2º, p. 381v.
25. BNM n. 156, V. 2º, p. 472v.
26. BNM n. 18, V. 3º, p. 798v e 799.
27. BNM n. 18, V. 4º, p. 1.191.
28. BNM n. 684, V. 34º, p. 13.516v.

> [...] sofreu sevícias, tendo, inclusive, um aborto provocado que lhe causou grande hemorragia [...][29].

Em 1970, no Rio, a Professora Olga D'Arc Pimentel, de 22 anos, fez constar de seu depoimento:

> [...] sevícias, as quais tiveram, como resultado, um aborto; que presenciou, também, as sevícias praticadas em seu marido [...][30].

O Professor Luiz Andréa Favero, de 26 anos, preso em Foz do Iguaçu, declarou na Auditoria Militar de Curitiba, em 1970, o que ocorrera a sua esposa:

> [...] o interrogando ouviu os gritos de sua esposa e, ao pedir aos policiais que não a maltratassem, uma vez que a mesma se encontrava grávida, obteve como resposta uma risada; [...] que ainda, neste mesmo dia, teve o interrogando notícia de que sua esposa sofrera uma hemorragia, constatando-se posteriormente que a mesma sofrera um aborto [...][31].

Também em 1970, em seu depoimento no Rio, a estudante Regina Maria Toscano Farah, de 23 anos, contou:

> [...] que molharam o seu corpo, aplicando consequentemente choques elétricos em todo o seu corpo, inclusive na vagina; que a declarante se achava operada de fissura anal, que provocou hemorragia; que se achava grávida, semelhantes sevícias lhe provocaram aborto [...][32].

29. BNM n. 602, V. 1º, p. 171v.
30. BNM n. 186, V. 2º, p. 512.
31. BNM n. 125, V. 1º, p. 187v e 188.
32. BNM n. 76, V. 5º, p. 1.138.

PARTE II

O SISTEMA REPRESSIVO

4
A origem do regime militar

O que se deu com o Brasil para que em seu território acontecessem cenas de tamanha crueldade como as narradas nesses três primeiros atos desta reportagem? Esse ódio desumano seria resultado, tão somente, de umas poucas mentalidades dementes, por acaso trabalhando nos órgãos oficiais de repressão política?

Na verdade, embora a tortura seja instituição muito antiga no país e no mundo todo, ela ocupou, no Brasil, a condição de instrumento rotineiro nos interrogatórios sobre atividades de oposição ao regime, especialmente a partir de 1964.

Após aquele ano, sua aplicação sobre opositores políticos não foi um elemento ocasional, nem esteve desligada de toda uma estrutura de poder hipertrofiada com o cimento do autoritarismo. Se a tortura pôde se transformar em fato cotidiano da vida nacional é porque todas as estruturas do Estado passavam por um processo correspondente de endurecimento e exclusão do direito de participar. Ergueu-se, no país, todo um poderoso sistema de repressão e controle, que precisa ser conhecido a partir de seus antecedentes mais remotos.

Quando, em abril de 1964, os militares derrubaram o Presidente João Goulart e ocuparam o poder, na verdade estavam dando sequência a uma longa tradição intervencionista que remonta aos séculos anteriores da nossa história. Ainda antes da Proclamação da República e durante a época escravista registraram-se inúmeros episódios de participação dos militares na repressão contra lutas populares.

A imagem do brasileiro conformado, acomodado, submisso, que sempre se procurou vender, não corresponde ao registro da história. Já no período monárquico ocorreram inúmeros episódios de levantes populares em defesa da soberania nacional e contra a opressão política: a Confederação do Equador, movimento iniciado em Pernambuco, em 1824, liderada pelo Frei Caneca, que terminou executado; a Cabanagem, no Pará, de 1835-1840, onde a repressão acarretou a morte de metade da população da província; a Guerra dos Farrapos, em Santa Catarina e no Rio Grande do Sul, iniciada em 1835 e só sufocada dez anos depois; a Sabinada, na Bahia, em 1837-1838; a Balaiada, no Maranhão, de 1838-1841; a Revolta Liberal ocorrida nos estados de São Paulo e Minas Gerais, em 1842; e também a Revolução Praieira, de Pernambuco, em 1848.

Para combatê-las foi criada, em 1831, a Guarda Nacional, uma força auxiliar do Exército, que ficou muito ligada aos grandes proprietários de terra. À Guarda Nacional competia a repressão a opositores internos, enquanto que ao Exército deveria caber a defesa contra agressões externas.

Acompanhando a debilitação relativa dos velhos proprietários rurais frente à ascensão da burguesia nascente, a Guarda Nacional começou a entrar em declínio no final do século XIX. A guerra contra o Paraguai (1864-1870) colocou em primeiro plano o Exército. A partir daí, além de competir com a Guarda Nacional como força organizada, o Exército começou a intervir abertamente em questões políticas. O fato de rivalizar com a Guarda Nacional, que defendia os interesses mais retrógrados da sociedade, deu ao Exército uma imagem de identificação, durante certo período, com algumas lutas de caráter progressista.

O marco mais importante dessa fase de alinhamento do Exército com o espírito progressista foi a sua participação decisiva na derrubada do Imperador D. Pedro II para implantar o sistema republicano no país. Com efeito, os militares foram os autores diretos da deposição do imperador e chamaram para si – primeiro na figura de Deodoro da Fonseca e, depois, na de Floriano Peixoto – as tarefas da presidência da República. Mas o desempenho de determinados papéis progressistas nesse período não retira do Exército seu caráter de força repressiva, que se fazia presente desde os primeiros momentos. Fica evidente a coexistência de dois impulsos aparentemente antagônicos: o Exército era um instrumento rebelde, progressista frente às oligarquias monarquistas e, ao mesmo tempo, repressivo, impiedoso frente às camadas mais pobres, que se levantavam em descontentamento na luta contra o poder central.

Nessa primeira fase da vida republicana os dois episódios mais marcantes da ação repressiva do Exército contra tais grupos foram Canudos (1897) e o Contestado (1912), surtos messiânicos gerados pelas duras condições de vida das populações camponesas. Depois de 1922 – e num crescendo que atingiu seu clímax em 1930 – o Exército foi sacudido internamente por choques entre os diferentes segmentos e patentes de que é formado.

Aos generais e altos oficiais comprometidos com o esquema corrupto de poder político dos grandes fazendeiros – subornos, fraudes, negociatas – opuseram-se setores das bases militares, sob o comando dos tenentes. Sucedem-se levantes tenentistas (1922 e 1924) e a epopeia da Coluna Prestes (1924 a 1927), que empunharam bandeiras simpáticas às classes médias urbanas: moralidade pública, democratização do voto e dignidade nacional.

Sem jamais estender seu braço para o movimento operário, que crescia significativamente desde o início do século XX, o movimento tenentista empolgou o país até 1930. Neste ano, setores dissidentes das oligarquias rurais, galvanizando toda a agitação tenentista dos anos de 1920, criaram a Aliança Liberal, que lança Getúlio Vargas para a presidência da República, rejeita a fraude eleitoral e impõe, pelas armas, seu empossamento. Mas a mudança no perfil do Estado não é tão profunda. O novo governo é formado a partir de uma aliança entre a velha oligarquia rural e os setores industriais emergentes. O aparelho militar, agora reunido em torno de Getúlio Vargas, torna-se o principal instrumento de consolidação do novo pacto entre os dois grandes detentores do poder.

Essa aliança entre os revolucionários de 1930 e a oligarquia contra a qual aparentemente fora feita a revolução provoca uma incompatibilização de Getúlio Vargas com os setores mais autênticos do tenentismo. A contradição vivida pelo novo regime leva à formação, em janeiro de 1935, da Aliança Nacional Libertadora (ANL), agrupando comunistas, que haviam atingido certo crescimento na década de 1920, e muitos políticos nacionalistas em torno de um programa que fala em Reforma Agrária, independência e melhor distribuição de renda. Em poucos meses, a ANL ganhou ruas e quartéis, num crescimento vertiginoso de comícios e manifestações, até ser proibida por Getúlio Vargas.

Na conjuntura que se seguiu, o Exército teve seu batismo de fogo como força anticomunista, a partir de um levante desencadeado pelo Partido Comunista, em novembro de 1935. A insurreição limitou-se aos quartéis e foi prontamente sufocada. Mas o episódio é mantido até hoje na memória das Forças Armadas como pira permanente em torno da qual se celebram as solenidades anuais de reafirmação dos ideais sagrados de combate ao comunismo, pedra angular da ideologia assumida pelo Estado após 1964. A violência da repressão que se seguiu, e sua longa duração, revelam que não se tratava simplesmente de castigar os revoltosos da chamada "Intentona Comunista". Mais do que isso: as elites representadas no governo sentiram chegada a hora de, aproveitando o pretexto, golpear as conquistas democráticas preparadas pelas lutas tenentistas e legitimadas pela Revolução de 1930.

Com tal ânimo repressivo, a alta hierarquia das Forças Armadas agrupou-se em torno de Getúlio Vargas para instaurar a ditadura sem máscaras, sob o nome de Estado Novo, em 1937. A deflagração da Segunda Guerra Mundial acirrou a corrida das potências em busca de aliados – e o Brasil era uma peça estratégica no Atlântico Sul. No início, as vitórias nazistas foram comemoradas festivamente na cúpula das Forças Armadas brasileiras. A situação internacional se refletia no plano interno da política brasileira e os militares se dividiam. Assim é que a repressão começa a se abrandar a partir do momento em que a situação da guerra pende para as forças aliadas.

Mesmo diminutas e incipientes, as conquistas nacionalistas que o Estado Novo trouxera feriam interesses norte-americanos. Setores afinados com os Estados Unidos passam a conspirar para a deposição de Getúlio, contando, para isso, com os mesmos militares que comandaram toda a repressão durante a ditadura. Vargas é deposto logo após o fim da guerra, em outubro de 1945, num golpe de Estado comandado pelo General Góis Monteiro.

O intervalo 1946-1964 representa uma etapa de desenvolvimento econômico e mudanças sociais que gerariam a necessidade de modificações profundas no edifício social brasileiro, fosse num sentido nacionalista e democrático, fosse no sentido do autoritarismo militar de coloração fascista.

Depois de um breve período de liberdades democráticas, já em 1947 o presidente eleito, Marechal Eurico Gaspar Dutra, comanda uma forte guinada à direita na cena política. O alinhamento ideológico entre os militares brasileiros e norte-americanos inspirou os rumos da política nacional durante o Governo Dutra: um governo pró-Estados Unidos, rigidamente antipopular e autoritário.

O que restara de franquias democráticas foi suficiente, no entanto, para ensejar a vitória de Getúlio Vargas na eleição seguinte. Capitalizando todo o descontentamento crescente em relação a Dutra, Getúlio volta ao poder, pelas urnas, sob a bandeira nacionalista. Mas os interesses norte-americanos já tinham cravado em solo brasileiro uma pesada âncora, de remoção difícil.

O embrião do golpe de Estado de abril de 1964 começava a tomar corpo. O equilibrismo ambíguo do governo constitucional de Vargas, de 1950 a 1954, terminou por lhe ser fatal, pois nem se amoldava aos interesses dos monopólios estrangeiros, que crescentemente avassalavam a economia brasileira, nem ousava estimular abertamente a participação popular para impor medidas nacionalizantes. Assim, os planos para depô-lo novamente já se encontravam em pleno andamento, comandados por chefes militares, quando foram travados pelo gesto dramático do seu suicídio, no dia 24 de agosto de 1954. O ato inesperado desencadeou enérgicas manifestações populares em todo o país, dirigidas contra símbolos da presença do capital norte-americano no Brasil. A indignação popular amedrontou a direita militar, que se viu obrigada a interromper sua conspiração e aguardar nova oportunidade.

Até janeiro de 1956, quando foi empossado o novo presidente eleito, Juscelino Kubitschek, o país viveu momentos igualmente conturbados por novas tentativas dos mesmos setores direitistas. Desta vez, esbarraram na resistência de grupos nacionalistas das próprias Forças Armadas, detentores de importantes postos neste período, como o Ministério da Guerra, ocupado pelo General Henrique Teixeira Lott. Os golpistas foram obrigados a recuar mais uma vez para a fase de preparativos, agora reunidos em torno da Escola Superior de Guerra, que, fundada em 1949, vinha estruturando toda uma ideologia chamada Doutrina de Segurança Nacional.

Terminado o mandato de Kubitschek, foi eleito Jânio Quadros, fenômeno populista de rapidíssima ascensão. Seu curto período de governo, autoritário no plano interno e aberto em termos de política internacional, foi truncado por uma renúncia, no dia 25 de agosto de 1961, que até hoje não está inteiramente decifrada pelos historiadores. A crise institucional que se seguiu representou o último ato dos preparativos para a ruptura de 1964.

Apontado como radical pela alta hierarquia das Forças Armadas, o Vice-presidente João Goulart, principal herdeiro do nacionalismo getulista da década de 1950, teve seu nome impugnado pelos três ministros militares. Contra esse veto levantou-se uma ampla mobilização popular em todo o país. A reação mais enérgica partiu do Rio Grande do Sul, onde o Governador Leonel Brizola comandou uma forte pressão, nas ruas, para que fosse assegurada a posse de Goulart. Receosos da guerra civil que se esboçava, os militares novamente recuaram, impondo, no entanto, o estabelecimento do sistema parlamentarista de governo, que retirava poderes do presidente.

Os anos de 1962, 1963 e 1964 foram marcados pelo rápido crescimento das lutas populares. A aceleração da luta por reformas estruturais ocorreu a partir do momento em que Goulart conseguiu, por meio de um plebiscito que lhe deu esmagadora maioria, derrubar o parlamentarismo impingido pelos militares. Os trabalhadores sindicalizados, em que pesem debilidades evidentes na sua organização de base, tinham desenvolvido uma ampla capacidade de mobilização, com a incorporação de um número cada vez maior de sindicatos às lutas pró-"Reformas de Base" propostas por Goulart.

Ao arrepio da estrutura sindical que a lei impunha desde Getúlio, passaram ao desafio de criar uma central sindical com o nome de Comando Geral dos Trabalhadores. Esse CGT foi recebido pela direita afastada do governo como um espantalho que comprovava a iminência da revolução comunista no Brasil.

É um período de forte inflação, mas os trabalhadores conseguem, regra geral, reajustes salariais equivalentes ao aumento do custo de vida. No campo são criadas as Ligas Camponesas, que atingem, em 1964, um total de 2.181, espalhadas por 20 estados. Proliferam as lutas rurais que, de modo semelhante ao ocorrido nas cidades, causam pânico entre os fazendeiros conservadores, dispostos a tudo para impedir a Reforma Agrária.

Estudantes, artistas e numerosos setores das classes médias urbanas vão engrossando as lutas por modificações nacionalistas, por uma nova estrutura educacional, pela Reforma Agrária e pela contenção da remessa de lucros. Também no âmbito parlamentar, estrutura-se uma frente nacionalista que faz crescer a pressão no sentido das reformas.

Antes, porém, que todo esse clima de efervescência ameaçasse de verdade o poderio das elites alarmadas, o esquema golpista, agora estimulado abertamente pela CIA, a agência central de inteligência dos Estados Unidos, lança-se aos preparativos finais para o desenlace.

A elevada inflação da época e a instabilidade do quadro político favoreciam a pregação da direita, junto às classes médias, em favor de mudanças profundas que trouxessem um governo forte. A inflação pulava de 30%, em 1960, para 74%, em 1963. No Congresso, João Goulart sofria forte oposição que o impedia de executar o Plano Trienal do ministro do Planejamento, Celso Furtado, propondo crescimento de 7% ao ano e a redução da taxa de inflação para 10%.

Além de tudo, havia o problema da evasão de divisas: só nos primeiros meses de 1964 mais de 2 bilhões de dólares foram remetidos para bancos estrangeiros. O problema da balança comercial se agravava com a suspensão, pelo governo norte-americano, de qualquer auxílio ao Brasil (exceção feita à ajuda fornecida diretamente a governadores adversários de Goulart, especialmente Carlos Lacerda, no Rio de Janeiro, Adhemar de Barros, em São Paulo, e Magalhães Pinto, em Minas Gerais).

A disposição de ajuda dos norte-americanos representou o último sinal para que os generais interessados em derrubar o presidente passassem à ação. São evidências dessa ajuda as armas oferecidas pelo então Coronel Vernon Walters (mais tarde um dos chefes da CIA) ao General Carlos Guedes, que seria um dos deflagradores do golpe, e o financiamento de entidades como o Ibad (Instituto Brasileiro de Ação Democrática) e o Ipes (Instituto de Pesquisa e Estudos Sociais), que se voltavam para uma opulenta propaganda antigovernamental em todo o país.

O clímax político da crise foi atingido nos primeiros meses de 1964, quando o movimento pelas reformas revela ter penetrado também nas bases militares. Já em setembro de 1963 havia ocorrido a Revolta dos Sargentos, em Brasília, e desde 1962 tomava corpo a Associação dos Marinheiros e Fuzileiros Navais do Brasil. Os generais também usam, a partir daí, o pretexto da disciplina hierárquica para enfraquecer Goulart, impondo-lhe recuos. Repete-se a mesma história de Getúlio em 1954: o presidente permanece numa linha equilibrista, incapaz de impedir o avanço da direita mediante um chamado ao povo para a defesa da legalidade, e incapaz de satisfazer os militares irritados.

De crise em crise chega-se ao comício de 13 de março, quando uma concentração de mais de 200 mil pessoas, em frente à estação da Estrada de Ferro Central do Brasil, no Rio, comandada por Goulart, na presença de todo seu ministério e vários governadores, aclama algumas das Reformas de Base assinadas ali pelo presidente. Tal comício era uma demonstração de força realizada como tentativa de paralisar a sedição, já em público andamento. É um momento muito forte, mas que não deixa saldo organizativo para um enfrentamento concreto. E leva os generais a marcarem data para a ação.

Praticamente toda a classe média e setores importantes dos trabalhadores rurais e urbanos estavam ganhos pela propaganda anticomunista. Seus principais veículos foram os organismos financiados pelos Estados Unidos, o Partido Social Democrático (PSD), a União Democrática Nacional (UDN) e a Igreja Católica, especialmente sua hierarquia, que se une à agitação contra o governo, amparada pela grande imprensa, e enseja as célebres "marchas da família, com Deus, pela liberdade".

Nos últimos dias de março, o estopim é aceso quando do "levante" dos marinheiros e fuzileiros navais reunidos no Sindicato dos Metalúrgicos, no Rio.

Em 1º de abril de 1964 é vitoriosa a ação golpista, praticamente sem resistência. Era evidente que todo aquele movimento nacionalista e popular, estruturado em bases essencialmente legais, não tinha condições de enfrentar a força das armas. A gestação chega ao final e o Brasil entra numa fase de profundas transformações.

5
A consolidação do Estado autoritário

A ruptura de abril de 1964 resultou no arquivamento das propostas nacionalistas de desenvolvimento através das Reformas de Base. A partir daí foi implantado um modelo econômico que, alterado periodicamente em questões de importância secundária, revelou uma essência que pode ser resumida em duas frases: concentração da renda e desnacionalização da economia.

A índole concentradora do modelo pode ser aferida a partir de diversos indicadores: política salarial, política tributária, política fundiária, política de investimentos etc. A desnacionalização implicou na abertura de todas as portas para o capital estrangeiro: estímulo creditício e fiscal para implantação de multinacionais no Brasil, facilitação da remessa de lucros e vistas grossas diante das fraudes para burlar os controles legais, permissão para compra de terras por grupos estrangeiros, e endividamento externo.

A monopolização da economia e a imposição de um modelo concentrador de renda e achatador de salários foram as raízes, no campo econômico, de toda uma série de medidas autoritárias e repressivas que os governos adotariam a partir de 1964.

A política de salários introduzida procurava, acima de tudo, propiciar condições atraentes para os investidores estrangeiros e rentabilidade para o grande capital nacional. O achatamento salarial observado nos anos do Regime Militar não teve precedentes da história do país e funcionou como viga mestra do crescimento capitalista vivido nos anos do passageiro "milagre brasileiro". Esse arrocho foi, ao mesmo tempo, o principal responsável pela forte deterioração das condições de vida do povo brasileiro: fome, favelas, enfermidades, marginalidade, avançaram em números expressivos.

Para a aplicação desse modelo econômico foi necessário alterar a estrutura jurídica do país, reforçar o aparato de repressão e controle, modificar radicalmente o sistema de relação entre Executivo, Legislativo e Judiciário. Em outras palavras: foi necessário montar um Estado cada vez mais forte, apesar de se manterem alguns disfarces da normalidade democrática.

No momento mesmo da deposição de Goulart, procurou-se apresentar a sucessão não como o que ela foi de fato – a derrubada de um mandatário eleito pelo povo e sua substituição por um general indicado pelas Forças Armadas – e sim como uma "eleição indireta", levada a cabo pelo Legislativo.

O Ato Institucional de 9 de abril, que deveria ser único e acabou sendo o primeiro de uma série, editado seis dias antes da posse do General Castello Branco, deixou bem claro: "A Revolução vitoriosa, como o Poder Constituinte, legitima-se por si mesma". Quando se encerrou, a 11 de junho de 1964, o prazo que o primeiro Ato havia estabelecido para as cassações, o balanço inicial foi de 378 atingidos: três ex-presidentes da República (Juscelino Kubitschek, Jânio Quadros e João Goulart); seis governadores de Estado; dois senadores; 63 deputados federais e mais de três centenas de deputados estaduais e vereadores. Foram reformados compulsoriamente 77 oficiais do Exército, 14 da Marinha e 31 da Aeronáutica. Aproximadamente dez mil funcionários públicos foram demitidos e abriram-se cinco mil investigações, atingindo mais de 40 mil pessoas. Castello Branco criou a Comissão Geral de Investigações (CGI) para coordenar as atividades dos inquéritos policiais militares, que começavam a ser instaurados em todo o país. Foi implantado, em junho, o Serviço Nacional de Informações, cujo poder misterioso cresceria sem interrupção nos anos seguintes.

A ditadura foi tomando corpo. Ao ser derrotado nas eleições estaduais em Minas Gerais e no Rio de Janeiro, o governo edita o Ato Institucional n. 2, em outubro de 1965, que acaba com todos os partidos políticos e permite ao Executivo fechar o Congresso Nacional quando bem entender; torna indiretas as eleições para presidente da República e estende aos civis a abrangência da Justiça Militar. "Não se disse que a Revolução foi, mas que é e continuará", afirma-se na introdução do AI-2.

Na prática, só poderão existir, daí para a frente, dois partidos políticos: um governista e outro da oposição consentida. São criados a Arena (Aliança Renovadora Nacional) e o MDB (Movimento Democrático Brasileiro), este último encarregado de fazer oposição, mas sem contestar o regime. Pelo Ato Institucional n. 3, de fevereiro de 1966, também as eleições para governadores dos estados são tornadas indiretas.

O ano de 1966 transcorre marcado por disputa nos quartéis – agora transformados no Colégio Eleitoral de fato – em torno da sucessão de Castello Branco. Vence a chamada "linha dura", com o nome do General Costa e Silva, ministro da Guerra, que será facilmente referendado por um Congresso que, no mesmo ano, sofre mais seis cassações, nova decretação de recesso e cerco por tropas militares. Com a posse de Costa e Silva, em março de 1967, o Brasil ganha uma nova Constituição, uma nova Lei de Segurança Nacional e uma Lei de Imprensa, que chega a estabelecer a infalibilidade do presidente da República e de alguns altos mandatários do regime.

Devagar a oposição ao regime vai readquirindo força no âmbito das ruas, das fábricas e das escolas, apesar de toda a repressão. Em março de 1968, no Rio, a polícia intervém contra uma manifestação de estudantes e mata o secundarista Edson Luís, de 18 anos. Como um rastilho de pólvora, espalham-se por todo o país manifestações públicas de protesto. Também as lutas operárias ressurgem com alguma vitalidade. Crescem o enfrentamento e as denúncias contra o Regime Militar, tendo as classes médias urbanas ocupado a frente das movimentações.

Os três fatores utilizados como pretexto pelas Forças Armadas, para desencadearem nova escalada repressiva com o Ato Institucional n. 5, foram: as denúncias sustentadas dentro do próprio partido de oposição criado pelo regime, o crescimento das manifestações de rua e o surgimento de grupos de oposição armada, que justificavam sua decisão com o argumento de que os canais institucionais seriam incapazes de fazer frente ao poder ditatorial.

Costa e Silva baixa o AI-5 no dia 13 de dezembro de 1968. A gota d'água foi um discurso do Deputado Federal Márcio Moreira Alves, considerado ofensivo às Forças Armadas. Ao contrário dos atos anteriores, no entanto, o AI-5 não vinha com vigência de prazo. Era a ditadura sem disfarces. O Congresso é colocado em recesso, assim como seis assembleias legislativas estaduais e dezenas de câmaras de vereadores em todo o país. Mais 69 parlamentares são cassados, assim como o ex-governador carioca Carlos Lacerda, que fora um dos três principais articuladores civis do golpe militar, ao lado do ex-governador paulista Adhemar de Barros, já cassado antes, em 1966, e do governante mineiro Magalhães Pinto, que sobreviveu às punições.

O resultado de todo esse arsenal de atos, decretos, cassações e proibições foi a paralisação quase completa do movimento popular de denúncia, resistência e reivindicação, restando praticamente uma única forma de oposição: a clandestina.

Em agosto de 1969 ocorre o episódio obscuro da enfermidade que afastou Costa e Silva da presidência e ensejou um "Golpe Branco" desfechado pelos três ministros militares ao impedirem a posse do vice-presidente civil, Pedro Aleixo.

Constata-se um círculo vicioso: a resistência armada intensifica suas ações e parte para os sequestros, exigindo em troca a libertação de presos políticos; a Junta Militar, por sua vez, adota as penas de morte e banimento, tornando mais duras as punições previstas na Lei de Segurança Nacional (Decreto-lei n. 898), além de outorgar uma Constituição mais autoritária, que é batizada de Emenda Constitucional n. 1. O Congresso Nacional é reaberto apenas para referendar o nome do General Emílio Garrastazzu Médici, indicado para a presidência da República, após uma luta surda nos quartéis.

Sob o lema "Segurança e Desenvolvimento", Médici dá início, em 30 de outubro de 1969, ao governo que representará o período mais absoluto de repressão, violência e supressão das liberdades civis de nossa história republicana. Desenvolve-se um aparato de "órgãos de segurança", com características de poder autônomo, que levará aos cárceres políticos milhares de cidadãos, transformando a tortura e o assassinato numa rotina.

De outro lado, o país vive a fase do "milagre econômico", dos projetos de impacto e das obras faraônicas, como a ponte Rio-Niterói e a rodovia Transamazônica, num clima de ufanismo insuflado pela propaganda oficial, com a imprensa amordaçada pela censura. A inoperância da atividade partidária legal traz, como resultado, o desinteresse popular pelas eleições que ocorrem no período. Nas eleições de novembro de 1970 para a renovação do Congresso Nacional, por exemplo, a soma das abstenções, votos brancos e nulos atinge a 46% do total de eleitores inscritos.

Até o final do mandato de Médici seguirá crescendo a imagem do Brasil no exterior como um país de torturas, perseguições, exílios e cassações.

A Igreja, que apoiara a deposição de João Goulart, passa por profundas transformações e começa a enfrentar dificuldades crescentes nas suas relações com o Estado, tornando-se também vítima dos atos repressivos: há prisões de sacerdotes e freiras, torturas, assassinatos, cerco a conventos, invasões de templos, vigilância contra bispos.

Os órgãos de segurança, sem respeitar limites da dignidade da pessoa humana, conseguem importantes vitórias na luta contra as organizações de luta política clandestina. Todos os resultados colhidos na pesquisa BNM confirmam as denúncias formuladas no período Médici, por entidades de direitos humanos, a respeito de torturas, assassinatos de opositores políticos, desaparecimentos, invasões de domicílio, completo desrespeito aos direitos do cidadão e inobservância da própria legislação criada pelo regime. É nesse período que a pesquisa constatou os mais elevados índices de torturas, condenações e mortes.

O segundo semestre de 1973 começou a mostrar sinais da falência do "milagre" – quadro que seria agravado com a eclosão da crise do petróleo. Os quartéis escolhem então o General Ernesto Geisel para dar início a uma nova etapa do Regime Militar. Desta vez, o estilo é outro, na tentativa de recuperar a legitimidade que desaparecera por completo no último período.

Nos seus cinco anos de mandato, Geisel aplica uma política que tem como linha básica a revigoração do prestígio do regime, a reativação da vida partidária, a reabertura do diálogo com setores marginalizados das elites e a contenção da dinâmica oposicionista dentro de limites que não ameaçassem a chamada Segurança Nacional. Haverá repressão, sim, e dura, mas temperada com medidas de abertura, mesclada com gestos de abrandamento, tudo visando, em última instância, a manutenção do sistema instaurado em 1964.

Será um governo de gestos pendulares, precisamente calculados, abrindo num momento, para em seguida retomar medidas repressivas, que marcassem, claramente, o limite, restrito, da abertura controlada. Procurando canalizar para o Parlamento e os partidos oficiais todo o descontentamento popular que crescia, os generais Geisel e Golbery do Couto e Silva, principal formulador da política de distensão, definiram também um abrandamento relativo da censura à imprensa.

Como resultado destes primeiros sopros liberalizantes, 13 das 22 vagas disputadas no Senado nas eleições de novembro de 1974 foram conquistadas pela oposição; na Câmara Federal, o MDB passou de 87 para 165 cadeiras e a Arena, o partido oficial, regrediu de 223 para 199. Os militares encontram dificuldades para digerir a derrota, mas respeitam os resultados num primeiro momento, alterando a dinâmica eleitoral dos anos seguintes com medidas que viciavam as regras do jogo.

Os primeiros meses do Governo Geisel marcam um período em que os órgãos de repressão optam pelo método de ocultar as prisões seguidas de mortes, para evitar o desgaste que as versões repetitivas de "atropelamento", "suicídio" e "tentativa de fuga" certamente enfrentariam, num clima de maior liberdade de imprensa. Em consequência, torna-se rotina o fenômeno do "desaparecimento", que já ocorria no período anterior, mas em escala relativamente menor. Cerca de vinte cidadãos, presos por esses órgãos de segurança na época da posse do General Geisel, nunca mais foram localizados, apesar das provas de suas detenções.

Os órgãos de segurança pareciam ter estabelecido como meta uma "última varrida" em todos os agrupamentos de esquerda, para aniquilar tudo o que tivesse resistido à repressão anterior. Na verdade, a "comunidade de segurança" não alterou a essência repressiva dos anos Médici, calcada em sequestros, torturas e assassinatos, mas passou a acionar esporadicamente manobras tendentes a aparentar alguns cuidados com o respeito aos direitos humanos.

O Congresso Nacional passa a ser, então, uma tribuna de onde determinados oposicionistas martelam denúncias praticamente diárias. Isso provocará represálias por parte do governo, destinadas a fixar, também, no Parlamento, os limites que o regime considerava toleráveis para a denúncia sobre violação de direitos humanos. Num curto espaço de tempo, entre janeiro e abril de 1976, voltam a ocorrer cassações de mandatos.

O governo da "distensão" queria deixar claro, dessa forma, que a abertura da vida política não implicava tolerar a presença das forças consideradas de esquerda.

O país voltaria às urnas, em novembro de 1976, para eleições municipais. Mas o clima da campanha, desta vez, é radicalmente diferente daquele de 1974. A "Lei Falcão", de autoria do ministro da Justiça de Geisel, limitava drasticamente o uso do rádio e da televisão para a propaganda eleitoral e coibia comícios e concentrações em lugares públicos. Mesmo assim, embora no número total de votos a Arena permanecesse com folgada maioria nas câmaras municipais e prefeituras, as urnas mostraram que o MDB mantinha uma tendência ascencional, enquanto decrescia a força do partido governista. Os estrategistas do regime são levados, então, a estudar a possibilidade de reformulação do sistema bipartidário.

Em 1º de abril de 1977, com o fracasso das pressões governistas junto ao MDB para que fosse aprovado um projeto de reformulação do sistema judiciário brasileiro – que, em resumo, revestia o Executivo de novos e revigorados poderes majestáticos –, Geisel fecha o Congresso Nacional e baixa o chamado "Pacote de Abril". O Executivo impunha, assim, um conjunto de modificações constitucionais planejadas com a intenção de perpetuar o regime e neutralizar o crescimento da oposição. Foi redefinido o Colégio Eleitoral que elegia indiretamente os governadores, foi inventada a figura do senador "biônico" (não eleito pelo voto popular) e ampliou-se o mandato do presidente da República para seis anos.

O "Pacote de Abril" teve duro impacto nos ânimos de setores oposicionistas entusiasmados com as promessas de "reabertura democrática". Mas não foi interrompida a campanha de denúncia contra as violações dos direitos humanos, que naquele momento encontra eco também nos órgaos de imprensa libertados da censura prévia.

Um episódio que serviu para retratar fielmente a nova postura dos governantes frente a tais denúncias foi a visita do cardeal de São Paulo, D. Paulo Evaristo Arns, ao General Golbery, à frente de uma comissão de familiares de "desaparecidos políticos".

De início, o general se compromete a dar resposta sobre o paradeiro das pessoas procuradas dentro de trinta dias; mais tarde, se omite frente à questão, enquanto o ministro da Justiça, Armando Falcão, informava pela imprensa que aqueles "desaparecidos" "jamais tinham sido detidos".

O choque entre diferentes grupos militares acerca da necessidade de os organismos de segurança se adaptarem aos novos tempos ficou bastante evidente quando ocorreram dois assassinatos sob torturas nas dependências do DOI-Codi de São Paulo. O primeiro foi cometido em outubro de 1975, vitimando o jornalista Wladimir Herzog. O segundo tirou a vida do metalúrgico Manoel Fiel Filho, em janeiro do ano seguinte. Nos dois episódios houve reações de amplos setores da opinião pública. No segundo desses assassinatos, Geisel destituiu o comandante do II Exército, General Ednardo D'Ávila Mello, em atitude que provocou sério impacto nos meios militares.

Em dezembro de 1976, repetindo integralmente os procedimentos do período Médici, o DOI-Codi invade uma casa na Lapa, em São Paulo, onde se reuniam dirigentes de uma organização clandestina – o Partido Comunista do Brasil – matando no local Pedro Pomar e Angelo Arroyo. Outro dos que foram detidos ali, João Batista Franco Drumond, teve sua morte anunciada, pouco depois, como tendo sido atropelado "quando tentava fugir".

A partir de 1977 não se registraram novos assassinatos durante interrogatórios, embora as denúncias sobre torturas continuassem presentes nos poucos processos políticos formados então. Nessa época já vinha se tornando notória a existência de tensões e dissidências dentro das Forças Armadas. Por sugestiva coincidência, têm início ações regulares de terrorismo de direita, reivindicadas por siglas que, na verdade, camuflam a operação de antigos agentes dos órgãos de tortura. Tudo indica que as mudanças na conjuntura política impeliam a chamada "comunidade de informações" a desenvolver sua ação num trabalho de maior clandestinidade. É reforçado, então, o esquema do "braço clandestino da repressão".

Mais tarde, em abril de 1981, como a confirmar por inteiro essa hipótese, dois militares do DOI-Codi do Rio de Janeiro sofreram um acidente quando preparavam um atentado a bomba no Centro de Convenções Riocentro, durante um *show* de música popular em comemoração ao 1º de maio. O petardo explodiu no carro em que se encontravam, matando um sargento e ferindo gravemente um capitão.

O primeiro atentado de proporções mais alarmantes foi perpetrado, em 22 de setembro de 1976, contra o bispo de Nova Iguaçu, no Rio de Janeiro, D.

Adriano Hipólito, sequestrado por homens encapuçados que o levaram para um matagal, submetendo-o a espancamentos e abandonando-o nu, enquanto seu carro era conduzido para ser destruído por forte carga de explosivos em frente à então sede da Conferência Nacional dos Bispos do Brasil (CNBB).

A escolha do bispo como alvo do terror tinha relação com a atitude assumida pelo Estado, nos últimos anos, de animosidade contra a CNBB pelas suas repetidas manifestações em defesa dos direitos humanos.

É evidente que a impunidade registrada quando desses primeiros atentados serviu de estímulo para sua continuidade – uma espécie de aval branco que o regime assegurava aos terroristas, embora emitisse declarações formais de condenação em cada episódio. Nessa mesma época, bombas haviam detonado na sede de importantes entidades identificadas com forças progressistas: a Ordem dos Advogados do Brasil (OAB) e a Associação Brasileira de Imprensa (ABI), no Rio, em agosto de 1976, e o Centro Brasileiro de Análise e Planejamento (Cebrap), em São Paulo, no mês seguinte. Minas Gerais foi outro estado bastante atingido: balanço efetuado em outubro de 1978 registrava 13 atentados a bomba, além de ameaças, depredações e assaltos, que perfaziam um total de 24 ações.

Apesar dos ataques terroristas da direita, das cassações, das leis autoritárias e dos momentos em que o pêndulo da "distensão lenta, gradual e segura" voltava-se no sentido da repressão, a nova conjuntura nacional começa a caracterizar-se, fundamentalmente, por um crescimento das lutas populares e isolamento político do regime, ao mesmo tempo em que se agrava a situação econômica.

A partir de fevereiro de 1978 começam a proliferar, em todo o país, Comitês Brasileiros pela Anistia (CBAs) que lançam uma campanha por Anistia ampla geral e irrestrita, defendem os presos políticos que reagem às duras condições carcerárias com repetidas greves de fome, e ainda sistematizam denúncias sobre torturas, assassinatos e desaparecimentos políticos.

Frente à crise que se avizinhava, os generais, como já se tornara costume desde 1964, procuram mais uma vez canalizar as divergências entre suas diversas correntes para a sucessão presidencial. Setores que reprovavam a estratégia de Geisel e, taticamente, concentravam seu ataque na figura de Golbery (flanco vulnerável devido à sua notória ligação com círculos norte-americanos e moralidade pública questionada), agrupam-se em torno do ministro do Exército, General Silvio Frota, que se lança candidato contra a vontade de Geisel. A crise é profunda e quase gera choque entre unidades militares, o que termina não ocorrendo porque fica muito clara a superioridade das forças leais à presidência da República. Geisel, que já havia se decidido pelo nome do General João Baptista de Oliveira Figueiredo, chefe do Serviço Nacional de Informações, demite Silvio Frota do Ministério do Exército.

Em novembro de 1978, o governo sofre nova derrota nas urnas: nas eleições majoritárias para o Senado, o MDB obtém 18,5 milhões de votos, contra 13,6 milhões da Arena.

Em 1º de janeiro de 1979 é revogado o AI-5, a face mais ostensiva da ditadura, embora parte de seus dispositivos passassem a estar embutidos na Constituição, como o "estado de emergência", que o Executivo poderia decretar em momentos de crise, atribuindo-se poderes excepcionais e suspendendo as garantias dos cidadãos por um prazo de 60 dias, prorrogáveis por mais 60.

Ao terminar o último ano do Governo Geisel, a estatística do Regime Militar de 1964 registrava aproximadamente 10 mil exilados políticos, 4.682 cassados, milhares de cidadãos que passaram pelos cárceres políticos, 245 estudantes expulsos das universidades por força do Decreto 477, e uma lista de mortos e desaparecidos tocando a casa das três centenas.

A posse do General Figueiredo – escolhida como data-limite do período pesquisado no Projeto BNM – ocorre em 15 de março de 1979, num quadro em que a crise econômica se agrava e as modificações constitucionais legadas por Geisel criam brechas para o crescimento das pressões democráticas. Os presídios políticos paulatinamente se esvaziam, os exilados começam a retornar, amplia-se a luta pela Anistia. Mas o regime sobrevive: líderes operários são perseguidos e mortos no campo e na cidade, sindicatos sofrem intervenção, mostrando os limites da "abertura" – mais voltada para as chamadas elites políticas do país e setores das classes médias do que para o povo trabalhador.

6
A MONTAGEM DO APARELHO REPRESSIVO E SUAS LEIS

Consumada a deposição do Presidente Goulart, a 2 de abril de 1964, houve um primeiro momento de indecisão: qual ala as Forças Armadas – não inteiramente homogêneas – assumiria o comando mais direto do aparelho de Estado?

Acabou prevalecendo o grupo liderado pelo Marechal Humberto de Alencar Castello Branco, não por ter jogado o papel mais importante nas movimentações de tropas, mas por ser o único portador de um projeto global para a sociedade, amadurecido desde a década de 1950 na Escola Superior de Guerra. Esse pensamento global se tornou conhecido como Doutrina de Segurança Nacional (DSN).

Fundada em 20 de agosto de 1949, por inspiração do Marechal César Obino, então chefe do Estado Maior das Forças Armadas, a Escola Superior de Guerra (ESG) funciona até hoje num velho edifício da Fortaleza de São João, no Rio de Janeiro. Sua origem remonta ao período em que a Força Expedicionária Brasileira (FEB) combateu em campos da Itália durante a Segunda Guerra Mundial, sob comando norte-americano. A estreita vinculação surgida entre oficiais norte-americanos e militares brasileiros que lá estavam – como Castello Branco, Golbery do Couto e Silva e outros – chegou até mesmo a fazer com que compartilhassem a expectativa de continuação da guerra – ou de início de uma terceira – opondo desta vez os aliados ocidentais à União Soviética.

Antecedentes recentes da vida militar brasileira – em que o ministro da Guerra no Estado Novo, Góis Monteiro, defendia o alinhamento com a Alemanha – já predispunham esses comandos a desenvolverem menos o espírito antifascista que, teoricamente, os levara a lutar na guerra, do que o sentimento anticomunista, fortalecido na cooperação com os norte-americanos.

Terminada a guerra, toda essa geração de oficiais, em fluxo maciço, passou a frequentar cursos militares norte-americanos. O próprio General Golbery afirmaria mais tarde: "A FEB não foi importante só pela ida à Italia. Possivelmente, ainda mais importante tenha sido a visita da FEB aos Estados Unidos. [...] Eu fui, e foi um grande impacto"[1].

Quando esses oficiais começam a retornar ao Brasil já estão profundamente influenciados por uma nova concepção a respeito de como entender a "Defesa Nacional". Nas escolas norte-americanas tinham aprendido que não se tratava mais de fortalecer o "Poder Nacional" contra eventuais ataques externos, mas contra um "inimigo interno", que procurará "solapar as instituições".

Assim é que, três anos depois da similar norte-americana – o "National War College" –, é fundada aqui a Escola Superior de Guerra, sob jurisdição do Estado Maior das Forças Armadas. Nos dez anos que vão de 1954 a 1964 a ESG desenvolveu uma teoria de direita para intervenção no processo político nacional. A partir de 1964, a ESG funcionaria também como formadora de quadros para ocupar funções nos sucessivos governos.

Além de ter gerado a ideologia oficial do Regime Militar, a ESG trouxe também alguns subprodutos, entre os quais a criação do Serviço Nacional de Informações (SNI), por Golbery do Couto e Silva, que teria importante papel na implantação e defesa do novo sistema político.

Ao sintetizar os grandes fundamentos da Doutrina de Segurança Nacional desenvolvida pela ESG, através de um livro que se tornou cartilha oficial dos generais no poder, Golbery pontificava:

---

1. Citado em *A repressão militar-policial no Brasil*, 1975, p. 22 [mimeo.].

> Daí um novo dilema – o do Bem-estar e o da Segurança, apontado por Goering, em dias passados, sob a forma menos justa, mas altamente sugestiva, de seu conhecido *slogan*: "Mais canhões, menos manteiga". E, na verdade, não há como fugir à necessidade de sacrificar o Bem-estar em proveito da Segurança, desde que essa se veja realmente ameaçada. Os povos que se negaram a admiti-lo aprenderam no pó da derrota a lição merecida[2].

Em outras palavras, ameaçada a "segurança", está justificado o sacrifício do Bem-estar que, por extensão, é o sacrifício também da liberdade, das garantias constitucionais, dos direitos da pessoa humana. E Goering se referia aos povos ameaçados por um inimigo externo, enquanto para Golbery o inimigo era interno, devendo ser procurado entre o povo brasileiro.

Só em 1968, um ano após a elaboração da Lei de Segurança Nacional (Decreto-lei 314), começaram a surgir as primeiras críticas sistematizadas à ideologia que o Estado vinha impondo desde 1964. Um trabalho pioneiro proveio de setores da Igreja Católica. Por meio dele, era atingido um dos pilares fundamentais da Doutrina de Segurança Nacional: a defesa do "ocidente cristão". O fato de tal doutrina afirmar-se cristã era energicamente rechaçado pelo atual bispo de Bauru, São Paulo, D. Cândido Padin:

> O grupo ideológico saído da ESG detém o superpoder e é constituído, em sua maioria, de militares; a "civilização ocidental cristã", pregada pela DSN, é um chavão que não resiste a um confronto frio com a mensagem evangélica; a democracia é um nome que cobre a realidade de um totalitarismo militar [...] e a soberania nacional é delimitada a ponto de não existir. A anti-história que se delineou no mundo através da política que eclodiu na realidade do nazismo atuante, de certo modo, e bem comparado, vai se traçando também na política nacional brasileira[3].

Em nome da "democracia", caberia rasgar a Constituição, depor o presidente eleito, João Goulart, fechar o Congresso Nacional, suspender garantias dos cidadãos, prender, torturar e assassinar, como terminou ocorrendo no regime inspirado pela Doutrina de Segurança Nacional.

---

2. COUTO E SILVA, Golbery. *Geopolítica do Brasil*. Rio de Janeiro: Livraria José Olympio Editora, 1967, p. 13.
3. PADIN, Dom Cândido (coord.). *A doutrina da Segurança Nacional à luz da doutrina da Igreja*. Junho de 1968 [mimeo.].

O conceito de "Poder Nacional", angular em toda essa ideologia, foi igualmente questionado pelo teólogo Joseph Comblin, sacerdote belga que escreveu importantes trabalhos sobre as consequências das ditaduras militares na vida dos povos da América Latina:

> Em qualquer sociedade, sempre se admite que uma pequena parcela das energias e das rendas seja reservada para a defesa coletiva e também para a segurança do Estado. Mas, como se trata de despesas a fundo perdido e sem satisfação de ordem pessoal, elas são reduzidas ao mínimo necessário. No Sistema de Segurança Nacional, ao contrário, o mínimo torna-se o máximo. Todas as energias dos cidadãos devem ser canalizadas para a segurança e tornar-se um poder. O Sistema de Segurança Nacional produz, aliás, uma situação humana pior do que a escravidão. Na escravidão, as energias humanas são transformadas em energias materiais e destinadas a produzir resultados econômicos. Tais resultados são inocentes em si. O escravo tem ao menos a satisfação de produzir bens úteis, mesmo que não receba nada para si, enquanto que o cidadão subordinado à Segurança Nacional é chamado a formar um poder que vai servir para dominar homens, quebrar suas vontades e destruir suas personalidades[4].

A concepção doutrinária que se erigiu em ideologia oficial das Forças Armadas, após 1964, voltada para a caça ao "inimigo interno", impôs remodelações profundas na estrutura do sistema de segurança do Estado. Uma delas foi a hipertrofia, o gigantismo, a contínua proliferação de órgãos e regulamentos de segurança. Outra foi a atribuição de enorme autonomia aos organismos criados. No princípio da década de 1970 já se chegava a falar na existência de um verdadeiro Estado dentro do Estado.

O manto dos Atos Institucionais e a autoridade absoluta dos mandatários militares serviriam como proteção e salvaguarda do trabalho das forças repressivas, fossem quais fossem os métodos utilizados.

O Grupo Permanente de Mobilização Industrial (GPMI), que começou a ser criado em abril de 1964, foi o primeiro de uma série de instrumentos gerados para adaptar o poderio bélico das Forças Armadas à nova doutrina de segurança, que depositava o centro de suas atenções na "guerra revolucionária".

---

4. COMBLIN, Joseph. *A ideologia da Segurança Nacional*. Rio de Janeiro: Civilização Brasileira, 1978, p. 237.

O GPMI começou a ser idealizado nos contatos conspirativos travados entre militares e empresários no período de preparação do movimento que depôs Goulart.

Estavam lançadas assim as bases de uma indústria bélica que não pararia de crescer nos anos seguintes e cuja produção acabou se voltando para a exportação, guindando o Brasil dos generais ao quinto posto na escala mundial dos vendedores de armamentos, não obstante os insucessos de outros aspectos fundamentais da política econômica implantada.

As Forças Armadas se prepararam seriamente para combater qualquer espécie de revolta popular contra o regime imposto pelo direito da força. Mais importante do que o aparelhamento para uma guerra aberta foi, no entanto, o aparelhamento para a guerra surda que se travou, esta sim, em nível dos interrogatórios, das investigações sigilosas, da escuta telefônica, do armazenamento e processamento das informações acerca de atividades consideradas oposicionistas – desde suas variantes reivindicatórias, lutas salariais e pressões em favor da democracia, até às formas de oposição clandestina.

A imprensa frequentemente se refere à máquina criada nacionalmente para a "produção e operação de informações" com o nome de Sistema Nacional de Informações (SNI) ou, simplesmente, "Sistema", que poderia ser visualizado como uma pirâmide, tendo na base as câmaras de interrogatório e, no vértice, o Conselho de Segurança Nacional (CSN).

A medida da importância do SNI, criado em 13 de junho de 1964, com o objetivo de "superintender e coordenar em todo o território nacional as atividades de informação, em particular as que interessem à Segurança Nacional", pode ser aferida por indicadores precisos: seu comandante, com título de ministro, era um dos quatro que mantinha encontro diário com o presidente da República, logo no início do expediente. E dessa chefia saíram dois dos presidentes militares do regime de 1964: Emílio Garrastazzu Médici e João Baptista de Oliveira Figueiredo.

O SNI mantém, além da agência central, sediada em Brasília, oito agências regionais, de Manaus a Porto Alegre. Só para os gastos dessas agências, a dotação das verbas cresceu 3.500 vezes de 1964 a 1981, começando com Cr$ 200 mil e atingindo, 17 anos depois, um orçamento de Cr$ 700 milhões.

Com esse crescimento surgiu a necessidade de uma integração entre os organismos repressivos já existentes – ligados às três Armas, à Polícia Federal e às polícias estaduais – para melhorar a eficiência dos mecanismos de repressão e controle. Essa integração seria testada pela primeira vez em São Paulo, em meados de 1969, quando setores oposicionistas, manietados pela decretação do Ato Institucional n. 5, viram-se compelidos a formas ilegais de ação política, incluindo alguns grupos até mesmo à luta guerrilheira.

Foi criada, então, e só oficiosamente assumida pelas autoridades militares, a Operação Bandeirantes (Oban), que se nutria de verbas fornecidas por multinacionais como o Grupo Ultra, Ford, General Motors e outros. Não era formalmente vinculada ao II Exército, embora seu comandante, General Canavarro Pereira, visitasse regularmente a Delegacia de Polícia que lhe servia de sede, na Rua Tutoia, em São Paulo. A Oban foi composta com efetivos do Exército, Marinha, Aeronáutica, Polícia Política Estadual, Departamento de Polícia Federal, Polícia Civil, Força Pública, Guarda Civil – todos os tipos, enfim, de organismos de segurança e policiamento.

A inexistência de estrutura legal conferiu ao novo organismo uma mobilidade – e impunidade, quanto aos métodos – que garantiu importantes vitórias na chamada "luta contra a subversão". Tais êxitos levaram a que altas esferas responsáveis pela Segurança Nacional considerassem aprovado o teste e, então, o tipo de estrutura da Oban serviu de inspiração para a implantação, em escala nacional, de organismos oficiais que receberam a sigla DOI-Codi.

O DOI-Codi (Destacamento de Operações de Informações – Centro de Operações de Defesa Interna) surgiu em janeiro de 1970, significando a formalização, no Exército, de um comando que englobava as outras duas Armas. Em cada jurisdição territorial, os Codi passavam a dispor do comando efetivo sobre todos os organismos de segurança existentes na área, sejam das Forças Armadas, sejam das polícias estadual e federal.

Dotados de existência legal, comandados por um oficial do Exército, providos com dotações orçamentárias regulares, os DOI-Codis passaram a ocupar o primeiro posto na repressão política e também na lista das denúncias sobre violações aos direitos humanos. Mas tanto os Dops (Departamento de Ordem Política e Social, de âmbito estadual) como as delegacias regionais do

DPF (Departamento de Polícia Federal) prosseguiram atuando também em faixa própria, em todos os níveis de repressão: investigando, prendendo, interrogando e, conforme abundantes denúncias, torturando e matando.

No caso de São Paulo, o Dops (mais tarde Deops) chegou praticamente a competir com o DOI-Codi na ação repressiva, reunindo em torno do Delegado Sérgio Paranhos Fleury uma equipe de investigadores que, além de torturar e matar inúmeros oposicionistas, eram simultaneamente integrantes de um bando autodenominado "Esquadrão da Morte". Esse "Esquadrão", a pretexto de eliminar criminosos comuns, chegou a assassinar centenas de brasileiros, muitos dos quais não registravam qualquer tipo de antecedente criminal.

Em julho de 1969 foram reorganizadas as polícias militares estaduais de todo o país, com o objetivo de adaptá-las às novas diretrizes de segurança interna. A autoridade do governador de Estado sobre a Polícia Militar de uma unidade foi subtraída pela determinação de que o controle das PMs seria exercido pelo Estado Maior do Exército e pelos comandos militares regionais.

É importante registrar que a ação desse intrincado aparelho repressivo não se circunscreveu às fronteiras do Brasil. Pelo menos nos golpes militares ocorridos na Bolívia, em 1972; no Chile, em 1973; e na Argentina, em 1976, depoimentos de exilados brasileiros, presos então nesses países, referem terem sido interrogados e até mesmo torturados por brasileiros, que não ocultavam sua condição de militares ou policiais. Em outros casos, os interrogatórios eram conduzidos por militares daqueles países, mas na presença e sob orientação de agentes brasileiros presentes às câmaras de tortura.

A Doutrina de Segurança Nacional projetou leis e regras sobre todos os setores da vida da nação e, até mesmo, fora dela. No Conselho de Segurança Nacional, entidade máxima do regime, são traçados os "Objetivos Nacionais Permanentes" e as "bases para a política nacional". De acordo com esses objetivos são editados decretos e decretos-leis, são apresentados ao Parlamento projetos de lei e emendas constitucionais e, quando necessário, são editados até mesmo os "decretos secretos", como aconteceu a partir do Governo Médici.

É equivocado pensar que a referida doutrina consubstancia-se, em termos legais, unicamente na lei que lhe leva o nome. A Lei de Segurança Nacional (LSN) é, no máximo, aquela específica que concentra e condensa todos os critérios e conceitos enfeixados pela Doutrina de Segurança Nacional, configurando sua obra mais acabada e perfeita. Mas o espírito geral desse pensamento conservador espraiou-se por um vasto campo da legislação nacional e das instituições do Estado.

As mudanças introduzidas na LSN ao longo dos anos consistiram, num primeiro momento (1969), numa exacerbação generalizada das penas e do rigor punitivo, em harmonia com a maré repressiva que se seguiu à decretação do AI-5.

Num segundo momento (1978), foram alterados alguns pontos que eram objeto de críticas sistemáticas feitas pelos fóruns democráticos internacionais. Foram suprimidas as penas de morte e de prisão perpétua, abriu-se a possibilidade teórica de verificação de saúde física e mental do detido, reduziu-se o prazo de incomunicabilidade e foram alterados outros aspectos de importância diminuta. Mas, no essencial, o espírito da lei permaneceu intacto.

De tudo, pode-se concluir que a LSN se traduz sempre em segurança para o regime, sendo abolidos dela os postulados da democracia, ao se estabelecer que a segurança não pode tolerar "antagonismos internos". Ao prevalecer sobre todas as leis e mesmo sobre a Constituição Federal, a LSN, na sua concepção imprecisa e perniciosa à defesa dos princípios constitucionais, considera os "antagonismos" puníveis como crimes.

Pela ambiguidade de propósitos, a LSN alcança também a liberdade de imprensa, eis que, nos campos político, econômico e psicossocial, devem os jornais e emissoras exercer um papel fortalecedor dos "objetivos nacionais permanentes", proibindo-se críticas que pudessem "indispor" a opinião pública com as autoridades, ou gerar "animosidade" contra as Forças Armadas.

Assim também ocorre em outros campos da legislação, como o trabalhista e o criminal comum. A Lei de Greve, por exemplo, regula o exercício do direito de greve e prevê sanções para a continuidade dos movimentos paredistas considerados ilegais pelos tribunais do trabalho. Reprimendas para o mesmo tipo de atividade foram igualmente estabelecidas na LSN, que as agigantou e robusteceu, fixando penalidades seis vezes maiores do que aquelas estabelecidas pela legislação específica.

Em síntese, a contradição que se estabelece com a Lei de Segurança Nacional é permanente e totalizante: de um lado, os interesses de perpetuação do Estado autoritário e, de outro, a defesa da ordem jurídica e da democracia.

Cabe registrar, por último, que os executores da LSN ficaram colocados numa redoma, longe de qualquer censura ou limites, ainda que genéricos. A autoridade responsável pelos inquéritos tinha um poder ilimitado sobre os investigados, podendo exercer toda sorte de violências e atos coercitivos.

Mesmo em sua última versão criada para os tempos de "abertura política", a LSN faculta à autoridade policial política um campo de arbítrio incomensurável, expondo o cidadão brasileiro à mais completa insegurança. Com ela, o regime manteve uma ferramenta para dissuasão e repressão a seus adversários e impingiu autoritariamente à nação uma ideologia que, além de importada, significa, em última análise, uma tentativa de perpetuação de estruturas sociais injustas.

7
Como eram efetuadas as prisões

O labirinto do sistema repressivo montado pelo Regime Militar brasileiro tinha como ponta do novelo de lã o modo pelo qual eram presos os suspeitos de atividades políticas contrárias ao governo. Num completo desrespeito a todas as garantias individuais dos cidadãos, previstas na Constituição que os generais alegavam respeitar, ocorreu uma prática sistemática de detenções na forma de sequestro, sem qualquer mandado judicial nem observância de qualquer lei.

Através da pesquisa BNM foi possível selecionar alguns casos, apresentados a seguir, que ilustram com fidelidade a prática rotineira das prisões ilegais ocorridas naqueles anos difíceis da vida nacional.

A funcionária pública Lara de Lemos, de 50 anos, narrou ao juiz-auditor, em 1973, como fora presa no Rio:

> [...] a depoente estranhou a maneira pela (qual foi) feita a sua detenção, altas horas da noite, por três indivíduos de aspecto marginal, sem nenhum mandado judicial, os quais intimaram a depoente a acompanhá-los; no veículo para onde fora conduzida, fora encapuzada e obrigada a deitar-se no chão do carro para não ser vista; posteriormente veio a saber que o local de sua prisão era a P.E. (Polícia do Exército) [...][1].

1. BNM n. 701, V. 4º, p. 1.017.

As capturas eram cercadas de um clima de terror, do qual não se poupavam pessoas isentas de qualquer suspeita, conforme carta, anexada aos autos, do estudante de Medicina Adail Ivan de Lemos, de 22 anos, encaminhada à Justiça Militar carioca em 1970:

> [...] Quando entrei na sala de jantar, minha mãe, sentada escrevendo à máquina, chorava em silêncio. Um pouco antes, por volta das 15:30h, meu irmão tinha sido preso enquanto estudava. Minutos depois começou a ser agredido fisicamente, no quarto de minha mãe, levando, segundo suas palavras, "um pau violento". Socos, cuteladas, empurrões, seriam "café pequeno" perto do que viria mais tarde. Mas, ainda ali, separado da mãe por alguns metros, teve a sua cabeça soqueada contra a parede [...][2].

Experiência similar teve, também no Rio, o jornalista Paulo César Farah, de 24 anos, segundo declarou em juízo, no mesmo ano:

> [...] que na residência de seus pais o referido grupo chegou ao extremo das torturas morais, obrigando que sua progenitora se despisse na presença dos demais integrantes do grupo; que, em seguida, a sua esposa foi levada para o Codi e seviciada até que declarasse sua residência, coisa que vinha silenciando; que, em seguida, sua residência, no dia sete, foi invadida por oficiais da referida unidade, ainda sem qualquer mandado, participando da diligência a sua esposa, ostentando as marcas das sevícias [...][3].

A suspeita de subversão estendia-se a familiares e amigos das pessoas procuradas pelas forças policiais-militares. À luz da ideologia da Segurança Nacional, o inimigo não era apenas uma pessoa física, era um eixo de relações visto potencialmente como núcleo do uma organização ou partido revolucionário. Assim, os que se encontrassem ao lado da pessoa visada, ainda que por vinculações profissionais, afetivas ou consanguíneas, eram indistintamente atingidos pela ação implacável dos agentes que encarnavam o poder do Estado, como o comprova o caso do Professor Luiz Andréa Favero, de 26 anos, preso em Foz do Iguaçu, em 1970:

> [...] o interrogando foi surpreendido na residência de seus pais por uma verdadeira caravana policial; que ditos indivíduos invadiram a casa, algemaram seus pais e, inicialmente, conduziram o interrogando a uma das dependências lá existentes; que em dita

2. BNM n. 483, V. 2º, p. 318-322.
3. BNM n. 76, V. 5º, p. 1.120.

> dependência os policiais retiraram violentamente as roupas do interrogando e, utilizando-se de uma bacia com água onde colocaram os pés do interrogando, valendo-se ainda dos fios que eram ligados em um aparelho, passaram a aplicar choques; [...] que o depoente foi, em seguida, conduzido à porta do quarto onde se encontrava sua esposa e lá constatou que o mesmo processo de torturas era aplicado na mesma; que o interrogando foi, em seguida, conduzido para fora da casa, lá avistando seus pais amarrados em uma viatura [...][4].

Seviciava-se antes, para perguntar depois. Criava-se, desse modo, o clima psicológico aterrorizante, favorável à obtenção de confissões que enredassem, na malha repressiva, o maior número de pessoas. O inusitado, no caso brasileiro, era a aplicação de torturas antes que o capturado fosse recolhido a uma dependência policial ou militar, sem se importar com a presença de vizinhos ou transeuntes. Foi o que ocorreu ao advogado José Afonso de Alencar, de 28 anos, e a seus companheiros, ao ser invadida a casa em que habitavam em Belo Horizonte, em 1969:

> [...] que o interrogado começou a ser espancado no dia em que foi preso, espancamento esse feito com um batedor de bife, martelo e um cassetete de alumínio, isso depois de serem postos nus; que um de seus torturadores bateu-lhe com o amassador de bife até arrancar sangue no ombro, o que lhe deixou uma marca; que, com o cassetete de alumínio, os torturadores batiam, principalmente, nas juntas, isso ocorrendo até às 23 horas aproximadamente, pois a vizinhança, um tanto alarmada, obrigou a que os policiais transferissem o interrogado e seus companheiros para o 12º RI [...][5].

Por vezes os policiais chegavam atirando a esmo, conforme relata a carta, anexada aos autos, do estudante Júlio Antonio Bittencourt Almeida, de 24 anos, preso também em Belo Horizonte:

> [...] No dia 28 de janeiro de 1969 fomos surpreendidos, de madrugada, pela ação de uma caravana policial comandada pelo torturador Luiz Soares da Rocha. O que presenciei foi isto: estava eu dormindo, quando acordei com o som de tiros de revólver. Logo vi a porta da copa (onde eu estava) ser arrombada e logo surgiu um vulto que entrou, logo disparando muitos tiros; logo depois ouvi, à minha direita, rajadas de metralhadoras. À minha esquerda, vi o

---

4. BNM n. 125, V. 1º, p. 187v e 188.
5. BNM n. 177, V. 7º, p. 1.574-1.576.

companheiro Maurício cambaleando, ferido que fora nas costas. A polícia invadiu a casa e [*ilegível*]. Fomos, nesta ocasião, severamente espancados pela caravana policial que queria nos fuzilar [...][6].

Mesmo feridos, alguns prisioneiros eram levados diretamente à tortura, como registra em carta à sua advogada o comerciante José Calistrato Cardoso Filho, de 29 anos, preso no Recife e interrogado em 1972:

> [...] preso, fui baleado, recebi quatro balas na coxa, [e] mesmo assim sofri choque elétrico, imersão, pau de arara, "telefone", queimaduras, surras violentas; apertavam o meu pescoço e, quando perdia os sentidos, aplicavam injeções para voltar a mim e deixavam-me repousar para recomeçar as torturas [...][7].

Caso semelhante deu-se com o técnico em contabilidade João Manoel Fernandes, de 22 anos, segundo seu depoimento à Justiça Militar, em 1970:

> [...] no Dops do Paraná, onde fui submetido a espancamento na face, no abdômen, chutes na perna, palmatória, não sendo levado para o pau de arara porque estava se convalescendo de um tiro que levou quando da sua prisão; [...] que quer, agora, esclarecer como fora preso: que, na ocasião de sua prisão, se encontrava no apartamento da Rua Presidente Farias Lima, [...] número 1.305, em Curitiba. Eram aproximadamente vinte e (*ilegível*) horas, quando a porta da sala foi escancarada, sendo que vários policiais invadiram, com armas na mão, a sala, atirando; que um dos projéteis atingiu o depoente na garganta e saiu no homoplata esquerdo; que, a partir daí, foi levado a pontapé até o Pronto Socorro do Hospital Cajuru, em Curitiba, onde lhe foram ministrados os primeiros socorros [...][8].

Apresentação espontânea à Justiça

Houve casos de pessoas procuradas pelos órgãos de segurança que, por sua própria vontade, compareceram às dependências policiais ou militares, no intuito de esclarecer possíveis suspeitas que recaíam sobre elas. Alguns desses casos, registrados pelos Conselhos de Justiça das Auditorias, demonstram que, nem assim, o sistema repressivo agiu dentro do respeito aos direitos fundamentais da pessoa. Exemplo disso é o depoimento, prestado em 1973, no Rio, pela estudante Lúcia Regina Florentino Souto, de 23 anos:

---

6. Cf. BNM n. 158, p. 970-977.
7. BNM n. 352, V. 2º, p. 270.
8. BNM n. 93, V. 5º, p. 1.839-1.840.

> [...] que a declarante se apresentou espontaneamente ao I Exército para prestar declarações, sendo dali levada encapuzada para outro local, onde foi agredida e foi submetida a diversas espécies de maus-tratos, tendo inclusive ficado sem alimentação; que a declarante se achava, na ocasião, com o braço engessado, e veio a ter de ser atendida no Hospital Central do Exército [...][9].

Acolhida idêntica teve a jornalista Jandira Andrade Gitirana Praia Fiuza, de 24 anos, no Rio, segundo contou ao ser interrogada, em 1973:

> [...] não foi detida, mas se apresentou espontaneamente às autoridades, em companhia de seu marido, corréu neste processo, ficando presa 22 dias; que por cinco dias foi metida numa "geladeira" na Polícia do Exército, da [Rua] Barão de Mesquita, onde sofreu torturas físicas, morais e psicológicas [...][10].

Situação semelhante reproduz-se no auto de interrogatório da secretária Rosane Reznik, de 20 anos, ouvida no Rio, em 1970:

> [...] que a primeira vez foi à Ilha das Flores visitar a irmã que estava presa; naquela ocasião, o comandante disse que fosse prestar um esclarecimento e, como lá estava, prontificou-se a depor; [...] que uma semana depois, foi em sua casa um [*ilegível*] pedindo que fosse à Ilha, que o comandante precisava (lhe) falar e, assim, atendeu ao convite e lá compareceu, ficando, na ocasião, presa; que, no dia seguinte, foi prestar depoimento, depoimento este que foi conseguido a peso de choque elétrico no seio, espancamento com palmatória, tentativa de enforcamento, tapas no rosto, além de terem dito que sua irmã seria assassinada [...][11].

E o episódio mais conhecido de apresentação dos órgãos de segurança, com desdobramentos trágicos, deu-se com o jornalista Wladimir Herzog, morto, no DOI-Codi de São Paulo, a 25 de outubro de 1975, dez horas após ter se dirigido àquela unidade para prestar esclarecimentos[12].

Roubo e extorsão

Os autos de interrogatório e qualificação, dos processos penais por razões políticas, trazem denúncias de réus que tiveram bens roubados

9. BNM n. 526, V. 2º, p. 593v.
10. BNM n. 75, V. 5º, p. 1.331.
11. BNM n. 93, V. 5º, p. 1.843V.
12. Cf. BNM n. 683.

pelos agentes dos órgãos de segurança. Em geral, isso ocorria no ato de prisão, quando a moradia da pessoa procurada era invadida por forças policiais ou militares.

O depoimento do mecânico Milton Tavares Campos, de 20 anos, prestado em 1971, em São Paulo, registra:

> [...] que, ao ser preso em São Paulo, pela Oban/SP, foram recolhidos vários objetos seus, entre os quais um rádio, um relógio de pulso e um despertador, uma mala com objetos de uso pessoal e Cr$ 200,00 em dinheiro, sendo que, dessa quantia, foi entregue ao interrogando Cr$ 50,00 [...][13].

A contadora Maria Aparecida Santos, de 23 anos, ao depor em São Paulo, em 1970, também denunciou:

> [...] que a interroganda deseja declarar que, ao ser presa pela Operação Bandeirantes, esta apreendeu na bolsa da interroganda a importância de Cr$ 215,00 em espécie, óculos e um anel de ouro com uma pedra preciosa, além de um anel de contadora, objetos estes que não foram devolvidos [...][14].

Ao relatar ao Conselho de Justiça, em 1970, como fora presa no Rio, disse a estudante Marta Maria Klagsbrunn, de 23 anos:

> [...] quando a casa da depoente esteve ocupada pelo Cenimar e pelo Dops, desapareceram inúmeros objetos de valor, tais como roupas, aparelhos eletrodomésticos etc. [...][15].

O radiotécnico Gildásio Westin Consenza, de 28 anos, denunciou na 1ª Auditoria de São Paulo, em 1976:

> [...] que, dessa aparelhagem eletrônica, destaca a existência de um "multi-tester AF-105", cerca de 50 válvulas eletrônicas, dois aparelhos de televisão, peças de reposição em geral e ferramentas; que ficou apenas com a roupa do corpo, pois se apossaram, inclusive, de 200 cruzeiros que estavam no bolso de suas calças [...][16].

Já o comerciante Jodat Nicolas Kury, de 56 anos, preso em Curitiba em 1975, narra, em carta anexada aos autos, a tentativa de extorsão que sofrera na sala de torturas:

---

13. BNM n. 599, V. 3º, p. 1.086V.
14. BNM n. 100, V. 19º, p. 5.014-5.018.
15. BNM n. 205, V. 6º, p. 1.542-1.543.
16. BNM n. 684, V. 39º, p. 27-32.

> [...] ele respondeu que a minha vida estava nas suas mãos e que, mediante o pagamento de Cr$ 5.000,00 – cinco mil cruzeiros – ele me salvaria. Respondi-lhe dizendo que, mesmo se quisesse concordar com ele, eu não teria nenhuma possibilidade de assim proceder. Mas ele logo respondeu dizendo que as chaves da minha casa e as chaves do nosso estabelecimento comercial, inclusive a chave do cofre, estavam na carceragem e que ele pode retirá-la de lá e se dirigir à noite para o estabelecimento, a fim de apanhar o dinheiro e um talão de cheques [...][17].

17. BNM n. 551, V. 9º, p. 2.406-2.429.

PARTE III

REPRESSÃO CONTRA TUDO E CONTRA TODOS

8
Perfil dos atingidos

Uma das etapas percorridas na Pesquisa BNM consistiu em transformar a complexidade de cada processo político examinado em dados simplificados que pudessem ser processados por computador. Desse modo tornou-se possível complementar, com um estudo estatístico, as conclusões que já iam emergindo da abordagem mais qualitativa c individualizada quc sc fazia dc cada ação penal.

Serão apresentados, a seguir, alguns números importantes que permitem formar um perfil dos atingidos pela repressão política entre 1964 e 1979, extraídos de 695 do conjunto total de processos pesquisados.

Os computadores informaram que esses 695 processos somaram um total de 7.367 nomes de pessoas que foram levadas ao banco dos réus, em processos políticos formados na Justiça Militar no período. Necessário se faz registrar que um certo percentual desses nomes é composto de cidadãos que responderam a mais de um processo. A média de réus por unidade fica, então, próxima do número 10. Mas um processo formado para apurar a participação de marinheiros e fuzileiros navais em mobilizações políticas de março de 1964 atingiu a cifra espantosa de 284 denunciados.

Em números aproximados, 88% dos réus eram do sexo masculino e apenas 12% eram mulheres.

A distribuição dos processos ao longo dos anos mostra como a repressão esteve concentrada em duas fases: a primeira, entre 1964 e 1966, coincidindo com o governo Castello Branco, quando somam-se 2.127 nomes de cidadãos processados. A segunda fase corresponde quase por completo ao mandato de Garrastazzu Médici: registraram-se 4.460 denunciados entre 1969 e 1974, na avalanche repressiva que se seguiu à decretação do Ato Institucional n. 5, de 13 de dezembro de 1968.

Os números referentes à idade dos atingidos causam impacto e convidam à reflexão: 38,9% tinham idade igual ou inferior a 25 anos, realçando a forte participação dos jovens nas atividades de resistência ao Regime Militar e evidenciando sua corajosa predisposição ao enfrentamento de riscos. E mais: em meio a esses 2.868 jovens processados em idade inferior a 25 anos, 91 ainda não tinham sequer atingido os 18 anos quando começou a ser formada a ação penal.

O estudo estatístico acerca da origem geográfica dos réus reflete a realidade migratória do país, de sistemático fluxo em direção às cidades, a partir do campo. De outro lado, esses números mostram que a resistência foi um fenômeno predominantemente urbano: enquanto a maior parte dos réus (cujos locais de nascimento constavam dos autos estudados) vinha do interior – 3.572 contra 1.833 nascidos nas capitais – o registro do local de moradia quando do início dos processos invertia essa proporção: 4.077 residiam nas capitais e apenas 1.894 no interior. Entre as capitais, o Rio de Janeiro ocupa o primeiro lugar, com 1.872 dos réus residindo ali na ocasião dos processos, seguindo-se São Paulo com 1.517.

O grau de instrução dos processados permite induzir, com certa segurança, se invocados os próprios dados governamentais acerca da pirâmide seletiva que existe no sistema de educação, no país, que a extração social dos envolvidos na resistência era predominantemente de classe média. Entre 4.476 réus, cujo nível de escolaridade aparecia registrado nos processos, 2.491 possuíam grau universitário. Ou seja, mais da metade havia atingido a universidade, num contexto nacional em que pouco mais de 1% da população chega até ela. Apenas 91 desses réus declararam-se analfabetos, e sabe-se que, no Brasil, estes atingem mais de 20 milhões entre os cidadãos maiores de 18 anos.

Passando agora para os dados referentes aos órgãos de segurança, vê-se que o Exército foi o principal agente da repressão, sendo responsável direto por 1.043 prisões, além de outras 884 efetuadas pelos DOI-Codis, também comandados por oficiais dessa Arma, sem contar o elevado número de casos – 3.754 (51%) – em que inexistem registros sobre o órgão que efetuou a detenção.

Dentro do universo geral de 7.367 denunciados, o momento da prisão aparece consignado nos autos em apenas 3.975 casos, o que já representa uma irregularidade sugestiva de desrespeito à lei. E esse desrespeito torna-se patente quando se verifica que, desses 3.975, nada menos que 1.997 foram presos antes mesmo da abertura do inquérito, comprovando que os órgãos de segurança, apesar de todo o arsenal de leis arbitrárias à sua disposição, ainda se esmeravam em descumpri-las, para agravar ainda mais seu arbítrio sobre os detidos.

O estudo sobre a frequência do tipo de acusação que era dirigida aos réus demonstrou que, em primeiro lugar, aparecia a questão da militância em organização partidária proibida: 4.935 casos. Em seguida, vem a acusação de participação em ação violenta ou armada, com 1.464. No que toca a 18 pessoas, o motivo do processo consistiu na manifestação de ideias por meios artísticos, o que contraria obviamente a própria Constituição outorgada pela Junta Militar em 1969 e sua antecessora de 1967. A participação em diferentes postos do governo deposto em 1964, bem como a simples identificação política com ele, foram motivo de incriminação em 484 casos. E uma derradeira causa de acusação, que notoriamente viola preceitos constitucionais, foi a manifestação de ideias por meios legais (imprensas, aulas, sermões etc.), móvel de acusação em 145 casos.

Quando se estuda a variação ao longo dos anos do tipo de acusação mais frequente nas denúncias dos processos, verifica-se uma distribuição que vale como fotografia da triste história de uma repressão que se abate sobre um tipo de atividade, e induz o surgimento de outras, mais duras. Nos processos mais próximos a abril de 1964 e, de um modo geral, nos que se desenrolaram antes da decretação do AI-5, o maior grupo de acusações se encontra no item referente à participação em entidades ou movimentos sociais: era a fase dos IPMs voltados contra o movimento sindical, as mobilizações nacionalistas entre militares, atividades estudantis e órgãos de representação da sociedade civil.

A partir de 1969, entretanto, a acusação predominante passa a ser a militância em organizações partidárias proibidas, crescendo intensamente no período Médici o item referente a ações armadas. Ou seja, o próprio Regime Militar, na medida em que fechava, com a repressão dos primeiros tempos, os canais de oposição por meios legais, empurrava à clandestinidade e a métodos violentos os setores sociais insatisfeitos com seu modelo político e econômico social.

Os dados fornecidos pelo computador a respeito do item sobre comunicação ao juiz das prisões efetuadas constituem outro índice expressivo da ilegalidade rotineira que se verificava no exercício da repressão política:

- *Não consta qualquer comunicação* = 6.256 casos (84%);
- *Comunicação feita no prazo legal* = 295 casos (4%);
- *Comunicação fora do prazo legal* = 816 casos (12%).

Uma das estatísticas que mais impressionam, quando se estuda de forma globalizada os dados obtidos ao final do trabalho, é aquela que se refere às denúncias efetuadas em pleno tribunal militar acerca de torturas praticadas na época das prisões. Verificou-se que, afora o imenso número de réus que podem ter sido vítimas de torturas sem tê-las denunciado em juízo, nada menos que 1.918 cidadãos, ao depor durante a etapa judicial, declaram ter sido torturados na fase de inquérito. E a distribuição dessas denúncias mostra outro marco expressivo daquela época de grandes números do Governo Garrastazzu Médici e do chamado "Milagre Brasileiro": 1.558 (81%) dessas denúncias se referem ao período 1969-1974.

Todos os dados até aqui citados a respeito dos atingidos pela repressão política se referiam a cidadãos envolvidos na condição de réus, isto é, aos 7.367 nomes que os computadores coligiram, a partir daqueles 695 processos, de pessoas que enfrentaram investigações sobre suas atividades políticas até a etapa dos tribunais.

Mas é preciso acrescentar alguns números significativos referentes a outros 10.034 nomes envolvidos exclusivamente na fase de inquérito. Desse total, 6.385 responderam como indiciados nos inquéritos que deram origem aos processos, sendo excluídos, entretanto, da lista dos acusados quando da apresentação da denúncia judicial. E os 3.649 restantes apareciam na fase de inquérito como testemunhas ou declarantes, não podendo ser excluídos da condição de "atingidos", uma vez que se registraram inúmeros episódios em que estes também se encontravam detidos durante o inquérito, sendo alguns até mesmo torturados.

A média de indiciados por processos que terminaram não sendo denunciados fica próxima de 14. O famoso IPM presidido pelo Coronel Ferdinando de Carvalho, no Rio de Janeiro, em 1964, pretensamente formado para apurar atividades do PCB até a queda de Goulart, chegou a reunir 889 cidadãos na qualidade de indiciados, além dos exíguos 16 que a promotoria considerou merecedores de ação penal. Naquele gigantesco rol de indiciados constou até mesmo o ex-presidente Juscelino Kubitschek, interrogado de forma desrespeitosa pelo coronel durante dias seguidos.

Pelo menos em cem casos, os autos dos processos registram referências a torturas sofridas também por esses indiciados que não chegaram até aos tribunais. Esse número é extremamente significativo, se levarmos em conta que se referem a pessoas sem oportunidade de pronunciamento em juízo. Se outros cidadãos, ao depor nos tribunais, fizeram questão de relatar torturas sofridas por companheiros de cárcere excluídos da ação penal, pode-se concluir que número bem superior a essa casa de cem foi atingido pelas torturas sem que isso tenha se transformado em registro documental.

Cerca de 2/3 desses 6.385 indiciados constam nos autos com dados comprobatórios de que estiveram presos na ocasião. Em apenas 89 desses casos foi feita a comunicação regular à autoridade judicial, número que comprova mais uma vez a rotina de desrespeito aos direitos constitucionais e às próprias leis criadas pelo Regime, quando se tratava de assegurar aos órgãos de repressão um domínio absoluto sobre seus investigados. E confirma, por mais um ângulo de abordagem, a característica de verdadeiro sequestro que estava presente na maior parte das detenções.

9
As organizações de esquerda

Quase 2/3 dos processos reunidos para o estudo do Projeto BNM referem-se a organizações partidárias proibidas pela legislação vigente já antes de abril de 1964, e duramente perseguidas após a instalação do Regime Militar.

Torna-se necessário, portanto, para melhor compreender a natureza da ação repressiva executada pelos órgãos de segurança, conhecer algumas noções sobre as características daqueles grupos, suas afinidades e suas diferenças quanto à linha de ação. Para tanto, é indispensável apresentar um pequeno resumo sobre a história dessas dezenas de siglas enfocadas nas peças de inquérito, nas denúncias e nas sentenças da Justiça Militar.

Seria exaustivo discorrer sobre cada uma das quase 50 organizações de esquerda abordadas nos processos, detalhando informações sobre suas origens, contingente, alcance geográfico e métodos de ação. Mas pelo menos um resumo acerca dos principais grupos atingidos parece ser útil nesse esforço de descrever a repressão efetuada pelos governos militares a partir de sua própria documentação judicial punitiva.

Os órgãos de segurança sempre argumentaram que sua violência era resposta à violência dos grupos de esquerda; este resumo permite mostrar que muitos dos partidos atingidos não advogavam o emprego de métodos militares. As autoridades do regime sempre aludiram à existência de uma ameaça real ao Estado, dado o poderio bélico dessas organizações postas na ilegalidade; a descrição que se segue permite verificar qual dose de verdade existiria em tais afirmações.

Como explicação inicial a respeito da natureza política desses grupos clandestinos, é preciso começar dizendo que, em sua grande maioria, adotam uma orientação marxista. Quase todos resultam de divisões ou subdivisões ocorridas a partir de um mesmo tronco, o PCB, fundado em março de 1922. Tal sigla significava, então, Partido Comunista do Brasil, organização política que até o final da década de 1950 reunia praticamente todos os marxistas brasileiros.

Especialmente na década de 1960, isso se modifica, com o surgimento de novas organizações como a AP, Polop, PCdoB, ALN, MR-8, VPR, e muitas outras siglas que serão explicadas logo adiante. Tais grupos se diferenciam, entre si, em torno de questões chamadas *programáticas* (como cada organização enxerga a sociedade brasileira e quais mudanças propõe em sua estrutura), *estratégicas* (qual o caminho geral a ser seguido para chegar ao poder e conseguir aquelas transformações) e *táticas* (métodos de ação e propostas políticas de conteúdo mais imediato).

Em outras palavras, apesar de terem como ponto comum a busca de uma sociedade socialista, com a conquista do poder pelos trabalhadores, as organizações enfocadas nos processos podiam divergir entre si, por exemplo, a respeito da necessidade ou não de etapas intermediárias entre a atual sociedade e o almejado socialismo. Ou então, a respeito da necessidade, ou não, do emprego da violência para a conquista do poder político. Ou ainda acerca de questões imediatas como alianças políticas, participação em eleições, métodos de propaganda etc.

No chamado campo da "estratégia", quase todos os grupos baseiam-se na argumentação feita pelos marxistas a respeito da legitimidade de uma violência revolucionária dos oprimidos, quando estes lutam contra governos sustentados pela força e contra um sistema econômico social que, segundo eles, emprega no cotidiano a violência institucionalizada da exploração do trabalho.

Mas, ao proporem o tipo de luta mais adequado ao momento brasileiro vivido após 1964, muitos desses partidos não defenderam o recurso imediato a métodos militares. E pelo menos uma das principais organizações atingidas deixa entrever claramente, nos documentos apreendidos e na totalidade dos depoimentos examinados, uma estratégia de transição pacífica ao socialismo.

Quanto às transformações que essas organizações consideram necessárias ao país (programa) há os que se batem por medidas socializantes imediatas, há os que defendem uma etapa denominada "democrático-burguesa" ou "nacional-democrática". Existem ainda os que se situam em variadas fases intermediárias entre os dois tipos de modelo referidos.

Para tornar mais didática a exposição a ser feita em seguida, preferiu-se agrupar as dezenas de organizações atingidas em sete grandes grupos, a partir de origens comuns ou afinidades políticas explícitas. E, como complemento, é apresentada, ao final do capítulo, uma tabela com o número de processos formados contra cada uma dessas organizações e sua distribuição pelos estados da Federação e ao longo dos anos.

1. Partido Comunista Brasileiro (PCB)

Foi fundado em março de 1922, durante um congresso operário promovido em Niterói, Rio de Janeiro, sob o impacto da Revolução de Outubro de 1917, na Rússia. Seu surgimento coincide com o declínio, no movimento operário nascente no país, da influência do anarquismo, que até então ocupava lugar de destaque na inspiração das primeiras lutas populares.

Em toda a sua existência, o PCB só viveu três curtos períodos de legalidade: os dois primeiros na década de 1920 e o terceiro no final da Segunda Guerra, quando caiu a ditadura do Estado Novo. O mesmo destino de vida clandestina compulsória haveria de marcar todas as organizações de esquerda surgidas a partir da década de 1960.

A primeira divisão mais expressiva nas fileiras do PCB, que resultou em duas forças partidárias com linha claramente diferenciada e que continuam assim até a atualidade – o PCB e o PCdoB – consumou-se em 1962. A maioria do PCB alinhou-se com as ideias de Khrushchev, formuladas a partir de 1956 no 20º Congresso do PC soviético: crítica a Stalin, defesa da concorrência pacífica entre os blocos socialista e capitalista e crença na transição pacífica ao socialismo.

Mas um grupo de dirigentes importantes, tendo à frente João Amazonas, Pedro Pomar, Maurício Grabois e Diógenes Arruda Câmara, formou um núcleo discordante da nova orientação, até constituir um partido dissidente denominado PCdoB.

A diferenciação das siglas decorre de uma bizarra questão de nomenclatura. Para driblar o argumento formal utilizado na cassação do PCB em 1947, de que o nome Partido Comunista *do* Brasil deixava implícito tratar-se de uma organização internacional ligada a potência estrangeira, sendo o PCB mera seção "do Brasil", a direção modifica seu nome, em 1961, para Partido Comunista Brasileiro. Em fevereiro de 1962, quando se formaliza a criação do partido resultante da cisão liderada por João Amazonas, este grupo permanece fiel à orientação da época stalinista e retoma o nome original – Partido Comunista do Brasil.

Ao longo de sua história, o PCB sempre defendeu um programa de transformações tendentes a desenvolver um capitalismo nacional, visto como pressuposto para futuras lutas em direção ao socialismo. Para tanto, seria necessário construir uma aliança entre operários, camponeses e a burguesia nacional, em contraposição ao chamado "imperialismo" e seus aliados latifundiários. Na década de 1960, o PCB propõe, cada vez mais claramente, uma estratégia de transição pacífica ao socialismo – causa principal dos "rachas" que darão origem a uma constelação de organizações clandestinas.

Surpreendido pelo golpe militar em abril de 1964, o PCB sofre duramente com a repressão. É praticamente desmantelado o aparelho sindical que tinha sido estruturado ao longo de duas décadas sob sua hegemonia; intelectuais vinculados ao partido são perseguidos e processados em todo o país; forjam-se em todos os estados os célebres "IPMs da subversão". Nestes Inquéritos Policiais Militares atribui-se ao PCB a responsabilidade por tudo o que existiu de apoio ao governo deposto: das Forças Armadas aos governadores estaduais progressistas; dos "Grupos de Onze", propostos por Leonel Brizola, às manifestações estudantis lideradas pela AP (Ação Popular); da Frente Parlamentar Nacionalista às atividades das Ligas Camponesas, de Francisco Julião.

A partir de 1966 o PCB sofre uma luta interna que resulta no surgimento de inúmeros grupos dissidentes. As divergências se deram em torno do balanço sobre os "erros e causas da derrota de 64" e a respeito da questão da luta armada que vinha sendo impulsionada em vários países da América Latina desde a Revolução Cubana, de 1959, culminando com a morte de Che Guevara, na Bolívia, em outubro de 1967.

O bloco ortodoxo do PCB, que se reúne em torno de Luís Carlos Prestes, rejeita a luta armada e adota uma tática de recuo político para sobrevivência, editando o jornal *Voz Operária* e vinculando-se ao MDB (Movimento Democrático Brasileiro) para uma ação parlamentar legal. Dessa forma, fica relativamente resguardado, num primeiro momento, da repressão seletiva dirigida prioritariamente, após 1968, contra as organizações guerrilheiras formadas em decorrência do estrangulamento dos canais convencionais de oposição.

Só a partir de 1974, quando já tinha início a "distensão" de Geisel e os órgãos de segurança afirmavam ter controlado as atividades das organizações armadas e dos grupos marxistas tidos como radicais, é que seria lançada uma caça generalizada ao PCB.

Entre 1974 e 1976, esse partido enfrenta, então, sucessivas ondas de prisões, com centenas de cidadãos sendo presos e torturados em todo o país. Parte importante de seus dirigentes nacionais desaparece nos porões da repressão política do Regime Militar: David Capistrano da Costa, Luís Inácio Maranhão Filho, João Massena de Melo, José Montenegro de Lima, Elson Costa, Nestor Veras e outros.

Dentre essas prisões, causaram forte impacto político e até mesmo um despertar da consciência nacional contra a repressão as mortes do jornalista Wladimir Herzog, em outubro de 1975, e do operário Manoel Fiel Filho, em janeiro de 1976, ambas ocorridas nas dependências do DOI-Codi-II Exército, na Rua Tutoia, em São Paulo. Tais episódios puderam ser estudados de forma mais acurada, na Pesquisa BNM, através dos processos que foram catalogados sob os números 568 e 683.

Numa contagem final, verificou-se que 66 dos processos examinados na pesquisa referenciam-se ao PCB, envolvendo 783 réus e mais 1.279 pessoas indicadas apenas na etapa policial[1].

---

1. Sobre o PCB cf. processos BNM n. 21, 26, 35, 39, 59, 101, 116, 157, 185, 206, 226, 255, 257, 279, 287, 314, 333, 341, 347, 356, 383, 409, 413, 419, 455, 456, 466, 473, 474, 477, 485, 492, 494, 495, 512, 513, 517, 522, 525, 531, 532, 536, 551, 552, 554, 568, 572, 573, 575, 579, 592, 604, 609, 618, 624, 627, 643, 644, 658, 676, 677, 683, 709.

2. As dissidências armadas: ALN, PCBR, MR-8 e outras

A referida luta interna, que sacudiu o PCB após 1964, gerou inúmeras organizações que se estruturaram em todo o país, rompendo com o bloco ortodoxo que tinha em Prestes a principal liderança. Algumas das organizações nascentes teriam certa abrangência nacional e outras não passariam de círculos, de militantes confinados a uma única região.

Comum às organizações dissidentes foi o projeto de passar, logo após a primeira onda repressiva que se seguiu a abril de 1964, à preparação da luta armada guerrilheira que já crescia em toda a América Latina, sob inspiração guevarista.

A organização de maior expressão e contingente, entre todos os grupos que deflagraram a guerrilha urbana entre 1968 e 1973, foi a Ação Libertadora Nacional (ALN). Cisão do PCB, surgida em 1967, a ALN tem sua história intimamente ligada ao nome de Carlos Marighella, antigo dirigente do partido.

No final de 1966, Marighella se desliga da Comissão Executiva do PCB e viaja, em 1967, para Havana, onde participa da assembleia da Organização Latino-Americana de Solidariedade (Olas), que tenta articular um plano de ação revolucionária continental. Rejeitando a ideia da construção de um novo partido, Marighella começa a se distanciar de outros setores dissidentes do PCB e trilha um caminho próprio. "A ação faz a vanguarda" torna-se o lema de sua organização, que nasce sem uma estruturação orgânica precisa, apoiando-se na autonomia de grupos armados e contando com forças mais expressivas em São Paulo.

Discordando das teses ortodoxas do PCB, que apontavam a burguesia como aliada dos operários e camponeses no processo revolucionário brasileiro, a organização de Marighella propôs o desencadeamento imediato de operações armadas nas grandes cidades brasileiras, com vistas a recolher recursos para o lançamento da guerrilha rural. Da luta armada no campo deveria nascer, segundo ele, um Exército de Libertação Nacional, apto a derrotar o Regime Militar e aplicar um programa de transformações cujo eixo mais central era o "anti-imperialismo".

A ALN ganhou projeção dentro e fora do país, em setembro de 1969, ao sequestrar, juntamente com o MR-8, o embaixador norte-americano no Brasil, por cujo resgate foram libertados 15 prisioneiros políticos e divulgado um manifesto.

A escalada repressiva que se segue termina por atingir o próprio Marighella, morto em novembro do mesmo ano, em São Paulo, numa emboscada comandada pelo Delegado Sérgio Paranhos Fleury, notório torturador, num rumoroso episódio que envolvia versões sobre a vinculação de sacerdotes dominicanos com a ALN. Em outubro do ano seguinte, o sucessor de Marighella, Joaquim Câmara Ferreira, é preso em São Paulo, sendo sequestrado e morto sob torturas, pelo mesmo Delegado Fleury, num sítio clandestino da repressão. Entre 1969 e 1971, a ALN foi atingida pela repressão em vários outros Estados, sendo detidas várias centenas de seus membros.

Em 1971, surgem duas dissidências da ALN que teriam vida efêmera e contingentes reduzidos: o Movimento de Libertação Popular (Molipo) e a Tendência Leninista (TL).

A ALN tenta um recuo, a partir de 1972, em direção ao "trabalho de massa", como forma de romper o círculo vicioso das operações armadas para manutenção da estrutura clandestina do grupo. Mas, no primeiro semestre de 1974, ocorreu uma derradeira sequência de prisões e "desaparecimentos" de seus membros, no eixo Rio-São Paulo, que resultou na desestruturação da organização.

Na pesquisa do Projeto BNM foram estudados 76 processos que abordavam atividades da ALN, somando mais de 1.000 atingidos, dos quais 722 chegaram a ser processados. Entre esses processos, merecem destaque o relativo à morte de Carlos Marighella e pretenso envolvimento de religiosos dominicanos (BNM n. 100 e 9) e o número 670, correspondente à prisão e morte sob tortura do estudante Alexandre Vannucchi Leme, em março de 1973, ocorrida no DOI-Codi de São Paulo[2].

O Molipo, por sua vez, foi objeto de 7 processos dos pesquisados, tendo se extinguido com a execução sumária ou sob torturas da maioria de seus membros, entre os quais se destacavam líderes estudantis paulistas como Antônio Benetazzo, José Roberto Arantes de Almeida e Jeová Assis Gomes.

Outros dois pequenos grupos armados costumam ser apontados como resultantes de cisões na ALN. Um deles é o M3G – "Marx, Mao, Marighella e Guevara", que existiu em Porto Alegre, em 1969 e 1970, fundado por

2. Sobre a ALN, cf. os processos BNM n. 7, 9, 12, 22, 27, 29, 44, 56, 58, 68, 70, 81, 83, 87, 97, 99, 100, 102, 105, 117, 121, 153, 155, 168, 171, 172, 174, 176, 180, 184, 194, 200, 203, 228, 248, 252, 293, 309, 320, 328, 337, 343, 348, 352, 392, 490, 530, 533, 537, 541, 544, 566, 570, 582, 591, 597, 608, 617, 622, 631, 640, 645, 646, 651, 656, 661, 662, 664, 667, 669, 670, 678, 679, 682, 704, 706.

Edmur Péricles de Camargo, que fora anteriormente ligado a Marighella. Esse M3G situou-se, na verdade, mais como um grupo intermediário entre a militância política revolucionária e o que seria certo tipo de banditismo, visto que o numerário dos assaltos realizados era repartido entre os participantes. O paradeiro de Edmur tornou-se, mais tarde, questão polêmica. Preso em abril de 1970 e libertado quando do sequestro do embaixador suíço, Edmur dirigiu-se ao Chile. Há quem afirme que ele tenha sido morto durante o golpe militar de Pinochet e há quem levante a possibilidade de se tratar de outro caso de agente duplo, semelhante ao conhecido "Cabo Anselmo".

O outro grupo é a Frente de Libertação do Nordeste (Flne), que estava sendo criada no Ceará e em Pernambuco, no início de 1972, por ex-militantes da ALN e da VAR, quando seus integrantes foram presos pelos órgãos de segurança[3].

Trajetória semelhante à da ALN teve o Partido Comunista Brasileiro Revolucionário (PCBR), cujas origens remontam aos primeiros tempos após 1964, quando o seu principal dirigente, Mário Alves, jornalista e intelectual de forte prestígio na Executiva do PCB, começou a se opor às posições de Luís Carlos Prestes no Comitê Central, formando uma "Corrente Revolucionária" com força no Rio e no Nordeste. Mas a constituição formal do PCBR deu-se apenas em abril de 1968, no Rio de Janeiro.

A proposta geral do PCBR consistia na construção de um novo partido marxista, que reformulasse a linha tradicional do PCB a respeito da necessidade de aliança com a burguesia brasileira sem, no entanto, abraçar a bandeira da "Revolução Socialista" imediata, como fariam, por exemplo, os dissidentes fundadores do MR-8. Quanto à estratégia, a proposta não divergia muito do que foi visto acerca da ALN, coincidindo na escolha da área rural como palco mais importante da luta rumo a um "Governo Popular Revolucionário".

Desde abril de 1969, o PCBR se ocupou com operações armadas urbanas, essencialmente voltadas para a propaganda revolucionária. O acirramento da repressão, no segundo semestre daquele ano, obrigou o partido a reforçar sua clandestinidade e lançar operações mais ousadas. No primeiro assalto a banco feito pelo PCBR, no Rio, teve início uma série de prisões que

3. Sobre as dissidências da ALN, cf. Molipo: BNMs n. 68, 88, 213, 410, 458, 668, 706. FLNE: BNMs n. 425, 461, 542. M3G: BNMs n. 66, 94.

atingiram a metade do seu Comitê Central, levando centenas de militantes para os porões da repressão.

Mário Alves foi trucidado numa sequência de torturas que incluíram a raspagem de sua pele com uma escova de aço e o suplício medieval do empalamento, sem que até hoje o Regime Militar tenha admitido essa morte, ocorrida no quartel da Polícia do Exército, na Rua Barão de Mesquita, no Rio, em janeiro de 1970.

Entre 1970 e 1972, o PCBR viveu uma rotina semelhante à dos demais grupos voltados para a guerrilha urbana: a estrutura clandestina do partido exigia sucessivas operações para obtenção de recursos e esse ciclo de ações absorvia todas as atenções dos militantes. No início de 1973, integrantes do último Comitê Central do PCBR daquela fase foram mortos no Rio, num episódio até hoje obscuro. O DOI-Codi-I Exército eliminou alguns dos detidos, incendiando um carro em Jacarepaguá, sem que se saiba se aqueles militantes já estavam mortos quando o fogo foi ateado ou se ocorreu mais um macabro tipo de extermínio.

Na Pesquisa BNM, 31 dos processos investigados referiam-se ao PCBR, somando perto de 400 cidadãos atingidos como réus ou como indiciados nos inquéritos[4].

O grupo que iria se consolidar na década de 1970 sob o nome de Movimento Revolucionário 8 de Outubro (MR-8) – lembrando a morte de Che Guevara, ocorrida a 8 de outubro de 1967 – era conhecido inicialmente como "DI da Guanabara", ou seja, Dissidência da Guanabara do PCB. Outro grupo, a "DI de Niterói", que também adotou o nome MR-8, teve vida efêmera e não chegou a elaborar uma política global através de documentos escritos.

A "DI da Guanabara" começou a atuar como grupo independente já em 1966, confinando-se praticamente ao meio universitário. Ao contrário da ALN, defendia a necessidade da construção de um novo partido marxista e, na crítica ao programa do PCB, indicava que o chamado "caráter da revolução" no Brasil devia ser visto como "socialista", e não "democrático-burguês" ou de "libertação nacional". A visão estratégica tinha grande semelhança com as ideias já vistas sobre a ALN e o PCBR.

4. Sobre o PCBR, cf. os processos BNM n. 11, 33, 91, 92, 118, 156, 175, 179, 212, 223, 272, 282, 293, 317, 329, 345, 363, 389, 456, 548, 559, 594, 612, 619, 632, 635, 641, 649, 659, 660, 689.

Em consequência da operação de sequestro do embaixador norte-americano, em setembro de 1969, o MR-8 sofreu os primeiros golpes da repressão.

Em 1970, prosseguem no Rio suas operações armadas, intercalando êxitos e novas prisões de militantes.

Em 1971, a desestruturação da Vanguarda Popular Revolucionária (VPR), grupo que será focalizado mais adiante, fez com que um núcleo de militantes desta organização – entre eles, seu mais importante dirigente, Carlos Lamarca – pedisse ingresso no MR-8. É como membro do MR-8 que o Capitão Lamarca seria morto, no sertão da Bahia, em setembro de 1971.

Em 1972, a estrutura orgânica do MR-8 foi desativada no país com a saída de quase todo o seu contingente para o Chile.

Nos anos seguintes, a organização começou a ser remontada no Brasil, atingindo novos estados, com seus integrantes fazendo uma "autocrítica" da luta armada e assumindo uma orientação política bastante diferente da anterior.

Na Pesquisa BNM, 33 dos processos analisados abordavam atividades do MR-8, computando quase 500 pessoas atingidas como réus ou indiciados[5].

No mesmo processo de luta interna do PCB, que gerou a ALN, o PCBR e o MR-8, surgiram outros grupos de importância mais limitada: a Corrente Revolucionária de Minas Gerais (Corrente), reunindo universitários e funcionários da Prefeitura de Belo Horizonte; as Forças Armadas de Libertação Nacional (FALN), de Ribeirão Preto, e as "Dissidências" de Brasília e de São Paulo.

Na sequência de prisões que levou à desarticulação da FALN, em outubro de 1969, tornou-se nacionalmente conhecido o caso da Madre Maurina Borges da Silveira, barbaramente violentada por seus torturadores. Tal episódio levou a Igreja Católica a excomungar dois delegados do Dops de Ribeirão Preto, Miguel Lamano e Renato Ribeiro Soares[6].

3. Partido Comunista do Brasil (PCdoB)

Uma "Conferência Nacional Extraordinária", realizada pelos seguidores de João Amazonas, Grabois e Pomar, em São Paulo, em fevereiro de 1962,

5. Sobre o MR-8, cf. os processos BNM n. 36, 52, 74, 76, 80, 93, 112, 166, 180, 189, 190, 192, 227, 295, 296, 311, 336, 342, 411, 432, 438, 457, 558, 567, 580, 601, 603, 625, 638, 645, 650, 652, 680.

6. Sobre estas outras dissidências do PCB, cf. Corrente: Processos BNM n. 143, 593, 687. FALN: BNM n. 65. "DI/Brasília": BNM n. 16.

costuma ser apontada como o marco de nascimento dessa organização que, no entanto, disputa com o PCB a chancela de verdadeiro continuador histórico do partido criado em 1922.

Desde o primeiro momento, o PCdoB dirigiu uma forte crítica ao que considera "linha pacífica" do PCB e, aos poucos, foi sistematizado um projeto global a respeito de como deveria se desenrolar a chamada luta revolucionária no país. Esse pensamento apareceu formulado, em janeiro de 1969, sob o título "Guerra Popular: Caminho da Luta Armada no Brasil", documento que revela uma forte influência do processo revolucionário vivido pelo povo chinês entre 1927 e 1949, e de todo o pensamento de Mao Tsé-Tung.

Em outras palavras, no campo da estratégia, o PCdoB considerava que a luta revolucionária teria na área rural brasileira seu mais importante palco de luta, por meio de uma guerra sustentada, desde seu início, por fortes contingentes populares, especialmente camponeses.

Quanto ao programa, o PCdoB não alterava, na essência, as afirmações feitas pelo PCB em defesa de uma etapa "democrático-burguesa, anti-imperialista e antifeudal", como preliminar para futuras lutas pelo socialismo. E, na tática mais imediata, esse partido se distinguia do PCB por defender pontos de vista mais à esquerda e formas de mobilização mais radicais.

O PCdoB condenou a guerrilha urbana lançada por outros grupos a partir de 1968, considerando-a "foquismo pequeno-burguês" que desprezava a participação das "massas" na luta revolucionária. Enfrentou, por isso, uma luta interna que culminou com o desmembramento de duas dissidências: a Ala Vermelha, em São Paulo e no Centro-Sul, e o PCR – Partido Comunista Revolucionário, no Nordeste. Ambos os grupos surgiram entre 1966 e 1967, descrendo dos propósitos da direção do PCdoB em realmente preparar a luta armada. Essas duas dissidências manifestavam muitos outros pontos de divergência com a linha oficial do partido e assumiram uma posição política semelhante à dos grupos de guerrilha urbana, já estudados.

Desde o final de 1966, o PCdoB dedicou-se à implantação de quadros partidários na região do Rio Araguaia, no Sul do Pará, escolhida como área mais adequada para o surgimento de um futuro "Exército Popular". Com a escalada repressiva desencadeada pelo Regime Militar após o AI-5 o PCdoB acelerou o deslocamento de militantes para essa "área estratégica", contando, para tanto, principalmente com lideranças estudantis obrigadas a viver na clandestinidade por força da perseguição policial.

Em abril de 1972, os órgãos de segurança detectaram a presença do PCdoB no Sul do Pará e deslocaram imensos contingentes do Exército para sucessivas operações de cerco que prosseguiram até 1974. Iniciados os combates na região, o partido constituiu as "Forças Guerrilheiras do Araguaia", que obtiveram algumas vitórias militares e lançaram comunicados tentando divulgar suas propostas políticas. O desfecho final dos combates foi, entretanto, claramente favorável às tropas governamentais, do ponto de vista militar, resultando mortos mais de 50 militantes do PCdoB, após cruel repressão que se abateu sobre a população de toda a região.

João Amazonas consegue se retirar da área, mas resultam mortos outros dirigentes importantes, como Maurício Grabois, que tombou ao lado de vários líderes estudantis de diferentes estados, bem como de seu próprio filho André.

Apesar dessa derrota, o PCdoB conseguiu se recompor nos anos seguintes, apoiando-se principalmente nas forças obtidas, a partir de 1972, com a incorporação a suas fileiras da maior parte dos militantes da AP.

Na avaliação da experiência do Araguaia, ocorreu nova luta interna no partido: uma parcela da direção agrupou-se em torno de João Amazonas, para reafirmar a linha seguida no Araguaia, em todos os seus aspectos fundamentais. Outra ala acompanhou Pedro Pomar, na afirmação de críticas profundas. Esse balanço estava prestes a ser concluído, em dezembro de 1976, quando os órgãos de repressão invadiram uma reunião do Comitê Central do partido, no bairro da Lapa, em São Paulo, assassinando três dirigentes – entre eles o próprio Pomar – e prendendo a maioria dos restantes.

Na Pesquisa BNM, verificou-se que 29 dos processos estudados abordavam atividades do PCdoB, repartidas por 10 estados, onde foram processados mais de 300 cidadãos acusados de ligação com o partido[7].

A Ala Vermelha, por sua vez, foi objeto de 10 processos dos estudados, reunindo perto de 150 pessoas atingidas como réus ou indiciados[8]. Dois outros pequenos grupos clandestinos ligados à guerrilha urbana surgiram, em

7. Sobre o PCdoB, cf. os processos BNM n. 3, 41, 43, 198, 199, 213, 224, 299, 321, 332, 334, 363, 375, 376, 416, 423, 433, 439, 469, 526, 540, 571, 577, 614, 653, 674, 693, 696, 705.

8. Sobre a Ala Vermelha, cf. os processos BNM n. 119, 269, 294, 403, 406, 436, 589, 599, 602, 682.

São Paulo, por volta de 1969 e 1970, como cisões da Ala Vermelha: o Movimento Revolucionário Tiradentes (MRT), e o Movimento Revolucionário Marxista (MRM), que depois modificou seu nome para OP-COR (Organização Partidária Classe Operária Revolucionária)[9].

Outros 10 processos abordavam atividades do PCR em Pernambuco, na Paraíba e no Rio Grande do Norte, com um total de 39 réus e outros 11 indiciados na etapa de inquérito[10].

4. Ação Popular (AP)

Nasceu em 1962, composta de cristãos progressistas ligados à Ação Católica, em particular à JUC – Juventude Universitária Católica. Nesse primeiro momento, definiu-se como "movimento político" (e não "partido"), inspirando-se em ideias humanistas de Jacques Maritain, Teilhard de Chardin, Emanuel Mounier e do Padre Lebret. Em seu "Documento-base", de 1963, propõe-se a lutar por uma sociedade justa, condenando tanto o capitalismo quanto os países socialistas existentes.

Seu peso maior estava na área estudantil, onde a organização controlou as sucessivas diretorias da União Nacional dos Estudantes (UNE), preocupando-se também em penetrar nos meios operários e rurais, o que consegue, principalmente no Nordeste, através do Movimento de Educação de Base (MEB), vinculado à CNBB (Conferência Nacional dos Bispos do Brasil).

No período do Governo João Goulart, a AP empenha-se nas lutas pelas Reformas de Base, adotando uma tática que a situa à esquerda do PCB. Com a reviravolta de abril de 1964 sofre, portanto, o impacto da repressão, prisões e exílio.

Nos anos seguintes, a AP reorganiza, aos poucos, sua estrutura, apoiando-se, para tanto, especialmente no meio universitário. E inicia uma demorada discussão para redefinir seus princípios políticos e filosóficos. Já era claro que, desde seu surgimento, as propostas da AP tinham pontos de contato com o pensamento marxista. De 1965 a 1967, em meio a controvertidas polêmicas, a organização caminha para a adoção do marxismo como guia teórico de suas atividades.

---

9. Sobre o MRT, cf. o processo BNM n. 180 e sobre o MRM, cf. os n. 84, 180.

10. Sobre o PCR, cf. os processos BNM n. 51, 77, 170, 251, 418, 434, 546, 590, 642, 702.

Nesse debate, acabou sendo derrotado o grupo que propunha uma "transição indolor" ao marxismo, de modo a que não se criassem incompatibilidades entre a fé cristã dos militantes e o novo posicionamento filosófico oficial. O vencedor da polêmica foi um grupo de dirigentes identificados, então, com as ideias de Mao Tsé-Tung e com a Revolução Cultural Chinesa, que causava impacto entre os marxistas do mundo inteiro.

Desse período para a frente, a AP vai se modificando até se caracterizar como uma organização maoista típica, assumindo uma linha política bastante semelhante à do PCdoB. Na prática, entretanto, a AP não chegou a envolver-se em ações de guerrilha.

O espírito da Revolução Cultural provocou, na AP, uma "campanha de proletarização" dos militantes, que consistia em deslocar para o trabalho em fábricas, ou para o meio rural, centenas de membros da organização, numa tentativa de transformar sua composição social, marcadamente de classe média. Os resultados da campanha foram contraditórios. Por um lado, o rigor exigido na disciplina dos militantes (que chegou mesmo ao ateísmo compulsório, mediante uma "autocrítica de Deus") provocou uma certa debandada nos contingentes da organização. Mas, por outro lado, foram feitas experiências interessantes de implantação em meios populares como o do ABC paulista, da Zona Canavieira de Pernambuco, da Região Cacaueira da Bahia, da área de Pariconha e Água Branca, em Alagoas, e do Vale do Pindaré, no Maranhão, onde se notabilizou a figura do líder camponês Manoel da Conceição, que teve uma perna amputada como decorrência de ferimento provocado por forças policiais e maus-tratos na prisão.

Em 1968, ano em que a AP iniciou a publicação de seu órgão oficial, "Libertação", ocorre uma luta interna que resulta no aparecimento de nova organização dissidente: o PRT – Partido Revolucionário dos Trabalhadores. Os fundadores do PRT discordavam do maoismo ortodoxo seguido pela direção da AP (luta antifeudal, cerco das cidades pelo campo etc.) e contavam, em seu pequeno contingente, com dois ex-presidentes da UNE, com o controvertido sacerdote vinculado às Ligas Camponesas, Padre Alípio Cristiano de Freitas, e com José Porfírio de Souza, camponês goiano que teve uma liderança quase legendária nos conflitos rurais de Trombas-Formoso, por volta de 1955. O PRT chegou a executar algumas ações armadas no Rio de Janeiro e em São Paulo, mas desestruturou-se em 1971, após ser atingido pela ação dos órgãos repressivos.

Em 1971, quando já era adiantado o processo de aproximação da AP com o PCdoB, especialmente a partir de aliança estabelecida no Movimento Estudantil, a organização modifica seus estatutos e passa a se intitular Ação Popular Marxista Leninista do Brasil. A partir de então, cresce continuamente a força dos que defendem a fusão da AP com o PCdoB.

Esse casamento se completa entre 1972 e 1973, após calorosa luta interna que dividiu os mais altos dirigentes da AP. Tudo indica que a parcela mais significativa da organização tenha seguido os que optaram pela incorporação ao PCdoB, mas um setor liderado por Jair Ferreira de Sá e Paulo Stuart Wright manteve estruturada a AP como organização independente.

De 1973 em diante, esse grupo, que rejeitou a incorporação ao PCdoB, passou a ser mais conhecido como "AP Socialista", aproximando-se da Polop e do MR-8 para editar a Revista *Brasil Socialista*, que afirmava o "caráter socialista da Revolução Brasileira", em contraposição ao programa "democrático burguês" defendido pelo PCB e PCdoB.

Entre 1973 e 1974, essa organização sofreu duros golpes dos órgãos de segurança. Dirigentes importantes como Paulo Wright, deputado cassado de Santa Catarina, e Honestino Guimarães, que foi dirigente máximo da UNE, seriam presos e mortos pelo DOI-Codi, figurando até a presente data na situação de "desaparecidos políticos".

Dos processos estudados no Projeto BNM, 49 abordavam atividades da AP, abarcando 13 unidades da Federação. Mais de 500 pessoas responderam a esses processos na qualidade de réus e cerca de 250 outros cidadãos estiveram implicados apenas na etapa policial, como indiciados. Em vários desses casos era comum a investigação sobre atividades da Igreja, dada a origem cristã da organização e de seus membros[11].

Em cinco processos foi focalizado o PRT, sendo que dois deles apuraram as atividades de Trombas-Formoso e de José Porfírio, "desaparecido" em 1971 logo após ter sido libertado de uma unidade militar em Brasília[12].

---

11. Sobre o AP, cf. os processos BNM n. 1, 2, 13, 14, 15, 18, 38, 41, 54, 61, 72, 96, 169, 177, 205, 215, 234, 260, 264, 300, 301, 310, 358, 367, 368, 372, 421, 423, 460, 507, 510, 549, 550, 557, 588, 596, 605, 620, 634, 654, 663, 665, 666, 671, 682, 684, 688, 703, 705.

12. Sobre o PRT, cf. os processos BNM n. 2, 14, 98, 197, 289.

5. A Polop e os grupos que dela nasceram

A Organização Revolucionária Marxista-Política Operária (Polop) foi criada em fevereiro de 1961, reunindo círculos de estudantes provenientes da "Mocidade Trabalhista" de Minas Gerais, da "Liga Socialista" de São Paulo (simpatizantes de Rosa Luxemburgo), alguns trotskistas e dissidentes do PCB do Rio, São Paulo e Minas.

Desde seu surgimento, a Polop deu mais importância ao debate teórico e doutrinário dentro da esquerda marxista do que a um projeto de construir uma alternativa política ao PCB. Não chegou, dessa forma, a se constituir numa organização nacional, embora tenha alcançado certo prestígio nos meios universitários dos três estados já referidos e atraído para sua esfera de simpatia, ainda antes de 1964, militares ligados às mobilizações nacionalistas nas Armas.

Com permanentes críticas às posições defendidas pelo PCB, a Polop recusava as opiniões daquele partido sobre a necessidade de uma aliança com a "burguesia nacional" para vencer o "imperialismo" e os "restos feudais". Elaborou, em contraposição, um "Programa Socialista para o Brasil", onde afirmava que o grau de evolução do capitalismo no país comportava e exigia transformações socialistas imediatas, sem qualquer etapa "nacional-democrática".

Após a derrubada de Goulart, a Polop ensaiou a definição de uma estratégia guerrilheira para enfrentar o Novo Regime, chegando a envolver-se em duas articulações para deflagração de um movimento armado, em aliança com os referidos militares vinculados ao "nacionalismo revolucionário". Ambas as articulações foram abortadas no nascedouro. A primeira ocorreu ainda em 1964, no Rio, ficando registrada com o irônico título de "Guerrilha de Copacabana". A segunda, de maior expressão, em 1967, liderada por aqueles militares vinculados ao embrionário Movimento Nacional Revolucionário (MNR), passou à história com o nome impreciso de "Guerrilha de Caparaó".

Em 1967, a Polop viveu, em suas fileiras, um impacto semelhante ao ocorrido no interior do PCB, por influência da luta guerrilheira que se alastrava pela América Latina, sob inspiração da Revolução Cubana e do guevarismo. Esse impacto acarretou duas importantes cisões. Em Minas, a maior parte dos militantes se desligou da Polop para constituir o Colina –

Comando de Libertação Nacional. Em São Paulo, uma "ala esquerda" da organização se uniu a militantes remanescentes do MNR para constituir a Vanguarda Popular Revolucionária (VPR).

O Colina teve vida extremamente curta, circunscrevendo-se praticamente a Minas Gerais e pequenas ramificações no Rio. Abraçou as ideias defendidas pela Olas (já referida quando se estudou o PCB e suas dissidências) e passou a executar, desde 1968, ações armadas para obter recursos que se destinariam à instalação de uma "área estratégica" no campo. No início de 1969, sofreu uma extensa sequência de prisões. A partir disso, movido tanto por afinidades políticas quanto por um esforço de sobrevivência, o Colina se aproximou da VPR, nascendo desse namoro a VAR-Palmares (Vanguarda Armada Revolucionária Palmares), fundada em meados de 1969.

A VPR teve expressão bem maior, tendo sua imagem vinculada, desde o início, ao nome de Carlos Lamarca, capitão do Exército Brasileiro, que se retirou de sua unidade em Quitaúna, Osasco, Estado de São Paulo, no início de 1969, à frente de alguns militares que levaram grande quantidade de armamentos para se incorporarem à luta de resistência ao Regime, logo após a edição do Ato Institucional n. 5.

A linha política da VPR consistiu num meio-termo entre as teses guevaristas da Olas e as opiniões trazidas da Polop, especialmente quanto à questão do "caráter socialista" (e não "anti-imperialista") da luta revolucionária em que pretendiam se empenhar.

Em julho de 1969, a VPR deixou de existir por alguns meses, uma vez que seus integrantes se juntaram ao Colina para constituir a VAR-Palmares. Mas, em setembro do mesmo ano, ocorre uma cisão na organização nascente, e uma ala se desliga para recompor a VPR, ainda tendo Lamarca como principal nome.

Não obstante sucessivas ondas de prisão de militantes, de 1968 a 1971 a VPR sustentou um forte ritmo de ações armadas, principalmente em São Paulo e no Rio, alcançando, algumas vezes, uma divulgação expressiva. Em 1970, por exemplo, a organização responsabilizou-se por três sequestros de diplomatas estrangeiros (japonês, alemão e suíço), libertando-os em troca de presos políticos enviados para outros países. Nesse mesmo ano, enfrentou, com relativo êxito, um contingente imenso de forças do Exército e da

Polícia Militar que cercaram uma área de treinamento de guerrilhas no Vale do Ribeira, no interior do Estado de São Paulo.

A partir de 1971, entretanto, a VPR mergulha numa crise de desagregação que não será interrompida até 1973, quando o "Cabo Anselmo", agente policial infiltrado em sua direção, orientou a chacina que vitimou um último grupo de militantes que procuravam reestruturar a organização na região de Recife.

Um ex-soldado do Exército de nome Eduardo Leite, mais conhecido por "Bacuri", que estivera ligado à VPR desde seu surgimento, desligou-se da organização em meados de 1969 e formou um pequeno grupo intitulado Rede (Resistência Democrática ou Resistência Nacionalista Democrática e Popular).

A Rede existiu apenas durante um ano, dedicando-se a operações armadas em São Paulo, em conjunto com outros agrupamentos que compunham a "Frente": ALN, VPR e MRT.

"Bacuri" foi preso em agosto de 1970, no Rio de Janeiro, já como integrante da ALN, pelo Delegado Sérgio Paranhos Fleury e agentes do Cenimar, sendo submetido a inomináveis torturas até dezembro, quando o sequestro do embaixador suíço levou seus algozes a executá-lo para evitar sua libertação, divulgando uma inaceitável versão de morte durante tiroteio, conforme será visto no capítulo 20.

A VAR-Palmares, por sua vez, executou, antes do "racha" de setembro de 1969, que levou à reconstituição da VPR, o assalto mais rendoso dentre todas as ações de guerrilha urbana voltadas para obtenção de fundos: o roubo de um cofre de Ana Capriglione, contendo nada menos do que 2.500.000 dólares, atribuídos pela organização a atividades corruptas do ex-governador de São Paulo, Adhemar de Barros.

Em 1970, a VAR enfrentou fortes discordâncias internas a respeito da linha a ser seguida naquela conjuntura de repressão crescente. No Rio, uma facção se desliga para constituir a "DVP" (Dissidência da VAR-Palmares), mais tarde rebatizada como "Grupo Unidade". Entre os que permanecem na VAR há os que advogam um abandono das ações armadas, em benefício de um trabalho operário no meio urbano (através de "Uniões Operárias") e há os que insistem nas atividades voltadas para a preparação da luta armada no meio rural.

A partir de 1971, a VAR começou a viver, tanto quanto a VPR, um lento processo de desagregação, sendo que os esforços para controlar a situação eram anulados com a prisão e morte de dirigentes importantes como Carlos Alberto Soares de Freitas, um dos fundadores do Colina, e Mariano Joaquim da Silva, o "Loyola", veterano das Ligas Camponesas, "desaparecidos" nos cárceres clandestinos do DOI-Codi, no Rio de Janeiro.

Voltando ao registro da história da Polop, vê-se que, após as cisões que geraram a VPR e o Colina, essa organização restou claramente debilitada. Reagiu a isso, aproximando-se da "Dissidência Leninista do Rio Grande do Sul" (do PCB) e de mais alguns círculos de militantes, para constituir o POC – Partido Operário Comunista.

O POC conseguiu ter certa expressão no Movimento Estudantil de 1968, onde atuava sob a designação de "Movimento Universidade Crítica". Suas propostas políticas assinalavam uma nítida continuidade da linha seguida anteriormente pela Polop. Procurou também estabelecer alguma presença junto ao meio operário das capitais.

Em abril de 1970, um grupo de militantes se desligou do POC para voltar a constituir a Polop. Os que permaneceram no POC passaram a enfrentar divergências internas profundas, sendo que alguns círculos defendiam a atuação conjunta com as organizações da guerrilha urbana (ALN, VPR, VAR etc.), chegando a se envolver em operações armadas.

Entre 1970 e 1971, o POC foi atingido por vários golpes da repressão, sofrendo prisões de dezenas e centenas de militantes, principalmente em São Paulo e Porto Alegre, o que acabou comprometendo as atividades da organização no país a partir daí, não obstante alguns setores terem permanecido articulados no exílio[13].

Em 1970, um diminuto grupo de militantes se desligou do POC, no Rio Grande do Sul, para criar o MCR – Movimento Comunista Revolucionário, que executou algumas ações armadas conjuntas com a VPR[14].

Os que se rearticularam em 1970 sob a sigla Polop, por sua vez, condenaram as ações armadas e concentraram seus pequenos efetivos num trabalho doutrinário junto a operários, rebatizando sua organização para Organização de Combate Marxista Leninista Política Operária (OCML-PO).

13. Sobre o POC, cf. os processos BNM n. 55, 147, 180, 182, 353, 384, 454, 567.

14. Cf. processos BNM n. 178, 360.

No exílio, a OCML-PO editou, durante certo tempo, em conjunto com a "AP Socialista" e o MR-8, a revista de debates teóricos *Brasil Socialista*.

Antes de essa nova Polop (mais conhecida como PO) completar um ano de vida, começou a se constituir dentro de suas fileiras, no Rio, a "Fração Bolchevique da Polop" que, em 1976, mudaria seu nome para MEP – Movimento pela Emancipação do Proletariado.

Na Pesquisa BNM foram estudados 5 processos relacionados com a Polop, somando perto de 100 cidadãos envolvidos como réus. Já o POC foi objeto de 8 processos dos estudados, distribuídos por São Paulo, Minas Gerais, Paraná e Rio Grande do Sul, reunindo mais de 200 pessoas atingidas como réus ou como indiciados na fase de inquérito[15]. O MEP foi detectado pelos órgãos de repressão em 1977, ocorrendo prisões e formando-se processos no Rio de Janeiro e em São Paulo[16].

Quanto aos grupos que se lançaram à guerrilha urbana, verifica-se que a VPR foi abordada em 30 dos processos estudados, globalizando perto de 500 cidadãos envolvidos como réus ou apenas indiciados nos inquéritos, nos estados de São Paulo, Rio de Janeiro e Rio Grande do Sul[17]. O Colina apareceu como alvo em 6 dos processos, todos de 1969, distribuídos entre Minas e Rio, merecendo destaque aquele em cujos autos terminou constando a morte (sob torturas) do Sargento da Aeronáutica João Lucas Alves (BNM n. 29)[18]. A Rede, por sua vez, foi objeto de 4 processos formados em São Paulo, em 1969 e 1970[19]. E outros 35 processos, dos reunidos para a pesquisa, referiam-se a atividades da VAR-Palmares, somando-se neles mais de 300 réus e 110 envolvidos na condição de indiciados[20]. Destes, o que causa impacto mais forte recebeu o n. BNM n. 30, do Rio de Janeiro, não apenas por descrever o roubo do cofre milionário, mas principalmente por incluir descrições impressionantes sobre a morte do estudante Chael Charles Schreier, trucidado por oficiais do Exército, em novembro de 1969.

15. Sobre a Polop, cf. os processos BNM n. 34, 79, 188, 191, 201.

16. Processos BNM n. 698, 700.

17. Sobre a VPR, cf. os processos BNM n. 42, 47, 66, 67, 94, 103, 106, 146, 178, 180, 229, 244, 360, 361, 365, 428, 450, 479, 523, 524, 539, 559, 581, 587, 598, 655, 672, 681.

18. Sobre o Colina, cf. processos BNM n. 29, 53, 115, 158, 195, 233.

19. Processos BNM n. 130, 162, 180, 365.

20. Sobre a VAR, cf. processos BNM n. 30, 57, 66, 80, 81, 94, 95, 124, 125, 150, 183, 186, 189, 193, 196, 218, 230, 232, 271, 293, 346, 351, 364, 370, 412, 423, 435, 482, 491, 559, 563, 584, 611, 673, 707 e também o n. 75 (D.V.P.).

6. Os grupos trotskistas

Desde 1929 existiram, no Brasil, diversos agrupamentos políticos reunindo os marxistas afinados com as ideias de Leon Trotsky, um dos líderes da Revolução Russa de 1917, que terminou expulso da URSS no final da década de 1920, quando o poder político daquele país começava a ser monopolizado pelo punho forte de Stalin.

O mais importante desses grupos trotskistas foi o Port – Partido Operário Revolucionário (Trotskista), fundado em 1953 sob influência da curiosa figura do argentino Homero Cristali, conhecido pela alcunha de J. Posadas. Durante muitos anos o Port publicou, em seu volumoso periódico *Frente Operária*, ensaios atribuídos a Posadas, divagando por questões tão ecléticas quanto a chegada de discos voadores ao Planeta Terra e a vida sexual dos revolucionários. Posadas era o responsável pelo Birô Latino-Americano da IV Internacional, fundada por Trotsky, no México, em 1938.

No início da década de 1960, o Port passou a adquirir alguma expressão, especialmente por conta de adotar uma postura política nitidamente à esquerda do PCB. Tinha contingente reduzido, limitado praticamente a São Paulo, Rio Grande do Sul e Pernambuco, mas alcançou notoriedade com seu envolvimento nas agitações das Ligas Camponesas, quando foi alvo de prisões e processo político em plena vigência do Governo Goulart, num estado como Pernambuco, onde era Governador Miguel Arraes.

Com a reviravolta de 1964, o Port foi golpeado pela repressão política, mas conseguiu reanimar sua estrutura nos anos seguintes, especialmente no meio estudantil de São Paulo, Brasília e Rio Grande do Sul. Deslocou alguns de seus militantes para trabalhar como operários da indústria, como foi o caso de Olavo Hansen, morto sob torturas no Dops de São Paulo, em 1970, após ter sido preso distribuindo panfletos numa manifestação pacífica realizada nos festejos do 1º de maio.

Entre 1970 e 1972, o Port foi atingido por repetidas ondas de prisões, ocorrendo o mesmo com o grupo dissidente FBT (Fração Bolchevique Trotskista), focalizado logo a seguir.

Afora as excentricidades dos textos de Posadas, o que caracterizava a linha política do Port naquele período era: a condenação enérgica da luta armada sustentada por outros grupos de esquerda; uma certa defesa do papel desempenhado pela União Soviética no contexto internacional (em clara discordância com as opiniões de outros grupos trotskistas do mundo inteiro); e a propaganda em favor de uma saída "peruana" para o processo político brasileiro, ou seja, a expectativa de que algum grupo de militares nacionalistas assumisse o poder no Brasil, para aplicar um modelo semelhante ao adotado no Peru pelo General Alvarado.

Em 1968, constituiu-se uma Fração Bolchevique Trotskista, dentro do Port, principalmente no Rio Grande do Sul, enquanto em São Paulo forma-se uma outra dissidência denominada "Primeiro de Maio". Muitos anos mais tarde, em 1976, essas duas organizações, já plenamente rompidas com as ideias de Posadas, iriam se unificar sob a sigla OSI – Organização Socialista Internacionalista, que ficaria mais conhecida pelo seu braço estudantil chamado "Liberdade e Luta".

Uma parte da FBT tomou caminho diferente, a partir de 1973, indo gerar a "Liga Operária", que foi atingida pelos órgãos de repressão em São Paulo, em 1977, antes de adotar a designação legal de "Convergência Socialista".

É preciso registrar que, no caso dos grupos trotskistas, os fatores capazes de gerar divergências e cisões nem sempre são aqueles já presentes nas outras organizações até aqui estudadas (programa, tática, estratégia etc.). Uma vez que os seguidores de Trotsky consideram questão de princípio a articulação dos revolucionários em nível mundial (através da IV Internacional), terminam acontecendo situações em que os "rachas" no Brasil refletem divergências entre lideranças e facções de outros países. Desse modo, pode-se observar que, além de divergências sobre tática política, as cisões ocorridas no Port para dar surgimento à FBT, à Liga Operária, à Organização Socialista Internacionalista e outros grupos, correspondem também a pendências internacionais.

Enquanto os membros do Port permaneceram vinculados a J. Posadas e ao Birô Latino-Americano da IV Internacional, a FBT e a futura OSI alinham-se com o Comitê de Reconstrução da IV Internacional, liderado internacionalmente por Pierre Lambert. O grupo da FBT que iria dar nascimento à Liga Operária (depois Convergência Socialista) preferiu vincular-se à chamada "Minoria da IV Internacional", sob influência do argentino-colombiano Hugo Miguel Bressano (também conhecido como Nahuel Moreno).

Um estudo mais criterioso poderia mostrar outros tipos de alinhamento nesse plano, como é o caso da ala do POC que, a partir de 1972, no exílio, orientou-se no sentido do trotskismo, assumindo as concepções do "Secretariado Unificado da IV Internacional", que tem como expoente maior o professor da Universidade de Bruxelas, Ernest Mandel.

No Projeto BNM, 12 dos processos estudados referiam-se ao Port, distribuídos por São Paulo, Pernambuco, Rio Grande do Sul, Brasília, Rio de Janeiro e Ceará. Outros 4 processos abordavam a FBT e um outro tinha a Liga Operária como alvo, constando a respeito dos demais grupos trotskistas citados apenas referências indiretas em depoimentos e documentos anexados aos autos[21].

7. As organizações vinculadas ao "Nacionalismo Revolucionário"

Resta, finalmente, abordar um conjunto de siglas como o MNR, MR-26, MR-21, MAR, FLN, RAN e outras, que corresponderam a pequenas articulações vinculadas a um projeto "nacional revolucionário", ou seja, um pensamento nacionalista de esquerda, mas não tributário do marxismo, que teve algumas tentativas de estruturação no Brasil.

A raiz comum desses agrupamentos foram as mobilizações em prol das Reformas de Base, as agitações desenvolvidas entre as bases das Forças Armadas, e, principalmente, as articulações vinculadas ao nome de Leonel Brizola nos anos anteriores ao golpe de 1964.

Já antes da derrubada de Goulart, esse ex-governador gaúcho, então deputado federal pela Guanabara, lançou, em novembro de 1963, através da Rádio Mayrink Veiga, do Rio de Janeiro, uma proposta de formação em todos os cantos do país de "Comandos Nacionalistas" ("Grupos de Onze Companheiros") voltados para uma ação em torno de três eixos: "Defesa das Conquistas Democráticas do Povo Brasileiro, Reformas Imediatas e Libertação Nacional". Como rastilho de pólvora, a proposta alastrou-se por todos os estados da Federação. Embora na pesquisa do Projeto BNM tenham sido estudados apenas 12 processos abordando especificamente atividades dos "Grupos de Onze", referências a eles aparecem em praticamen-

21. Sobre os grupos trotskistas, cf. Port: Processos BNM n. 8, 40, 114, 120, 208, 316, 398, 415, 476, 488, 682, 691. FBT 66, 219, 254, 629. L.O. 698.

te todos os inquéritos e IPMs formados nos primeiros tempos do Regime Militar, podendo-se calcular que já atingia várias centenas o número desses grupos existentes no país quando ocorreu o desfecho de abril de 1964.

Costumava-se afirmar, com certa ironia, que a resistência armada, que os setores "nacionalistas revolucionários" prometiam a qualquer tentativa golpista da direita para depor o presidente constitucional, só começou a ser planejada no Uruguai, quando todos já se encontravam exilados. Naquele país, além do próprio Goulart e de Leonel Brizola, reuniram-se inúmeros expoentes da "esquerda" do PTB e lideranças das mobilizações entre as bases militares, praticamente todos irmanados na condição de cassados.

Sob inspiração desse círculo de exilados no Uruguai é que nasceram as sucessivas articulações "nacionalistas revolucionárias" citadas.

O MNR – Movimento Nacional Revolucionário –, terminou sendo mais uma articulação política embrionária do que uma estrutura orgânica efetivamente consolidada. Inspirada naquilo que se poderia chamar de pensamento "brizolista", teve como contingente fundamental um conjunto de militares cassados pelo novo regime. Foi essa sigla que esteve relacionada com a articulação da "Guerrilha de Caparaó", que não passou de uma sequência de treinamentos militares desenvolvidos nas proximidades do Pico da Bandeira, em Minas Gerais, onde foram presos todos os integrantes do grupo (alguns ex-exilados), em março de 1967, sendo que um deles, Milton Soares de Castro, terminou sendo assassinado durante os interrogatórios feitos em Juiz de Fora.

A partir do fracasso de Caparaó, os remanescentes desse grupo, que se encontravam no Brasil, vincularam-se à esquerda da Polop para constituir a VPR, conforme já foi assinalado.

Com a mesma inspiração política, existiu no Rio Grande do Sul um outro grupo vinculado aos exilados, tendo como principal líder o Coronel Jefferson Cardim Osório. Cardim liderou uma coluna guerrilheira que tentou deflagrar um movimento armado na região de Três Passos e Tenente Portela, em março de 1965, no Rio Grande do Sul, sendo sufocada em poucos dias. Durante os meses e anos seguintes, os militantes que não foram detidos lançaram a sigla MR-26 (Movimento Revolucionário 26 de Março), em homenagem à Coluna de Jefferson Cardim, que permanecia preso após ter sofrido ignominiosas torturas. O MR-26 chegou a se envolver em algumas ações armadas em Porto

Alegre, quando se iniciou a fase conhecida como etapa da guerrilha urbana, extinguindo-se com a ocorrência de algumas prisões em 1969.

Outro pequeno grupo nascido sob o mesmo ideário foi a Frente de Libertação Nacional (FLN), fundada pelo major do Exército, cassado, Joaquim Pires Cerveira que, em 1968, auxiliou a fuga de Jefferson Cardim da unidade em que se encontrava detido, em Curitiba. A FLN nasceu em 1969 incorporando alguns remanescentes do MR-26 e existiu apenas durante um ano, no Rio Grande do Sul e no Rio de Janeiro, onde foram executadas algumas operações de guerrilha urbana, em conjunto com a ALN ou com a VPR.

Em abril de 1970, com a prisão de Cerveira, o grupo praticamente se extinguiu. Três anos mais tarde, esse militar, que havia sido banido do país quando do sequestro do embaixador alemão, em junho de 1970, foi novamente preso pelos órgãos de segurança quando tentava entrar clandestinamente no país através de Foz do Iguaçu, em companhia de outros exilados, constando até hoje na relação dos "desaparecidos políticos".

MR-21, ou seja, "Movimento Revolucionário 21 de Abril", foi o nome que começava a ser adotado em Uberlândia, Minas Gerais, por um grupo de militantes vinculados ao jornalista Flávio Tavares, do *Última Hora*, jornal considerado porta-voz do "getulismo de esquerda". Entre julho e agosto de 1967, esse grupo foi localizado pelos órgãos de repressão e desarticulado quando ainda fazia planejamentos para iniciar treinamentos militares com vistas à eclosão de um futuro movimento guerrilheiro na área do Triângulo Mineiro.

Esse mesmo jornalista apareceu envolvido, em 1969, na articulação de uma outra organização, igualmente de vida efêmera, denominada MAR – Movimento de Ação Revolucionária.

No fundamental, o MAR representou uma articulação de militares presos na Penitenciária Lemos de Brito, no Rio de Janeiro, processados e condenados por seu envolvimento nas ações da Associação dos Marinheiros e Fuzileiros Navais do Brasil e no "Levante dos Sargentos" de 1963. Em maio de 1969, esse grupo conseguiu encetar uma fuga espetacular daquela penitenciária, sendo perseguido durante vários dias pelas montanhas da região de Angra dos Reis, de onde se evadiram para executar, no Rio, algumas ações armadas que tiveram fim com a prisão da quase totalidade dos militantes, em agosto do mesmo ano. Após essas prisões, alguns remanescentes vincularam-se a outras organizações de guerrilha urbana.

Quando começaram a ser soltos os militantes envolvidos na "Guerrilha de Caparaó", no segundo semestre de 1969, teve início uma nova articulação que, num primeiro momento, recebeu a designação de "Movimento Independência ou Morte" (MIM) e, mais tarde, passou a se chamar "Resistência Armada Nacional" (RAN), localizada e desmantelada no Rio e em Minas, no início de 1973, quando planejava suas primeiras operações armadas. Consta que, nessa sequência de prisões, foi morto sob torturas o ex-sargento, veterano da Força Expedicionária Brasileira, José Mendes de Sá Roriz.

Na Pesquisa BNM foram analisados um processo referente ao MNR (Caparaó), dois relativos à RAN, três abordando ações armadas do MAR, um relacionado com o MR-21, três sobre o MR-26 e três sobre a FLN[22].

Na tabela das páginas 128 a 130 pode-se verificar o registro de outras siglas não referidas até aqui. São grupos que tiveram expressão pouco significativa no contexto global dos processos estudados, ou que nem sequer constituíam organizações realmente estruturadas, aparecendo como tais por força da imaginação dos responsáveis pelos inquéritos ou pelas denúncias.

Vale a pena, no entanto, acrescentar algumas palavras a respeito de cada uma delas.

O MEL – Movimento Estudantil Libertário – é uma denominação que as autoridades policiais forjaram para intitular as atividades de um grupo de anarquistas que foram presos quando se dedicavam a estudos e atividades culturais legais, no Rio de Janeiro, em 1969, através do Centro de Estudos José Oiticica[23].

"Grupo Tacape" foi a designação dada a alguns operários dos estaleiros da Ishibrás, presos em 1974, no Rio, acusados de distribuir, entre seus colegas de fábrica, um jornalzinho intitulado Tacape[24].

22. Sobre os grupos inspirados pelo "nacionalismo revolucionário", cf. os seguintes processos BNM: MNR – 24. RAN – 181, 701. MAR – 126, 414, 483. MR-21 – 73. MR-26 – 66, 83, 94. Grupos de Onze – 85, 131, 151, 152, 167, 185, 280, 497, 498, 500, 504, 505.

23. BNM n. 137.

24. BNM n. 407.

O CSR – Comitê de Solidariedade Revolucionária – foi uma articulação de familiares de presos políticos que tentaram organizar, em São Paulo, um esquema de discussão política e trabalho conjunto em torno da solidariedade aos perseguidos políticos do país. O grupo foi detectado e preso pelo DOI-Codi, em maio de 1973[25].

A FAP, ou Frente Armada Popular, foi uma articulação política de Brasília, atingida pela repressão em agosto de 1967, que exibia uma estranha motivação filosófica inspirada por um engenheiro grego de nome Konstantin Synodinos. Esse grego propunha um pensamento "normalista", definido confusamente por ele em alguns textos apreendidos. Tal teoria mesclava pontos de vista de esquerda e algumas opiniões antissemitas, de coloração nazista[26].

"Grupo Debate" é a organização referida num processo formado em São Paulo, em 1971, com um único réu, acusado de portar microfilmes da Revista *Debate*, que teriam sido trazidos do exterior. Tal revista, de discussão teórica sobre as atividades dos marxistas no Brasil, era produzida no Chile e em Paris, conforme material apreendido em outros processos. Seus autores eram exilados brasileiros anteriormente vinculados a diversas organizações, que terminariam constituindo um novo grupo intitulado "União dos Comunistas"[27].

Já o "Movimento Revolucionário Paraguaio" foi o nome criado pelas autoridades militares para designar as atividades de um conjunto de exilados paraguaios no Brasil que foram presos, em 1965, em Mato Grosso, onde estariam preparando um movimento armado para depor o ditador Stroessner[28].

Na tabela a seguir, que se estende da página 128 a 130, encontra-se a distribuição ao longo dos anos dos processos formados contra as organizações de esquerda. Nas colunas indicativas de cada ano está registrada a quantidade de processos por unidade da Federação. O significado das siglas pode ser encontrado no capítulo 9 e no Anexo I. Os processos que apuravam atividades de mais de uma organização foram computados repetidamente nas linhas de cada sigla envolvida.

25. BNM n. 214.
26. BNM n. 621.
27. BNM n. 373.
28. BNM n. 132.

Organizações de Esquerda / Ano	1964	1965	1966	1967	1968	1969	1970	1971	1972	1973	1974	1975	1976	1977	1978	1979
ALA						MG(2) SP(2)	DF(1) MG(1) RJ(1) RS(1)	RS(1) SP(1)								
ALN					RJ(1)	DF(1) RJ(9) SP(5)	CE(8) DF(1) PA(2) PE(2) RJ(12) SP(4)	CE(1) MG(3) RJ(4) SP(3)	CE(2) GO(1) PE(2) RJ(4) SP(5)	SP(3)	SP(3)					
AP		SP(1)		GO(1) RJ(2)	RJ(1)	BA(1) MA(2) MG(1) PA(1) PE(2) PI(1) RJ(1) RS(1) SP(1)	BA(1) DF(1) RJ(1)	BA(3) CE(1) DF(3) MG(2) PE(1) PR(3) SP(5)	MG(4) PR(1) RJ(1)	BA(1) SP(1)	MG(1) SP(2)	RS(1)				
COLINA					RJ(1)	MG(3) RJ(2)										
CORRENTE						MG(3)										
CRS										SP(1)						
DI-DF						DF(1)			RJ(1)							
DVP																
FALN						SP(1)										
FAP				DF(1)												
FBT							PE(1) RS(2)		SP(1)							
FLN							RJ(1) RS(2)									
FLNe									CE(3)							
GRUPOS DE 11	CE(1) ES(1) PI(1) PR(1) RJ(5) RS(2) SC(1)															

Ano / Organizações de Esquerda	1964	1965	1956	1967	1968	1969	1970	1971	1972	1973	1974	1975	1976	1977	1978	1979
MAR						RJ(3)										
MEL						RJ(1)										
MEP														RJ(1)		
MCR							RS(2)									
MNR				MG(1)												
MOLIPO									SP(3)	BA(1) SP(3)						
MRM								SP(2)								
MR-8/DI-GB						RJ(10)	PR(1) RJ(6)	BA(2) RJ(7) SP(1)	RJ(5)	SP(1)						
MRT								SP(1)								
MRP		MS(1)														
MR-26						PR(1) RS(1)	RS(1)									
MR-21				DF(1)												
M3G							RS(2)									
PCB	CE(1) ES(1) MG(1) PE(2) PI(1) PR(1) RJ(2) SC(1) SP(4)	MG(1) RS(1)	RS(1) SP(1)	PR(1) RJ(1)	RJ(1)	CE(1) DF(1) RJ(5) SP(1)	ES(1) RJ(3) SP(1)	PB(1) RJ(1) SP(3)	DF(4) GO(1) RJ(2) RS(1) SP(2)	BA(2) PE(1) SP(2)		DF(1) PR(1) RJ(1) SP(7)	MG(1)			
PCdoB			DF(1) RJ([illegible])		CE(1) RJ(1)	CE(2) PI(1) SP(1)	BA(1) ES(1) MG(1) RJ(1)	BA(1) MG(2) RJ([illegible]) RS(1) SP(1)	BA(1) ES(1) SP(1)	BA(2) CE(1) RJ(1) SP(1)	SP(1)	RS(1)	SP(1)			
PCBB						PB(1) RJ(11)	BA(4) CE(1) PE(3) PR(2) RJ(3) RN(1) SP(1)	BA(1) CE(3) PE(1) RJ(2) RN([illegible])	CE(1) PE(1) RJ(3)							

Ano / Organizações de Esquerda	1964	1965	1966	1967	1968	1969	1970	1971	1972	1973	1974	1975	1976	1977	1978	1979
PCR					PE(1)	PE(1)		PE(1)	RN(3)	PB(1) PE(3)						
POC					MG(1)		MG(1) PR(1) SP(l)	RS(1) SP(3)								
POLOP	RJ(1)							SP(1)	BA(1) RJ(2)							
PORT	PE(2) SP(1)	PE(1)	CE(1) RS(1) SP(1)			SP(1)	DF(1) RJ(1) SP(1)		SP(1)							
PRT							SP(1) RJ(1)	DF(1) SP(1)								
RAN										MG(1) RJ(1)						
REDE						SP(1)	SP(2)	SP(1)								
TACAPE											RJ(1)					
UC								SP(1)								
VAR						DF(1) RJ(1) SP(1)	BA(1) GO(1) PE(1) PR(1) RJ(4) RS(3) SP(2) MG(2)	DF(1) PE(2) RJ(7)	CE(1) RJ(3)	SP(1)		RS(1)			SP(1)	
VPR						SP(1)	RJ(4) RS(7) SP(6)	RJ(10) SP(1)	RJ(1)							
ORGANIZAÇÕES SEM IDENTIFICAÇÃO	RJ(1) SP(1)		PE(1)	AM(1)	MG(1) SP(1)	BA(1) GO(1) RJ(2) SP(2)	RS(2) SP(1)	RJ(1)	SP(1)	RJ(1) RN(1) SP(2)						

10
Setores sociais

No estudo dos 263 processos reunidos para a pesquisa do Projeto BNM, que não focalizavam organizações partidárias clandestinas, foi possível constatar que, em 179 ações penais, os réus podiam ser classificados como pertencentes a seis setores sociais claramente identificados: militares, sindicalistas, estudantes, políticos, jornalistas e religiosos.

Em certa medida, isso traz uma fotografia dos alvos prediletos do Regime Militar no exercício de sua ação punitiva e indica quais áreas sociais estiveram empenhadas na oposição ao autoritarismo.

Uma das constatações significativas feitas nesse estudo é a de que o próprio meio militar figurou como um dos setores sociais mais duramente atingidos pela repressão desfechada após a derrubada de Goulart. De soldados rasos a oficiais generais, o novo regime promoveu, desde as primeiras horas de abril de 1964, um esforço sistemático para expurgar das corporações militares todos os elementos identificados com o governo deposto e seu projeto nacionalista.

Nada menos que 38 dos processos pesquisados, muitos deles gigantescos quanto ao volume e ao número de pessoas atingidas, voltavam-se contra membros da Marinha, do Exército, da Aeronáutica e, num caso, da Brigada Militar do Rio Grande do Sul.

A segunda área mais duramente atingida nos primeiros tempos do Regime Militar foi o meio sindical, incluindo-se aqui um conjunto mais amplo de atividades correlatas, como ocupação de terras, Ligas Camponesas, reivindicações trabalhistas e mobilizações afins. Neste grupo incluíram-se 36 processos.

Os estudantes, com suas reivindicações e com suas tradicionais atividades de propaganda política, foram objeto de 53 dos processos pesquisados. Só uma pequena parte data de 1964, verificando-se nítida concentração no período 1968/1969, quando o chamado Movimento Estudantil funcionou como principal caixa de ressonância dos descontentamentos frente aos generais.

Um total de 22 processos dos estudados tinha, como réus, políticos que exerciam mandato parlamentar, postos executivos ou disputavam eleições. Nos primeiros tempos, a principal vítima foi o partido do presidente deposto, o PTB, e, nos anos seguintes, o MDB.

Quinze procedimentos penais estavam voltados contra profissionais da imprensa e, em outros 15 casos, o alvo era a Igreja.

Assim como foi necessário resumir algumas informações sobre a linha política das organizações de esquerda abordadas no capítulo anterior, será feita, agora, uma síntese dos processos voltados contra esses seis setores, como mais um passo no sentido de se compreender melhor a história, a natureza e a prepotência da repressão que se abateu sobre o país nos anos em questão.

Militares

Porta-vozes autorizados do Regime Militar costumam afirmar que a decisão final de quebrar a normalidade constitucional, derrubando o Presidente João Goulart, foi tomada quando as mobilizações em defesa das Reformas de Base começaram a contagiar setores da própria tropa.

Já em setembro de 1963, quando o Supremo Tribunal Federal (STF) se pronunciou contra o registro da candidatura de um militar, o Sargento Aimoré Zoch Cavalheiro, eleito deputado estadual pelo PTB do Rio Grande do Sul, ocorreu um forte movimento de protesto no interior das Armas. O levante teve início em Brasília, no dia 12 de setembro, ficando conhecido como "Revolta dos Sargentos de Brasília".

O processo formado contra os participantes desse movimento, na 1ª Auditoria da Aeronáutica, do Rio de Janeiro, apura o envolvimento de 54 réus, quase todos sargentos da Aeronáutica, apontados como os principais responsáveis pelos atos de amotinação, prisão de oficiais e de outras autoridades, interdição do aeroporto de Brasília, sabotagem de aviões e metralhamento de seus pneus, incitação à solidariedade de colegas do Exército e da Marinha etc. O movimento foi serenado no terceiro dia, com intermediação do próprio Presidente Goulart, deixando como saldo a morte de pelo menos um fuzileiro naval em tiroteio entre os revoltosos e unidades que tentavam contê-los. O IPM que deu início ao processo chegou a indiciar 52 sargentos, 47 cabos, 47 soldados de primeira classe e 154 soldados de segunda classe[1].

Outros dois processos foram formados, em 1963, a partir do mesmo episódio.

Em Brasília foi instaurado um IPM, no Comando Naval, para investigar a ocupação do Corpo de Fuzileiros Navais pelos rebelados, invasão de arsenais e tomada de armamentos, prisão de superiores etc. Neste caso foram envolvidos 53 militares como réus e outros 196 como indiciados na fase de inquérito. Eram suboficiais, cabos e soldados da Marinha, e um civil[2].

Em São Paulo teve início, no dia 13 de setembro, um IPM no Quartel General da Segunda Divisão de Infantaria, a partir da prisão do presidente e do secretário-geral do Sindicato dos Metalúrgicos, Afonso Dellelis e José Araújo Plácido, que haviam se dirigido ao Quartel de Quitaúna, em Osasco, para buscar adesões ao movimento deflagrado em Brasília.

Os autos registram que estava em andamento, no Parque da Aeronáutica de São Paulo e entre os sargentos da Força Pública, um plano de rebelião em apoio aos revoltosos de Brasília. Além dos dois líderes sindicais, foram denunciados 12 sargentos do Exército, entre eles o próprio Sargento Aimoré, pivô do inconformismo dos militares nacionalistas[3].

Um último processo, cuja etapa de inquérito data de 1963, foi formado na 2ª Auditoria da Marinha, no Rio de Janeiro, contra 15 dirigentes da Associação dos Marinheiros e Fuzileiros Navais do Brasil (AMFNB) acusa-

1. BNM n. 140.
2. BNM n. 692.
3. BNM n. 19.

dos de participarem, no dia 1º de outubro de 1963, de uma assembleia daquela entidade, convocada para protestar contra a prisão de seu presidente e vice-presidente, respectivamente, José Anselmo dos Santos (o "Cabo Anselmo") e Avelino Bione Capitani.

Alguns dos réus desse processo seriam, mais tarde, fundadores do grupo armado MAR, já referido no capítulo anterior, juntamente com o sargento da Aeronáutica Antonio Prestes de Paula, apontado como principal líder da Revolta de Brasília[4].

Embora esses quatro processos tenham sido iniciados ainda antes de abril de 1964, foram incluídos como objeto da Pesquisa BNM porque uma parte importante de sua tramitação ocorreu já sob o Regime Militar.

O estudo dos 38 processos que atingiram militares revelou que apenas quatro deles são posteriores a 1964, como a significar que a cirurgia executada pelos generais de abril, para eliminar qualquer foco de oposição dentro do meio militar, alcançou êxito.

A Marinha figura como Arma que sofreu o maior número de processos punitivos. Isso pode parecer estranho quando se leva em conta que essa Força tem contingente bem inferior ao do Exército. Mas trata-se de um reflexo do grau mais avançado de organização política que suas bases alcançaram, principalmente após a criação, em 1962, da Associação dos Marinheiros e Fuzileiros Navais do Brasil, bem como do posicionamento político assumido por alguns oficiais superiores, identificados com o esquema janguista, entre eles o almirante Cândido Aragão, comandante do Corpo de Fuzileiros Navais.

O mais gigantesco desses processos resultou de IPM determinado, a 3 de abril de 1964, pelo recém-empossado ministro da Marinha, Augusto Rademaker Grunewald, atingindo a espantosa cifra de 1.123 indiciados, dos quais 284 foram judicialmente processados, todos eles marinheiros ou fuzileiros navais[5].

O objetivo do IPM era apurar os acontecimentos ocorridos entre 25 e 27 de março de 1964, no Sindicato dos Metalúrgicos do Rio de Janeiro, que valeram como virtual estopim para a deflagração do movimento que depôs João Goulart. No dia 25, a AMFNB reuniu-se naquele sindicato para come-

4. BNM n. 210.
5. BNM n. 28.

morar o seu segundo aniversário, sob a expectativa de que estava para ser decretada a prisão do "Cabo Anselmo", presidente da entidade. O clima agitado dos discursos levou a alta oficialidade a decretar prontidão rigorosa na Arma, na madrugada do dia 26, sendo enviado um destacamento de fuzileiros navais para reprimir a "amotinação". Os fuzileiros, que tinham como comandante maior o Almirante Aragão, notoriamente simpático à AMFNB, optaram pela confraternização com os marinheiros reunidos no sindicato. Como é sabido, o episódio evoluiu, após o dia 28, para a franca indisciplina dos altos oficiais frente ao governo constitucional, sob o incoerente pretexto de que fora quebrada a disciplina no interior de sua corporação.

Em julho de 1966, cerca de 250 dos réus desse processo foram condenados a penas superiores a 5 anos.

Outros quatro processos foram formados no Rio de Janeiro, na mesma época, abordando, de modo individualizado, o envolvimento da tripulação de quatro vasos da Armada nas mobilizações de 25, 26 e 27 de março: o porta-aviões "Minas Gerais", o cruzador "Barroso", o contratorpedeiro "Pernambuco" e o aviso oceânico "Bauru". Os autos chegam a descrever episódios emocionantes de marinheiros desarmados se deslocando em direção ao Sindicato dos Metalúrgicos, entoando o Hino Nacional e tendo à frente a bandeira do Brasil, até serem barrados e feridos por disparos efetuados pela oficialidade que nos dias seguintes deporia Goulart[6].

Houve também episódios em que os atingidos nos processos eram altos oficiais. A 3 de abril foi aberto um IPM que tinha início com a inquirição do próprio ministro da Marinha derrubado no dia 1º de abril, Almirante Paulo Mário da Cunha Rodrigues, bem como de seu antecessor, afastado uma semana antes, Almirante Sylvio Borges de Souza Motta. Entre os réus, incluía-se um terceiro ex-ministro da Armada, Almirante de Esquadra Pedro Paulo de Araújo Suzano, mas o personagem central das investigações era o citado Almirante Aragão, chamado "Almirante do Povo", entre as fileiras nacionalistas, e "Almirante Vermelho" pela imprensa sensacionalista de direita. Aragão foi condenado a quase dez anos de prisão, após ter conseguido fugir para o exílio[7].

Só dois dos processos estudados que se referiam à Marinha não foram formados no Rio de Janeiro: um em São Francisco do Sul, Santa Catarina, que investigava uma tentativa de aliciamento de oficiais pelo capitão da

6. BNM n. 639, 45, 506 e 138.

7. BNM n. 28.

Marinha Mercante, Emílio Bonfante Demaria, e outro de Pernambuco, atingindo cinco marinheiros vinculados à AMFNB, que teriam conspirado para impedir o golpe de Estado de 1º de abril[8].

Essa mesma associação aparecia ainda em vários outros processos, sempre tendo como eixo a controvertida personagem do "Cabo Anselmo" que, em 1973, seria apontado como agente policial infiltrado na esquerda armada (conferir relato sobre a VPR, no capítulo anterior), colocando-se, então, a dúvida sobre a autenticidade dessa liderança de Anselmo, já em 1964[9].

Outras entidades de representação atingidas por ação penal foram a Associação dos Suboficiais e Sargentos da Marinha e o Clube Beneficente dos Sargentos da Marinha, que passaram por uma devassa de todas as suas atividades desde 1962 quando foi lançada a candidatura do Sargento Antônio Garcia Filho para deputado federal pelo PTB[10].

Nos demais processos que abordavam direta ou indiretamente as atividades da AMFNB constam como réus vários marinheiros que, anos mais tarde, na conjuntura marcada pelo AI-5, estariam envolvidos com os grupos de resistência armada ao Regime. Marcos Antonio da Silva Lima, então vice-presidente da entidade, fugiria, em 1969, da Penitenciária Lemos de Brito, onde foi fundado o Movimento de Ação Revolucionária (MAR), sendo morto no Rio, em janeiro de 1970, quando era militante do PCBR. Edgar de Aquino Duarte seria preso em São Paulo, em março de 1971, tornando-se mais um caso de "desaparecido político", que será focalizado no capítulo final.

Nos processos que se voltaram contra membros da Aeronáutica, vê-se que todos datam de 1964, tendo sido iniciados em seis estados diferentes: Rio de Janeiro, Rio Grande do Sul, Bahia, Pernambuco, Ceará e Pará.

Em dois casos são atingidos oficiais superiores. Um dos processos corresponde ao IPM instaurado para apurar tentativas de oposição ao golpe de 1º de abril, entre o contingente da Base Aérea do Galeão, no Rio, inclusive seu comandante, Coronel Antonio Baptista Neiva de Figueiredo Filho. No outro, foi réu o coronel reformado Jocelyn Barreto Brasil de Lima, por atividades de propaganda subversiva na Região Norte do país, pela defesa das Reformas de Base, ligação com Miguel Arraes etc.[11]

---

8. BNM n. 86 e 323.
9. BNM n. 210, 263 e 48.
10. BNM n. 692 e 493.
11. BNM n. 694 e 471.

De um modo geral, esses processos, formados em 1964, procuram, mais do que outra coisa, punir os militares que permaneceram fiéis ao presidente constitucional. O mais curioso deles teve início em Fortaleza, em maio de 1964. Os réus são suboficiais, sargentos, cabos e soldados processados – por absurdo que possa parecer – pelo motivo de terem se reunido no Cassino da Base Aérea daquela capital nordestina, no dia 1º de abril de 1964, e decidido entrar em formação para se dirigir ao comandante da unidade e solicitar uma palavra de esclarecimento sobre os acontecimentos políticos daqueles dias. O pedido de esclarecimento foi respondido com prisões, punições e processo judicial[12].

Essa mesma intenção, de punir os militares que permaneceram leais ao Presidente Goulart, aparece nos processos formados contra membros do Exército.

Um deles, iniciado no Quartel-General do Grupamento de Unidades Escola, no Rio, em 11 de abril de 1964, atinge alguns civis ligados à Polop e os mais conhecidos nomes de militares identificados com o "nacionalismo revolucionario" daquele período e com as candidaturas vitoriosas dos sargentos Aimoré e Antonio Garcia Filho. Constam, entre os indiciados do IPM, o Tenente-coronel Dagoberto Rodrigues, diretor do Departamento de Correios e Telégrafos, o Subtenente Jelsy Rodrigues Correa e os sargentos Araken Vaz Galvão, Amadeu Felipe de Luz Ferreira, José Mendes de Sá Roriz e Manoel Raimundo Soares, cujo corpo, com as mãos amarradas, apareceu boiando no Rio Jacuí, em Porto Alegre, no dia 24 de agosto de 1966[13].

Alguns desses réus estiveram, mais tarde, vinculados aos grupos de oposição estudados no capítulo anterior, originários do MNR – Movimento Nacional Revolucionário. São acusados, aqui, de agitação "subversiva e comunista" nos meios militares, com doutrinação marxista leninista, publicações, atividades eleitorais, apoio às Reformas de Base e ligação com o Instituto Superior de Estudos Brasileiros (Iseb).

Outro exemplo que ilustra bem o conteúdo mais frequente dos processos voltados contra membros do Exército foi aquele formado para punir 12 sargentos e um subtenente do 1º Batalhão de Engenharia de Combate, em Santa Cruz, no Rio de Janeiro. De concreto, a denúncia relata apenas que esses militares estavam seguindo, em formação, para Areal, Estado do Rio, a fim

12. BNM n. 164.
13. BNM n. 25.

de apoiar as tropas leais a João Goulart e dar combate às unidades golpistas que se deslocavam provenientes de Juiz de Fora desde a noite anterior, 31 de março de 1964. O comandante desses militares decidiu, naquele momento, aderir ao movimento anti-Goulart. Os réus são acusados de terem discordado daquele oficial, preferindo obedecer as leis do país e sua Constituição, negando-se a acatar suas ordens[14]. Vitoriosa a ação golpista, foi aberto IPM contra os militares legalistas, nos primeiros dias do novo regime.

Muitos outros IPMs assim nascidos deram lugar aos 38 processos que puderam ser reunidos para a pesquisa, especificamente dirigidos contra a "subversão" dentro das próprias forças militares. Processos que totalizaram nada menos que 747 denunciados judicialmente, afora os 1.692 que foram incriminados unicamente na fase de inquérito. Como regra praticamente geral, incidiu sobre tais militares a pena extrajudicial do afastamento do serviço ativo, ou até expulsão da corporação, antes mesmo que a própria Justiça Militar proferisse seu julgamento definitivo acerca de sua culpabilidade.

Merece referência, ainda, um processo aberto no Rio de Janeiro, em 1964, a partir de um duvidoso IPM instaurado em 7 de abril, no Regimento Sampaio, na Vila Militar.

O processo em questão teve início com o suicídio, segundo os autos, do 3º Sargento Ivan Pereira Cardoso, daquele Regimento, no dia 4 de abril, imediatamente após ter sido interrogado por um capitão da S-2 (Serviço Secreto), Luís Carlos Zamith, que curiosamente tem o mesmo sobrenome de um dos maiores torturadores do Rio de Janeiro, José Ribamar Zamith, apontado como autor do sequestro do bispo de Nova Iguaçu, D. Adriano Hipólito, após muitos anos de violências contra presos políticos no DOI-Codi do I Exército[15].

O resultado final desse processo importa menos, visto que existiu um único réu, colega do Sargento Ivan, acusado de ter aliciado outros militares da unidade para se oporem ao golpe de 1º de abril. O que importa é registrar que esse capitão Zamith tornava-se, então, triste precursor de "interrogatórios" que deram lugar a "suicídios", já nos primeiros dias do novo regime, sem que nenhuma investigação fosse determinada pelas autoridades superiores para investigar melhor tão estranha ocorrência.

14. BNM n. 256.

15. BNM n. 472.

Sindicalistas

A distribuição ao longo dos anos dos processos atingindo o meio sindical é semelhante ao observado no item sobre militares: forte concentração em 1964 e incidência apenas esporádica nos anos seguintes.

Cabem, aqui, duas interpretações, que se complementam.

Por um lado, a alta frequência de processos iniciados em 1964 representa uma priorização evidente da ação repressiva sobre esses dois setores, como a significar que os generais de abril temessem dois inimigos fundamentais: o nacionalismo introduzido em setores da própria tropa e os movimentos trabalhistas que pudessem atrapalhar o modelo econômico que se iria impor, calcado no arrocho salarial e na desnacionalização.

Por outro lado, a baixa ocorrência de ações penais nos anos posteriores revela que a cirurgia da primeira hora alcançou êxito nessas duas áreas, conquistando o silêncio, a paralisia gerada no medo. O contrário haveria de ocorrer com o meio estudantil e a Igreja, como se verá logo adiante.

Quanto à predileção repressiva manifestada nos primeiros tempos do Regime Militar, o resultado da pesquisa está em pleno acordo com o registro histórico e jornalístico existente sobre os anos do pré-64. A agitação desencadeada pelos setores mais conservadores da sociedade, em defesa de uma ruptura política que trouxesse um "governo forte", trabalhou com alguns fantasmas especiais. Já foi dito, a quebra da disciplina no meio militar foi um deles, o principal, no momento de se justificar a derrubada, pela força das armas, do presidente constitucional. O espectro do comunismo – rondando toda a administração federal, governos estaduais, inúmeras prefeituras e repartições – foi outro. O fantasma da iminente implantação de uma "República Sindicalista" – conceito com respaldo histórico muito duvidoso – foi um dos mais repetidos.

Com efeito, ao falar nos perigos fantasmagóricos dessa "República Sindicalista", os setores sociais que deram sustentação ao Regime de Abril queriam, na verdade, manifestar sua oposição ao crescimento das atividades sindicais, dos movimentos trabalhistas e das reivindicações sociais.

Numa conjuntura econômica marcada por inflação elevada (para os padrões da época) e num quadro político de crescentes liberdades de organização e participação era impossível impedir o crescimento das entidades sindicais e de representação trabalhista em todos os cantos do país.

O CGT – Comando Geral dos Trabalhadores, referido, infalivelmente, nos processos a serem descritos neste capítulo, era a tentativa mais recente (nas décadas anteriores houve outras) de se criar uma central sindical no país, ao arrepio da legislação copiada, pelo Estado Novo, da "Carta del Lavoro", de Mussolini. O espírito fascista e corporativista dessa legislação se fazia presente, por exemplo, na proibição de que trabalhadores de categorias profissionais distintas pudessem se unificar numa entidade comum de representação classista.

Nada mais natural, portanto, numa conjuntura de ampla democracia, que os trabalhadores procurassem driblar a lei autoritária, construindo, de fato, uma central sindical que interligasse as diferentes lutas.

O CGT nasceu em agosto de 1961, como continuação do Comando Geral de Greve (CGG) que liderara a luta vitoriosa pela conquista do 13º salário. Não se estruturou a partir das bases, e sim a partir das entidades sindicais oficiais de âmbito estadual e nacional: federações e confederações. Uma vez que, desde a década anterior, esses aparelhos sindicais eram, em sua maior parte, controlados por dirigentes vinculados ao PCB e ao PTB, a composição do recém-criado CGT refletiu o mesmo tipo de hegemonia política. Tanto bastava para que os propagandistas do golpe militar esconjurassem as repetidas movimentações grevistas de 1963 e 1964 como encarnação da besta-fera comunista oculta sob o biombo do CGT. Pouco importava, no caso, considerar que os próprios comunistas presentes na cúpula do CGT advogavam, naquele período, uma linha pacífica de respeito à legalidade, diálogo permanente com as autoridades e conquistas graduais através das Reformas de Base.

Na área rural tiveram papel equivalente as Ligas Camponesas, estruturadas principalmente no Nordeste, desde a década de 1950, sob influência predominante do advogado católico Francisco Julião.

As Ligas foram uma tentativa de criar, no meio camponês, uma forma mais ágil e menos burocrática de representação sindical. Nascidas de reivindicações elementares, como a conquista do direito de um caixão para todos os camponeses que morressem (anteriormente, as prefeituras nordestinas tinham um caixão permanente que levava todos os mortos até serem despejados na sepultura), as Ligas tiveram crescimento impetuoso até o início de 1964. Nas vésperas da derrubada de Goulart já eram aproximadamente 2.181, espalhadas por 20 estados. E sua postura política havia passado por grande mudança: após a conquista do direito de sindicalização no meio rural, no início dos anos de 1960, os comunistas, precursores das primeiras Ligas, passaram a se opor a elas, acusando-as de ultraesquerdistas.

A propaganda em favor de um golpe militar ignorava esse tipo de nuança, fazendo com que as Ligas Camponesas de Francisco Julião fossem o espantalho mais contundente utilizado pelos latifundiários do Nordeste, perplexos e atônitos quando a força dessas organizações permitia algumas ocupações de terra para dar início à "Reforma Agrária na Lei ou na Marra", conforme *slogan* da época.

Compreende-se, assim, que as autoridades empossadas em 1964 tivessem especial preocupação com o "saneamento" desse amplo leque de movimentos trabalhistas e reivindicatórios, que aqui puderam ser reunidos sob a designação genérica de movimento sindical. Um relato abreviado dos processos formados contra tal setor é peça indispensável ao estudo sobre a natureza da repressão política sustentada durante os anos do Regime Militar. Ao invés de uma descrição pormenorizada de cada caso, a seleção de exemplos mais ilustrativos serve melhor para tal descrição.

Onze dos 36 processos estudados que se referiam a atividades sindicais voltavam-se para apurar episódios ligados ao *meio rural*. Três deles tiveram sua fase policial iniciada ainda antes de abril de 1964. Dentre estes, o mais antigo teve seu inquérito formado na Delegacia de Polícia de Magé (RJ), em novembro de 1962, mas o julgamento dos réus só ocorreria em maio de 1970. Nesse caso, os acusados são incriminados por liderarem mobilizações sindicais e a ocupação de uma área pertencente à Companhia América Fabril, com o objetivo de desencadear, na prática, a Reforma Agrária[16].

Os outros dois focalizam as Ligas Camponesas de algumas localidades pernambucanas, como Barreiros, Sirinhaém e Rio Formoso, destacando a atividade de lideranças rurais quase legendárias naquele período: Júlio Santana, "Chapéu de Couro" e Joca[17].

16. BNM n. 302.
17. BNM n. 327 e 50.

Num dos casos, o estopim dos acontecimentos foi a prisão de Júlio Santana, em outubro de 1963, devido a pressões de proprietários rurais sobre o Governador Miguel Arraes. As manifestações camponesas de protesto foram de tal envergadura que, em Barreiros, na noite de 11 de outubro, foi sequestrado pelos lavradores o delegado de polícia local, tenente da Polícia Militar, dando-se início a um cerrado tiroteio entre policiais e camponeses entrincheirados no Sindicato dos Trabalhadores Rurais[18].

Outros processos examinados na pesquisa abordavam atividades das Ligas e do Sindicato de Trabalhadores Rurais em Timbaúba, na Paraíba, e També, em Pernambuco[19], sem falar nas inúmeras atividades semelhantes que foram descritas em ações penais classificadas em outros itens desta obra. Vale registrar, também, que um número incalculável de inquéritos abertos nas delegacias de polícia dos municípios nordestinos, para apurar atividades das Ligas Camponesas, terminou sendo arquivado ainda na etapa policial ou no decorrer de querelas judiciais que envolviam a competência da Justiça Comum ou da Justiça Militar para examinar casos como estes, antes da decretação do Ato Institucional n. 2, em outubro de 1965.

Um desses processos, que mostra esforço para punir cidadãos pelo simples fato de terem se alinhado com o governo deposto em 1964, foi o formado em São Paulo para apurar as atividades da Supra – Superintendência de Política de Reforma Agrária. Toda a atividade legal dos responsáveis por aquele órgão federal em São Paulo é focalizada, na denúncia, como incitação à luta de classes através da sindicalização, da ocupação de terras e do boletim elaborado pela repartição, contendo propaganda da Reforma Agrária[20].

Processo importante para se reconstruir o clima existente no país, no momento da deposição de Goulart, foi o iniciado em Governador Valadares (MG) contra três fazendeiros que teriam assassinado dois lavradores ligados à luta sindical. Trata-se da única exceção, dentre todos os processos estudados, à regra geral de os réus serem sempre os envolvidos por apoio ao governo deposto. Os três fazendeiros declaram, nos autos, que tinham sido convocados pela polícia para ajudar a prender, no dia 1º de abril de 1964,

18. BNM n. 327.
19. BNM n. 129, 141 e 362.
20. BNM n. 144.

os líderes das agitações sindicais subversivas na região. Ao localizar um dos líderes visados, Wilson Soares Cunha, os fazendeiros efetuaram vários disparos que terminaram ferindo Wilson e matando seu pai e seu irmão.

A Auditoria da 4ª CJM, em Juiz de Fora, chegou a absolver os réus em agosto de 1966, mas o STM reformou a sentença em janeiro do ano seguinte, para condená-los a 17 anos e 6 meses[21].

Igualmente importante para o registro de uma outra conjuntura, a do início das ações de luta armada contra o Regime Militar, foi o processo iniciado em São Paulo a partir da morte do fazendeiro de Presidente Epitácio, José da Conceição Gonçalves, mais conhecido como "Zé Dico". O fazendeiro mantinha uma pendência com 19 lavradores naquela margem paulista do Rio Paraná, sendo responsável por repetidos desmandos, registrados nos autos. Em 24 de setembro de 1967, foi morto em sua fazenda, numa emboscada armada por aqueles lavradores, liderados por um companheiro de Marighella na dissidência do PCB, de nome Edmur Péricles de Camargo, já referido no capítulo anterior, na descrição do grupo intitulado "M3G"[22].

Em 1970 foi formado um processo contra o presidente do Sindicato dos Trabalhadores Rurais de Torres (RS), acusado de criticar o Regime Militar, de coordenar a "Frente Agrária Gaúcha", e de manter ligações com a Igreja local e com o MDB[23].

Em 1972, no Ceará, teve início outra ação penal abarcando atividades sindicais rurais. Neste caso, apurou-se o envolvimento da Federação dos Trabalhadores Rurais, através do responsável pelo seu setor jurídico, em atos de incitação à violência e à prática de homicídios motivados por conflitos de terras em todo o estado. As investigações tiveram início com acusações formuladas por outro advogado da mesma entidade, em cartas ao comandante da Região Militar[24].

Passando agora aos processos contra categorias profissionais urbanas, vê-se que os setores atingidos com mais força foram os portuários, ferro-

21. BNM n. 496.

22. BNM n. 173.

23. BNM n. 127.

24. BNM n. 82.

viários e trabalhadores de empresas estatais, o que mostra uma certa fisionomia do Movimento Sindical mais ativo da época, ao contrário dos anos posteriores em que os metalúrgicos passaram a se destacar.

Em Santos, em 1964, foi formado um gigantesco processo focalizando, conjuntamente, as atividades de mais de 30 sindicatos e delegacias sindicais vinculados ao meio portuário. Em sua tramitação, esse processo acabou sendo subdividido em 9 ações penais distintas. Os réus são acusados de "agitação comunista e criptocomunista", conforme a palavra do autor da denúncia, o Promotor Luciano de Pádua Fleury, que, em 1974, seria diretor da Penitenciária do Estado de São Paulo, envolvendo-se em conflitos com presos políticos ali recolhidos. Os autos investigam a participação dos réus em greves ilegais, estruturação do CGT na área, doutrinação comunista, reuniões secretas, passeatas etc[25].

Um processo específico foi formado em 1964 para focalizar as atividades do Sindicato dos Carregadores e Ensacadores de Café do Porto de Santos, apurando o envolvimento de seus dirigentes em ações semelhantes enquanto, no Rio de Janeiro, ainda em maio de 1964, outro inquérito era instaurado para responsabilizar os portuários daquela capital por inúmeras mobilizações grevistas, apoio ao CGT e estruturação da União dos Portuários do Brasil. A própria Polícia Marítima é acusada, nos autos, de estimular essas agitações[26].

Ainda no âmbito do setor de transportes, constatou-se que, em 1964, foi constituído um processo, no Rio, para apurar "mobilizações subversivas" no Sindicato Nacional dos Aeroviários[27], e três outros envolvendo entidades dos ferroviários: um atingia os dirigentes do Sindicato dos Ferroviários do Rio de Janeiro e o interventor na Estrada de Ferro Leopoldina, outro inculpava líderes ferroviários de Teófilo Otoni (MG) por terem promovido greve e interrupção do tráfego entre aquela cidade e Ladainha, no dia 1º de abril, e um último focalizava greves e atos de sabotagem que teriam sido realizados, naquele mesmo dia, em repúdio ao golpe militar, pelos líderes ferroviários da Estrada de Ferro Leopoldina, em Além Paraíba (MG)[28].

25. BNM n. 283.

26. BNM n. 262.

27. BNM n. 699.

28. BNM n. 303, 274 e 122.

A estruturação do CGT no Pará foi abordada num processo aberto no dia 8 de abril de 1964, no Comando do 4º Distrito Naval, em Belém, sendo que os autos, por conexão, discorrem sobre atividades de membros do PCB, divulgação do jornal *Novos Rumos* e envolvimento dos marítimos e portuários paraenses nas campanhas em prol das Reformas de Base[29].

Enfim, o CGT aparecia como demônio onipresente a ser exorcizado em ações penais tão diferenciadas quantas fossem as categorias de assalariados que tivessem algum tipo de participação política no período pré-64: os comerciários do Rio de Janeiro, envolvidos nas ações de seu sindicato, de sua federação estadual e de sua Confederação Nacional; os bancários de Belo Horizonte e seus colegas do "Banco do Nordeste do Brasil", em Recife; os operários dos gigantescos estaleiros da Verolme, em Angra dos Reis; os trabalhadores da indústria têxtil de São Paulo; e até mesmo em localidades minúsculas como Santa Rosa do Viterbo (SP), com os empregados na indústria de alimentação[30].

Em todos os relatórios de inquérito, em todas as denúncias, nos arrazoados de acusação, na maioria das sentenças, uma repetição monocórdica de conceitos velhos ou recém-criados tais como: "criptocomunista", propaganda "filomaocastrista", "ordens de Moscou", "República Sindicalista", "subversão sindical", "agitação pró-Reformas de Base", "greves ilegais", "entidades ilegais". Em suma: um rol imenso de atividades consideradas criminosas pelo simples fato de se inspirarem num pensamento político contrário ao das novas autoridades.

No que se refere aos seis processos abarcando atividades sindicais urbanas nos anos posteriores a 1964, três merecem menção mais detalhada.

Um deles resultou de uma manifestação de protesto realizada na Praça da Sé, em São Paulo, no dia 1º de maio de 1968. Dirigentes sindicais submissos ao Regime Militar haviam convocado um ato festivo com a presença do governador do estado, Roberto de Abreu Sodré. Lideranças operárias autênticas e o nascente movimento de "Oposição Sindical", de diversas categorias profissionais, articularam-se para transformar o festejo em ato de denúncia sobre as condições de exploração em que viviam os trabalhadores, no

29. BNM n. 113.

30. BNM n. 32, 145, 250, 442, 142 e 261.

quarto ano consecutivo de arrocho salarial imposto pelos novos governantes. Quando o Governador Sodré tentava iniciar seu discurso, teve início uma sequência de vaias, entrechoques e correrias que culminaram com a ocupação do palanque pelos sindicalistas combativos, enquanto aquela autoridade se refugiava no interior da catedral, ferido por uma pedrada na fronte.

Incapazes de identificar os responsáveis por aqueles atos, as autoridades policiais terminaram formando um inquérito que acusava um pequeno número de cidadãos, entre eles jornalistas e transeuntes que pouco tinham a ver com o ocorrido[31].

Dois meses depois, impulsionados pela animação que se irradiou daquela manifestação de 1º de maio, os metalúrgicos de Osasco, nas proximidades de São Paulo, realizaram, nos dias 16 e 17 de julho, a mais importante experiência de greve desde que tivera início o Regime Militar. Seguiu-se intervenção brutal, por forças da Polícia Militar e do Exército, sob determinação do ministro do Trabalho, Jarbas Passarinho, com espancamentos generalizados dos grevistas, prisão de lideranças e intervenção no Sindicato dos Metalúrgicos do município. O processo que se seguiu teve como figura central um operário da Cobras-ma, José Campos Barreto, que já fora seminarista na Bahia e terminaria lá morrendo, em setembro de 1971, ao lado de Carlos Lamarca, na luta clandestina da VPR. Eis outro exemplo significativo de pessoas impelidas a atividades radicais de oposição após terem passado por experiências em que foram cortados os canais possíveis de participação num regime democrático[32].

O terceiro desses processos teve início no Quartel do 1º Grupo de Canhões 90, em Duque de Caxias, Rio de Janeiro, também em julho de 1968. Trata-se de outro sinal evidente dos extremos de intolerância a que tinham chegado os donos do poder na conjuntura marcada pelas manifestações estudantis de 1968. Neste caso, foram processados seis dirigentes sindicais dos empregados da Petrobras, de vários estados, pela simples razão de terem se reunido naquela cidade, em 4 de julho, no 5º Encontro Nacional dos Dirigentes Sindicais do Petróleo. Sua principal culpa: terem enviado vários telegramas de protesto a autoridades governamentais e elaborado uma re-

31. BNM n. 424.
32. BNM n. 104.

presentação à Organização Internacional do Trabalho, da ONU, denunciando o clima de repressão sindical existente no Brasil[33].

Em números globais, a pesquisa registrou que, nesses 36 processos atingindo movimentos sindicais amplamente concebidos, foram envolvidos 472 cidadãos na qualidade de réus e mais 114 implicados unicamente na etapa de inquérito.

Para uma radiografia mais completa acerca da repressão política que se abateu sobre esse setor social, seria necessário acrescentar dados sobre as intervenções sindicais, a cassação do mandato dessas lideranças, as demissões nas empresas, as agruras do desemprego. Tarefa que escapa aos objetivos da Pesquisa BNM, mas se coloca como necessidade indispensável em todo esforço que se faça para inventariar esses anos de ódio e prepotência ditatorial.

Estudantes

Na história do Brasil, assim como na história de todos os países nos tempos modernos, tem sido marcante o papel desempenhado pelos estudantes nas lutas políticas e sociais de seus povos.

Em nossa evolução histórica, o meio estudantil serviu de caldo de cultura para a fermentação do sentimento nacionalista frente à dominação colonial, impulsionou as lutas pela Abolição e pela República e participou de todas as grandes viradas políticas vividas pelo país neste século.

Em 1937, foi fundada a UNE – União Nacional dos Estudantes, que existiu, a partir daí, como símbolo e entidade unificadora das lutas estudantis em escala nacional, tanto aquelas voltadas para questões específicas do ensino quanto as guiadas por motivações políticas explícitas: em defesa da democracia, em solidariedade às lutas operárias, em favor dos direitos humanos, contra as ditaduras.

Nos anos seguintes foram se criando Uniões Estaduais dos Estudantes (UEEs), destinadas a coordenar as entidades de cada estado, sob a liderança geral da UNE. E, nas faculdades, nasceram diretórios, grêmios, centros acadêmicos.

33. BNM n. 338.

No período imediatamente anterior a abril de 1964, a UNE desempenhou expressivo papel na conjuntura de crescimento das lutas nacionalistas e das campanhas em prol das Reformas de Base. Na crise de agosto de 1961, por exemplo, quando os ministros militares tentaram impedir a posse do Vice-presidente João Goulart, em substituição ao renunciante Jânio Quadros, a UNE transferiu prontamente sua sede nacional do Rio para Porto Alegre, somando forças com a mobilização em defesa da legalidade constitucional, acionada no Rio Grande do Sul pelo Governador Leonel Brizola.

Na mesma época, a UNE lançou um Centro Popular de Cultura que, em atividade volante por todo o país, disseminou músicas, peças de teatro, poesias e outras modalidades artísticas, com mensagens em defesa do nacionalismo e da justiça social.

Entende-se, dessa forma, por que as elites conservadoras empenhadas na agitação a favor de um golpe de Estado não vacilavam em apontar a UNE como uma das sete cabeças do dragão comunista no país.

Com efeito, já no dia 1º de abril de 1964, a sede da UNE, na Praia do Flamengo, Rio de Janeiro, foi ocupada, saqueada e incendiada pelos golpistas através de uma organização paramilitar denominada CCC – Comando de Caça aos Comunistas.

Mas – uma vez que os generais de abril se consideravam legitimados, em seu movimento, pela própria classe média de onde saíam os ativistas da UNE e das demais entidades – foi lógico, em certa medida, que a repressão não se abatesse com predileção sobre esse setor já nos primeiros meses do Regime Militar. Os novos governantes acreditavam na possibilidade de conquistar a simpatia dos universitários através de uma ideologia anticomunista assentada nos ideais do chamado "mundo livre".

Em 1964 foram abertos alguns processos, sim, para apurar o envolvimento das lideranças estudantis no apoio ao governo deposto, mas em número reduzido comparativamente ao ocorrido nos meios militares e sindicais. Exemplo significativo foi o gigantesco processo formado na 2ª Auditoria da Marinha, no Rio, contra dezenas e dezenas de jovens vinculados à UNE que, entretanto, foi arquivado sem alcançar a fase de julgamento.

Dos 52 processos estudados, que foram classificados neste item, 44 são do triênio 1968/1970, sendo cinco do período anterior e apenas três dos anos posteriores.

Tal distribuição espelha muito bem o processo político vivido pelo país e pelo Movimento Estudantil ao longo do Regime Militar.

A repressão desencadeada em abril, mesmo sem alcançar o nível verificado em outras áreas, foi suficiente para deixar paralisada a luta dos estudantes por algum tempo, sob a perplexidade da virada brusca que atingia com dureza seus aliados do último período: o Movimento Sindical, a Frente Parlamentar Nacionalista, os militares identificados com as bandeiras das Reformas, as sementes de um clero progressista que começava a nascer.

Seguiram-se três anos de lenta, mas permanente retomada das atividades até que, em 1968, aproveitando o impacto de uma avalanche mundial de manifestações estudantis que atingiram centros tão diferentes quanto Paris e Praga, o Movimento Estudantil saltaria para ocupar, no Brasil, o primeiro lugar nas mobilizações de protesto e manifestações de descontentamento frente ao governo.

Já em 1965, os estudantes conseguiram realizar um plebiscito, entre as escolas do Rio de Janeiro, que repudiou energicamente um decreto baixado pelo ministro da Educação, Flávio Suplicy de Lacerda, tentando extinguir a UNE e substituí-la por um Diretório Nacional dos Estudantes, atrelado às autoridades do Regime.

Em 1966, a UNE conseguiu realizar, na clandestinidade, em Belo Horizonte, o seu 28º Congresso Nacional, repetindo o feito no ano seguinte, em Vinhedo (SP), mais uma vez com ajuda de uma congregação religiosa, em cujo mosteiro se efetivou o 29º Congresso. Ambos os eventos foram divulgados de modo a desmoralizar abertamente as proibições e ameaças feitas pelas autoridades.

E as passeatas, seguidas de choques com forças militares, que tanto caracterizariam a cena política de 1968, tiveram um grande ensaio geral em setembro de 1966 quando, pela primeira vez desde o advento do Novo Regime, os estudantes ganharam as ruas com manifestações no Rio, São Paulo, Belo Horizonte, Porto Alegre, Brasília e outras capitais, culminando com um Dia Nacional de Protesto, realizado a 22 daquele mês. Esse episódio, registrado então como "setembrada", trazia à tona uma mistura de reivindicações específicas da área do ensino, como a defesa da UNE, do ensino gratuito, da autonomia universitária, da não vinculação da universidade a órgãos norte-americanos, com denúncias políticas de ordem geral, reunidas no *slogan* "Abaixo a Ditadura".

Em 28 de março de 1968, foi morto, no Rio, o estudante secundarista Edson Luís Lima Souto, sob disparos efetuados por policiais que reprimiam uma manifestação pacífica em defesa do restaurante universitário "Calabouço", em vias de ser fechado. Como um rastilho de pólvora, seguiram-se manifestações vigorosas de protesto em todo o país, com os choques e a repressão policial se repetindo em todos os estados. No Rio de Janeiro, no dia 25 de junho, realizou-se uma passeata com 100 mil pessoas, que partiam do repúdio àquele brutal assassinato do jovem Edson para repudiar também toda a política econômica imposta desde 1964 e as inúmeras medidas restritivas da liberdade de manifestação.

Como foi dito, o Movimento Estudantil funcionou, assim, como principal porta-voz dos descontentamentos da sociedade frente ao Regime Militar.

Por outro lado, o resumo já feito sobre a linha das organizações de esquerda que atuavam no Brasil mostrou que, naquele momento, tomava força a argumentação dos que consideravam esgotadas as possibilidades de conquistar a democracia por meios pacíficos. E foi visto, também, que a maioria das organizações que se lançaram à luta armada recrutou seus militantes especialmente no meio universitário.

A partir de então, a radicalização do quadro político se acelerou até a decretação do Ato Institucional n. 5, em 13 de dezembro de 1968, recebido como a imposição da ditadura sem máscaras. De 1969 em diante, o que se registra é, então, uma nítida regressão das manifestações estudantis, em benefício do crescimento das ações clandestinas e das operações armadas.

Isto posto, é preciso alertar para o fato de que a dimensão da ação repressiva dirigida contra o meio estudantil não pode ser medida unicamente com a descrição dos processos que serão resumidos a seguir. Na verdade, na grande maioria dos processos que abordavam as organizações clandestinas de esquerda, é acentuado o interesse dos responsáveis pelos inquéritos, e mesmo das autoridades judiciárias, por atividades de representação estudantil a que estavam ligados muitos dos réus ali respondendo por ligações com partidos clandestinos.

E a mesma observação vale para explicar a existência de um grande número de processos abertos contra ativistas do Movimento Estudantil a partir de 1968, que foram interrompidos antes de alcançar julgamento definitivo, na medida em que seus principais réus passavam a responder por delitos mais graves em outros processos (ações armadas, militância em organização revolucionária etc.), ou se ausentavam do país como exilados ou banidos por ato do presidente da República.

O período Médici marcou, dessa forma, um declínio das manifestações estudantis, com a desarticulação das entidades e perseguição das lideranças – que eram assim empurradas para a oposição clandestina. As mais singelas tentativas de retomar lutas reivindicatórias nas faculdades eram prontamente reprimidas. Desse torpor, o Movimento Estudantil só começaria a despertar depois de 1974, ocorrendo em 1976 as primeiras manifestações de rua que serviram para reanimar a participação estudantil rumo à reconstrução da UNE.

No rastro desses anos repressivos ficaram os corpos de muitos líderes estudantis mortos a bala ou sob torturas pelos órgãos de repressão, nas capitais ou em áreas distantes como o Araguaia, merecendo destaque o ocorrido com Honestino Monteiro Guimarães, último dirigente máximo da UNE antes de sua desarticulação, em 1973, preso no mesmo ano pelos órgãos de repressão política, que nunca mais deram notícias sobre seu paradeiro.

Neste setor, o único processo de 1964 examinado na pesquisa teve seu inquérito aberto em 1º de julho, no quartel do CPOR de Curitiba, no Paraná. Aborda a "agitação estudantil" da fase anterior ao Regime Militar, concentrando sua atenção nas atividades do CPC (Centro Popular de Cultura) da UNE. Tão longe ia a criatividade das autoridades encarregadas da punição, que a coincidência de letras, entre as siglas CPC e PC, é apresentada nos autos como demonstração de que a UNE nada mais era que uma fachada do Partido Comunista[34].

De 1966, estudou-se um processo de Brasília, que focaliza as manifestações da "setembrada" na capital da República, abordando passeatas, panfletagens, comícios e, especialmente, a depredação da Casa Thomas Jefferson, ligada à embaixada norte-americana[35].

34. BNM n. 390.

35. BNM n. 623.

Dos processos de 1967, um correspondia a um simples pichamento de muros do Instituto Mackenzie, na Rua Maria Antonia, em São Paulo, com dizeres alusivos ao 29º Congresso da UNE; outro responsabilizava dois estudantes de Belo Horizonte pela distribuição do jornal *Liberdade*, do Diretório Central dos Estudantes da Universidade Federal de Minas Gerais; e um terceiro, iniciado em Curitiba, investigava atividades da União Paranaense dos Estudantes, particularizando a publicação do jornal *Afirmação*, daquela entidade[36].

Em 1968 foram iniciados nada menos do que 23 dos processos desta pesquisa, que abarcavam este setor.

Há processos pequenos, com poucos réus e voltados para episódios localizados, como a distribuição do jornalzinho *O Acadêmico*; na Semana Universitária de Taquaritinga, interior de São Paulo, ou então como o formado na Auditoria da 10ª CJM contra um estudante e um professor, presos em Fortaleza após participarem de uma passeata de protesto contra a morte do estudante Edson Luís, portando uma bandeira do Vietnã[37].

E há também processos volumosos, que implicaram perseguição policial e decretação da prisão preventiva de centenas de estudantes em todo o país, num vendaval repressivo que parecia considerar os jovens brasileiros inimigos jurados da segurança da nação. Pior que isso: numa perseguição que impeliu contingentes imensos de estudantes a abandonarem seus estudos, o próprio país, ou a vida familiar normal para aderir à resistência clandestina ao Regime Militar.

Nos dias que precediam a decretação do Ato Institucional n. 5, por exemplo, o Conjunto Residencial da Universidade de São Paulo (Crusp) sofreu uma gigantesca operação de cerco militar, que deu lugar a centenas de prisões e apreensão de material considerado subversivo nos apartamentos em que residiam os alunos da USP. Militares interessados no endurecimento do Regime organizaram, então, uma exposição, no saguão dos Diários Associados, em São Paulo, para exibir a farta quantidade de material apreendido no Crusp, dando grande destaque a algumas caixinhas de pílulas anticoncepcionais.

---

36. BNM n. 489, 695 e 163.
37. BNM n. 610 e 690.

O principal exemplo desses processos volumosos é o que foi formado após a prisão de 693 estudantes de todo o país, no dia 12 de outubro de 1968, quando se encontravam reunidos numa propriedade rural de Ibiúna (SP), na tentativa de realizar o 30º Congresso da UNE. Subdividido mais tarde em várias parcelas, esse processo, que chegou a ser julgado só no que se referia a alguns grupos de réus, funcionou como ameaça que obrigou centenas de estudantes a optarem pela vida clandestina na conjuntura de repressão que se intensificou com o Ato Institucional n. 5[38].

Estudantes que, nos dias seguintes, protestaram, em Brasília, contra a prisão de seus colegas e a repressão ao Congresso da UNE, foram presos após invadirem uma quermesse organizada pelas esposas de militares e denunciarem pelo microfone o episódio de Ibiúna, nascendo assim novo processo[39].

A 17 de dezembro, no quarto dia de vigência do AI-5, que anulou as garantias individuais dos cidadãos, previstas na Constituição, uma nova tentativa de concretizar o 30º Congresso foi interrompida pela polícia, na Chácara do Alemão, em Curitiba, dando lugar a outra ação penal[40].

Em cada uma das principais capitais do país foi formado, nesse período, pelo menos um volumoso processo abarcando, em conjunto, todas as passeatas, comícios, protestos, atividades da UNE e das UEEs observadas na área desde a morte de Edson Luís, sendo que, muitas vezes, o início da formalização dos inquéritos e processos foi posterior ao dia 13 de dezembro, como se a decretação do AI-5 tivesse funcionado como um sinal de atacar.

Existiram, assim, os processos do Movimento Estudantil de Belo Horizonte; da "Federação dos Estudantes Universitários de Brasília"; da "União Nacional [*sic*] dos Estudantes Piauienses" (conforme consta nos autos, nessa forma pouco inteligente); das "agitações estudantis", de Sergipe; do "IPM da Área do Ensino em Salvador", de Vitória, no Espírito Santo; da "União Estadual dos Estudantes", de Goiás; das faculdades de Economia e de Ciências Médicas do Rio de Janeiro; e assim por diante[41].

38. BNM n. 165.
39. BNM n. 354.
40. BNM n. 249.
41. BNM n. 429, 5, 340, 109, 71, 633, 322, 576 e 400.

Também os estudantes do curso secundário foram vítimas de inúmeros inquéritos e processos judiciais. Em 7 de setembro de 1968, por exemplo, foi preso em Goiânia e processado pela Auditoria Militar de Juiz de Fora o secretário da "União Brasileira dos Estudantes Secundaristas" (Ubes)[42].

Em 10 de maio de 1968, dois líderes da "União Gaúcha dos Estudantes Secundaristas" foram presos quando tentavam a reabertura do Grêmio Estudantil do Colégio Júlio de Castilhos, em Porto Alegre. Um deles, Luís Eurico Tejera Lisboa, teve iniciada, dessa forma, uma perseguição policial que não cessaria de pressioná-lo até que se sentisse impelido à luta clandestina. Morreria em São Paulo em 1972, conforme será visto no capítulo sobre os desaparecidos[43].

Em outubro de 1969 teve início outro processo contra secundaristas, quando foram presos vários estudantes que estavam reunidos com alguns padres católicos, no que seria uma tentativa de preparação do 21º Congresso da Ubes[44].

Quanto aos processos que foram iniciados já nessa conjuntura de brutal repressão dos anos de 1969, 1970 e seguintes, merece registro, pelo que mostra de terrorismo cultural, aquele formado contra estudantes e professores do Bloco História e Geografia, da Universidade de São Paulo, acusados, fundamentalmente, de integrarem as "Comissões Paritárias para a Reforma do Ensino", conquistadas pelos alunos em 1968. A Professora Emília Viotti da Costa sofreu especial perseguição durante essas investigações, iniciadas com IPM no Quartel-General do II Exército, sendo acusada de propaganda subversiva nas aulas que ministrava naquela faculdade[45].

Na mesma linha de ataque à própria Universidade e à inteligência, outro processo foi formado no âmbito da Faculdade de Filosofia da USP, contra estudantes que protestaram contra a cassação dos professores Florestan Fernandes, Jayme Tiomno, Villanova Artigas, Isaias Raw, Mario Schemberg, Caio Prado Jr. e muitos outros. Estes professores foram atingidos, em abril de 1969, por uma avalanche repressiva inspirada na recente decretação do AI-5[46].

42. BNM n. 408.
43. BNM n. 291.
44. BNM n. 626.
45. BNM n. 10.
46. BNM n. 648.

O então ministro da Justiça, Luiz Antônio da Gama e Silva, igualmente professor (e ex-reitor) da USP, aproveitou-se do imenso arbítrio que lhe conferia o cargo naquela conjuntura de autoritarismo para se vingar de desavenças antigas com colegas, motivadas por diferenças de pensamento político.

Políticos

O estudo dos 22 processos que, na pesquisa do Projeto BNM, abarcavam atividades de cidadãos levados à barra da Justiça Militar por pronunciamentos feitos durante exercício de mandato político ou em campanha eleitoral, traz à luz uma das facetas mais mesquinhas de todo esse processo de repressão política que existiu no país durante os 15 anos enfocados.

Há dois períodos claramente distintos. No primeiro, os cidadãos atingidos são processados, fundamentalmente, por terem sido aliados do governo deposto em abril de 1964. Pertenciam ao PTB ou ao PSB. No segundo período, que corresponde aos casos posteriores ao Ato Institucional n. 2, que extinguiu todos os partidos nascidos ao final do Estado Novo, os políticos são, quase sempre, integrantes do MDB.

Acima de tudo, esses processos põem a nu a encenação montada pelos governantes, em todos aqueles anos, para aparentar a sobrevivência do jogo democrático. Ao contrário de outras ditaduras, o Regime Militar brasileiro em nenhum momento proibiu a existência de partidos políticos. Até outubro de 1965 tolerou a existência de vários, inclusive das agremiações vinculadas ao governo derrubado. De 1966 para a frente, impôs a existência de apenas dois, mas assegurando hipocritamente a existência de um oposicionista. Era uma democracia meramente de fachada, como fica ilustrado com o relato dos processos que serão sintetizados a seguir. Ultrapassado um só milímetro do limite de crítica que se permitia, limite variável conforme a conjuntura de cada fase, a punição caminhava rápida, seja na forma das centenas de cassações de mandatos referidas no capítulo 5, seja mediante processos judiciais contra os oposicionistas.

E nem se imagine que mandatários populares foram atingidos judicialmente apenas através destes 22 processos. Nos processos resultantes dos famosos "IPMs da Subversão", formados em 1964 por todos os cantos do país, centenas de vereadores, prefeitos, deputados, senadores e até mesmo governadores receberam o choque das inquirições, das incriminações, das acusações e das condenações judiciais. Mas aqui neste item decidiu-se incluir tão somente os exemplos de processo em que as atividades apuradas não constituíam a miscelânea que se registra nos "IPMs da Subversão" (ligação com o PC, agitação sindical, Ligas Camponesas, Grupos de Onze, apoio a Goulart e às Reformas de Base etc.), a serem vistos mais adiante. Os casos que se seguem representam processos em que a acusação básica dirigida aos réus era decorrente de ações pertinentes ao cargo político ocupado, havendo dois episódios de cidadãos processados por pronunciamentos de campanha eleitoral.

Em outras palavras, os generais se jactavam de permitir a livre-manifestação de pensamento e de assegurar o direito democrático de oposição. Mas com o mesmo cinismo com que tantas autoridades acobertaram a prática de torturas em presos políticos, outras autoridades determinavam o enquadramento judicial de mandatários oposicionistas, em acintoso desrespeito a seus milhares de eleitores, usando a Justiça Militar como um instrumento a mais nas mãos dos governantes para imposição de sua vontade política.

Destes processos, seis remontam a 1964.

Em Minas Gerais, por exemplo, além de inúmeros outros procedimentos de inquéritos abertos contra os mesmos réus por suas atividades sindicais, foi formado um processo contra os deputados estaduais Clodismith Riani, Sinval Bambirra e José Gomes Pimenta. Eles também faziam parte da direção do CGT, mas as peças do inquérito, nesse caso, põem forte acento na apuração de suas atividades como parlamentares, eleitos que tinham sido em 1962 para um mandato que foi encurtado, logo em abril de 1964, por força de cassação determinada pelo Marechal Castello Branco. A tal ponto seguia a ira anticomunista dos responsáveis pelo inquérito, que os autos acusam os réus, no melhor figurino das falsidades que costumavam ser fabricadas pelo III Reich, de terem planejado o envenenamento da água potável de Belo Horizonte, a começar daquela que servia as dependências do 12º Regimento de Infantaria, onde se desenvolveu o IPM[47].

Os processos voltaram-se contra políticos de todos os portes. Ainda em Minas, na pequena localidade de Candeias, um vereador do PTB foi processado por ataques feitos na Tribuna da Câmara Municipal às Forças Ar-

47. BNM n. 514.

madas, ao mesmo tempo em que são referidas outras atividades subversivas do edil. O inquérito foi instaurado na Delegacia de Polícia local, no dia 26 de abril de 1964[48].

Ação penal de origem muito confusa sofreu o então deputado federal, ex-vice-governador de Santa Catarina e ex-presidente estadual do PTB, Armindo Marcílio Doutel de Andrade. Os episódios investigados remontam ao período anterior à queda de João Goulart, narrando-se sua participação na Frente de Mobilização Popular, na Frente Parlamentar Nacionalista, discursos "subversivos" de apoio à UNE e ao CGT, afinidade com Leonel Brizola e com o próprio presidente derrubado. Ao que parece, o inquérito nasceu como desdobramento do volumoso IPM presidido, no Rio, pelo Coronel Ferdinando de Carvalho, já citado quando do relato acerca do PCB. Mas as investigações desse inquérito se prolongam absurdamente, de 1964 até julho de 1969, quando começa a ação penal. Durante cinco anos, Doutel permaneceu, assim, como se fosse um refém aguardando as decisões insondáveis dos militares encarregados do IPM[49].

Dois outros processos, resultantes de um mesmo inquérito, o chamado "IPM da Zona Norte do Paraná", foram formados contra dois prefeitos da quela região em 1964: o de Paranavaí, Antonio José Messias, do PTB, acusado de liderar agitação subversiva e comunizante na cidade antes da virada política de abril; e o de Santo Antônio da Platina, Benedito Lucio Machado, também do PTB, acusado de ser brizolista, partidário de João Goulart e de ter feito pressões sobre o Legislativo Municipal[50].

Dos anos posteriores a 1964, merecem registro alguns processos que ilustram, com fidelidade, o mecanismo ardiloso de utilização da Justiça Militar como instrumento de pressão para imposição dos pontos de vista do Regime, e outros que descambam para situações quase folclóricas, pelo descabido das ações judiciais.

Em 2 de setembro de 1969, no Quartel-General da 6ª Zona Aérea, em Brasília, foi aberto um IPM contra o senador goiano João Abrahão Sobrinho, eleito pelo PSD, acusado de ter proferido vários discursos, da Tribu-

48. BNM n. 133.
49. BNM n. 396.
50. BNM n. 312 e 385.

na do Senado, em abril, agosto e novembro de 1968, atacando o Regime Militar, as autoridades federais e o próprio presidente da República. Entre os discursos, que serviram de base para a abertura do IPM, inclui-se uma denúncia contra a violência dos bandos de policiais que invadiam escolas e matavam estudantes[51]. Em qualquer regime democrático, os pronunciamentos do senador seriam rebatidos por seus adversários, em plenário, e o assunto estaria encerrado. No Brasil de 1969, cabia invocar a defesa sagrada da Segurança Nacional para impor ao parlamentar, no banco dos réus, a resposta dos governantes.

Vereadores de municípios do interior do Rio Grande do Sul tiveram sorte especial na distribuição desses processos aqui estudados. Em abril de 1969, num quartel de artilharia de Ijuí, foi iniciado um inquérito contra o vereador do MDB Irany Guilherme Muller, por motivo de um discurso feito na Câmara Municipal, no dia 7 daquele mês, criticando o comandante daquela unidade militar por ter chamado a oposição de "comunista"[52].

No mesmo mês, em Santo Ângelo, outros dois vereadores do MDB, Irineu Alfredo Ronconi e Allan Edson Moreno Fonseca, proferiram discursos na Câmara Municipal, criticando a política repressiva do Regime Militar e enaltecendo figuras de exilados como Leonel Brizola. O IPM contra ambos foi iniciado no dia 6 de maio, no 2º Batalhão de Carros de Combate Leves, daquela cidade[53].

Em 1970, nessa mesma unidade militar de Santo Ângelo, foi iniciado outro processo contra o Vereador João Batista Santos da Silva, do MDB, por discurso feito na Câmara, em 26 de julho, denunciando torturas que estariam sendo aplicadas em presos políticos no quartel da cidade[54].

Outros dois vereadores do MDB, agora de Cachoeirinha, nas proximidades de Porto Alegre, seriam processados, também em 1970, um por ter discursado na Câmara atacando o Regime Militar, e o outro, por ter amarrotado uma foto do Presidente Médici, enviada para ser afixada naquela casa legislativa[55].

---

51. BNM n. 277.
52. BNM n. 519.
53. BNM n. 281.
54. BNM n. 607.
55. BNM n. 447.

Voltando ao Paraná, registra-se um processo, iniciado em março de 1970, contra Halim Maaraqui, candidato a prefeito de Nova Londrina, eleito em novembro de 1968, mas não empossado por ter sido cassado logo após a decretação do Ato Institucional n. 5. Com esse absurdo tempo de retardo, é processado pelo conteúdo dos discursos de sua campanha eleitoral, quase dois anos antes, como se a punição contida na impugnação de sua posse não saciasse a sede de represálias das autoridades militares[56].

No Pará, Paulo Ronaldo de Mendonça Albuquerque, deputado estadual pelo MDB, foi processado em 1971 por solicitação do governador do estado, Fernando José de Leão Guilhon, por ter feito denúncias, na Assembleia Legislativa, contra atividades do Esquadrão da Morte na área de Belém[57].

Processos que tiveram repercussão mais abrangente, em âmbito nacional, foram os formados contra os deputados federais Márcio Moreira Alves, Hermano Alves e Hélio Navarro, todos do MDB.

Hélio Navarro, deputado federal pelo MDB paulista, foi preso no dia da decretação do AI-5, processado e condenado a 21 meses de detenção pela 2ª Auditoria de São Paulo, tendo cumprido integralmente sua pena, no Presídio Tiradentes. A acusação contra ele: ter chamado o Presidente Costa e Silva de ditador, em programa de televisão levado ao ar durante a campanha para as eleições municipais de 15 de novembro de 1968[58].

Hermano Alves, que além de parlamentar federal era jornalista do *Correio da Manhã*, do Rio, foi condenado, em 6 de outubro de 1969, a 2 anos e 4 meses de reclusão pela 1ª Auditoria da Marinha. O processo teve início por solicitação do próprio secretário-geral do Conselho de Segurança Nacional, General Jaime Portella, que fora criticado num dos artigos que deram motivo ao procedimento penal. Em sua representação ao ministro da Justiça, Gama e Silva, aquele general anexava também a transcrição de vários pronunciamentos de Hermano Alves na Tribuna da Câmara dos Deputados[59].

Márcio Moreira Alves foi processado por vários discursos realizados na Tribuna da Câmara dos Deputados, denunciando a violência policial na repressão ao Movimento Estudantil e outras atitudes ditatoriais do Regime

56. BNM n. 381.
57. BNM n. 108.
58. BNM n. 637.
59. BNM n. 553.

Militar. O pedido de licença, ao Legislativo, para que estes dois parlamentares pudessem ser processados, funcionou como estopim de uma crise política que ofereceu o pretexto desejado pelos governantes para a decretação do Ato Institucional n. 5, resultando disso a enorme importância histórica deste processo.

No dia 12 de dezembro de 1968, o Congresso Nacional, em sessão emocionante que levou os parlamentares a encerrarem os trabalhos entoando o Hino Nacional, o Legislativo negou o pedido de licença para o processo contra Márcio Moreira Alves, num gesto de legítima defesa de sua autonomia como poder da República.

No dia seguinte, foi decretado o AI-5, fechado o Congresso Nacional, cassado o mandato parlamentar de Márcio Moreira Alves, e de muitos outros. O procedimento penal, no entanto, só teve início em 20 de maio de 1970, sendo o ex-parlamentar incriminado, além dos referidos discursos, por artigos de jornal de sua autoria, por ligações com as mobilizações estudantis de 1968, e pela publicação do livro *Torturas e torturados*, onde relata as sevícias impostas a presos políticos durante o Governo Castello Branco[60].

Vale a pena fazer referência, ainda, a dois processos em que se materializa, com nitidez, o espírito abusivo com que a Lei de Segurança Nacional chegou a ser utilizada por tiranetes broncos do interior brasileiro, de forma a exagerar, até o limite do grotesco, o mesmo espírito de intolerância prepotente com que as autoridades de nível federal acionavam aquele instrumento legal de exceção.

Em Barra, no Estado da Bahia, em 1970, quatro vereadores da Arena local, pertencentes a uma sublegenda oposta à do prefeito, e outro vereador do MDB, foram processados pela Lei de Segurança Nacional por terem insistido em participar das sessões da Câmara Municipal após terem seus mandatos cassados por seus colegas vereadores que seguiam a orientação do prefeito. Ou seja: o exercício do elementar direito de oposição a um prefeito do sertão baiano levou cinco vereadores a responderem por crimes contra a Segurança Nacional. Note-se bem que quatro deles pertenciam ao mesmo partido do chefete do executivo local, a Arena, bem comportado braço político do autoritarismo governante[61].

---

60. BNM n. 78.

61. BNM n. 431.

Em Poços de Caldas (MG), o Vereador Dgeney Diniz de Melo foi processado pela Lei de Segurança Nacional, a partir de 26 de maio de 1969, pelo motivo absurdo de ter protestado, na Tribuna da Câmara Municipal, contra a forma arbitrária como fora tratado por soldados da Polícia Militar num incidente de trânsito em que se envolvera naquela cidade no mês anterior[62].

A lógica era igualmente simples: se Brasília confundia, em suas altas decisões, a "Segurança Nacional" com a segurança de um Regime Militar que se impunha pela força, por que não confundir, na pequena Poços de Caldas, a "Segurança da nação" com a segurança do trânsito local?

Jornalistas

Quinze dos processos estudados na Pesquisa BNM se referiam a jornalistas que foram enquadrados criminalmente por matérias publicadas em veículos legais, nos quais exerciam sua legítima atividade profissional. Invariavelmente, esses réus são acusados de criticar o Regime Militar ou autoridades constituídas, de forma a "incitar o ódio entre as classes" e a "animosidade contra as Forças Armadas".

Já se viu que, entre as inúmeras ferramentas legais utilizadas pelo Regime para complementar o campo de repressão garantido pela LSN, ocupou papel de destaque a Lei de Imprensa, de fevereiro de 1967, que cerceava gravemente o direito de informar. Apesar da existência dessa lei específica, regularmente aplicada contra profissionais de imprensa que divulgavam críticas ou notícias incômodas às autoridades, foi muito frequente a exacerbação do procedimento acusatório, que deixava de lado a Lei de Imprensa para invocar a Lei de Segurança Nacional.

A síntese que se segue desses 15 processos mostra que, na maioria dos casos, em nenhuma hipótese se poderia pensar, com sensatez, em violação da Segurança Nacional. O uso dessa lei especial valia, na verdade, como espantalho todo-poderoso para coibir o direito de informar, o direito de criticar e o direito de discordar. E na outra face da moeda: como manobra para tornar inatacáveis as autoridades públicas – das altas esferas federais aos pequenos caciques municipais.

A distribuição desses 15 processos ao longo dos anos também ajuda a fotografar a história da repressão política do Regime Militar. Só um desses

62. BNM n. 441.

procedimentos penais é anterior à decretação do AI-5, o que demonstra o quanto a escalada repressiva de 13 de dezembro de 1968 representou de amordaçamento da imprensa, sem falar dos agentes especiais de censura que foram introduzidos, a partir daí, na própria redação de importantes jornais de circulação nacional, para examinar previamente cada matéria a ser publicada.

Em fevereiro de 1968, o proprietário do *Diário da Manhã* de Passo Fundo (RS) começou a ser processado por solicitação de vários prefeitos da região, por razão de críticas e ataques feitos em seu jornal, durante o ano de 1967, àqueles chefes de Executivo Municipal, havendo referência também a ofensas que teriam sido feitas ao ministro da Educação, Tarso Dutra[63].

No dia 7 de janeiro de 1969, a diretora-presidente do *Correio da Manhã*, do Rio de Janeiro, Niomar Muniz Sodré Bitencourt, foi presa e submetida a inúmeras humilhações durante as primeiras convulsões repressivas que se seguiram à decretação do AI-5. Num dos processos a que respondeu, Niomar é acusada por causa de um editorial publicado naquela data, mas a denúncia do Ministério Público aproveita para transcrever trechos de vários outros editoriais publicados naquele jornal durante 1968[64].

Poucas semanas depois, no dia 31 de janeiro, o mesmo jornal voltava a ser atingido, com um IPM aberto no Quartel-General da 1ª Região Militar contra o psicanalista Hélio Pelegrino, por artigos publicados no final de 1967 e em 1968, fazendo críticas ao Regime Militar e enaltecendo a figura de Che Guevara etc.[65]

Dia 30 de setembro de 1969 seria a vez de o diretor responsável e proprietário da *Gazeta Popular* de Campo Mourão (PR), Dickson Fragoso Veras, começar a responder inquérito na Polícia Federal de Curitiba. Motivo: ter publicado notícia sobre um pedido de *habeas corpus* formulado pelo preso político Joaquim Pires Cerveira, major reformado do Exército, já referido no relato sobre a organização clandestina FLN. O título da matéria que motivou o processo era a transcrição de um trecho do *habeas corpus*: "A Polícia invadiu e saqueou o meu lar"[66].

---

63. BNM n. 325.
64. BNM n. 449.
65. BNM n. 235.
66. BNM n. 243.

No mesmo mês, o jornalista Evandro de Oliveira Bastos, da *Tribuna da Imprensa*, do Rio, denunciou naquele jornal agressões físicas que recebeu, nos dias anteriores, de um acompanhante do ministro Delfim Netto em visita àquela capital. Tanto bastou para que se iniciasse processo por ofensa a Delfim Netto, que teria presenciado a agressão[67].

Em janeiro de 1970, o jornalista Hélio de Azevedo, da *Folha do Oeste*, de Guarapuava, Estado do Paraná, foi processado por vários artigos publicados em 1969 e 1970 contendo críticas ao prefeito local. E, no mesmo ano, Paulo da Costa Ramos foi processado por artigo que publicou no jornal *O Estado*, de Florianópolis, Santa Catarina, no dia 30 de junho de 1968, tecendo críticas ao ministro da Educação, Tarso Dutra. A demora de dois anos entre o fato e o processo cabe como mais uma evidência das motivações puramente políticas que inspiravam esse tipo de processo[68].

No distante Território de Rondônia, o jornal *O Combatente*, de Porto Velho, foi atingido por inúmeras perseguições a partir de 1970, que levaram ao fechamento do órgão. Seu proprietário, Ignacio Mendes da Silva, também vereador e líder do MDB local, foi ainda processado com base na LSN por críticas ao prefeito e outras autoridades em várias edições de 1970. Em 1971, o filho daquele jornalista foi submetido a novo processo baseado em idênticos motivos, agora por artigos publicados em *O Combate*, sucessor do jornal fechado no ano anterior[69].

Notícia publicada em *O Estado do Paraná*, de Curitiba, pelo correspondente daquele diário em Guaíra (PR), no dia 10 de fevereiro de 1971, sobre o linchamento de um preso, foi motivo considerado suficiente para enquadrá-lo em crime contra a Segurança Nacional[70].

No mesmo ano, comentários proféticos feitos pelo jornalista Sebastião Nery, na *Tribuna da Imprensa*, de 12 de abril de 1971, a respeito do primeiro-ministro português, Marcelo Caetano, foram considerados "injuriosos e ofensivos" pelas autoridades, que determinaram abertura de processo. Nery dizia, nessa matéria, que as afirmações de Caetano no sentido de que "Portugal jamais abandonará o controle sobre as províncias da África", tinham a mesma validade que os juramentos de Mussolini a respeito da Abissínia,

67. BNM n. 444.
68. BNM n. 560.
69. BNM n. 369 e 564.
70. BNM n. 616.

de Hitler acerca da Iugoslávia e de Nixon sobre o Vietnã. Eis um episódio precioso, recolhido na Pesquisa BNM, para comprovar uma vez mais a sentença do dramaturgo alemão autor de *Galileu Galilei*: "A verdade é filha do tempo, não da autoridade"[71].

Ainda em 1971, no mês de agosto, um editorial publicado na *Luta Democrática*, do Rio de Janeiro, comentando um acidente de trânsito que vitimou uma criança, levou o jornalista Carlos Augusto Vinhaes a responder por crime contra a Segurança Nacional[72].

O diretor e o secretário de *A Notícia*, de Manaus, foram igualmente processados com base nessa lei, por artigo de 18 de março de 1971, contendo críticas à decisão do Tribunal Superior Eleitoral, que havia anulado um ato do Tribunal Regional Eleitoral cassando, por corrupção, o mandato de cinco políticos do Amazonas[73].

Dois jornalistas da *Folha da Tarde*, de Porto Alegre, e o delegado de Polícia de Camaquã foram também levados a tribunal militar, respondendo por crime contra a Segurança Nacional, por terem publicado, em junho de 1972, matérias relatando que um preso da cadeia pública de Camaquã ali permanecia detido há 18 anos por ter dado um tapa na esposa. Os jornalistas divulgaram a notícia na referida *Folha da Tarde*, e o delegado no jornal local, O Camaquã[74].

Encerrando este resumo sobre a imprensa, cabe relatar um caso em que o jornalista processado era pessoa notoriamente identificada com o Regime Militar e propagandista de suas realizações. Trata-se de "Ari Cunha", na verdade José de Arimateia Gomes Cunha, que, em sua coluna regular no *Correio Braziliense*, da capital da República, denunciou as torturas a que havia sido submetida, grávida, a presa política Hecilda Mary Veiga Fonteles de Lima, recolhida no PIC – Pelotão de Investigações Criminais, de Brasília. Este foi um caso ímpar, em que um ideólogo da Doutrina de Segurança Nacional sofre o peso da LSN sobre suas costas, por ter divulgado um episódio que, no seu entender, representava um excesso dispensável na repressão necessária para garantir a solidez das instituições do Regime[75].

---

71. BNM n. 154.
72. BNM n. 359.
73. BNM n. 615.
74. BNM n. 545.
75. BNM n. 417.

Religiosos

A transformação política vivida pelo Brasil no início da década de 1960 e, especialmente, em 1964, coincidiu com mudanças que a Igreja Católica passava a experimentar, a partir do Concílio Vaticano II, num sentido de maior comprometimento com os setores marginalizados da população e seus anseios de justiça.

A derrubada de João Goulart, entretanto, ainda se deu numa fase em que eram restritas as áreas eclesiásticas já sensibilizadas com as mobilizações populares. Com efeito, é consenso entre os historiadores que a hierarquia da Igreja desempenhou um papel fundamental na criação do clima ideológico favorável à intervenção militar, engajando-se na campanha anticomunista sustentada pelas elites conservadoras: contra a Reforma Agrária, contra os movimentos grevistas, contra as reivindicações dos sargentos, cabos e soldados das Forças Armadas, contra a aliança de cristãos e marxistas que começava a ocorrer em entidades sindicais e estudantis.

Mas essa não era uma postura monolítica de toda a Igreja. Embora minoritários, já existiam bispos, sacerdotes, religiosas e leigos que assumiam uma atitude contrária, de apoio às lutas pelas Reformas de Base. Bispos como D. Helder Camara já começavam a ser conhecidos como identificados com as pressões por mudanças nas estruturas sociais injustas, segundo compromissos assumidos durante o Concílio Vaticano II. Movimentos leigos como a Juventude Universitária Católica (JUC) e a Juventude Operária Católica (JOC) aprofundavam seu envolvimento com a luta dos oprimidos. Do mesmo modo que se começava a falar, com certo exagero, na existência de "generais do povo" e "almirantes do povo", simpáticos às bandeiras nacionalistas, começava a ser referida, também, a existência de "sacerdotes do povo", como o Padre Alípio, o Padre Lage, Frei Josafá e muitos outros.

Com a implantação do Regime Militar, entretanto, especialmente a partir de 1968, a trajetória da Igreja foi de constante evolução em suas preocupações sociais, resultando disso um distanciamento crescente das autoridades governantes, um posicionamento crítico frente a suas medidas, uma defesa corajosa dos direitos humanos. E a consequente perseguição, repressão, o confronto.

O ano de 1968 pode ser apontado como marco dessa virada por inúmeras razões: foi um momento de manifestações de protesto e repressão policial condenada pelos cristãos; foi o ano da decretação do AI-5; foi o período em que se iniciaram as primeiras experiências de constituição das Comunidades Eclesiais de Base; e também foi o ano de Medellín. Naquela Conferência do Episcopado Latino-Americano (Celam), as injustiças sociais cada vez mais graves, que se faziam presentes em todos os países representados, levaram os bispos a afirmar, na resolução final: "Não basta refletir, obter maior clareza e falar. É preciso agir. Esta não deixou de ser a hora da 'Palavra', mas tornou-se, com dramática urgência, a hora da 'Ação'".

Vale repetir, também neste item, que muitos outros processos dos estudados na pesquisa atingiram membros da Igreja, embora razões de ordem metodológica tenham motivado seu estudo em outros capítulos. É, por exemplo, o caso da repressão sofrida pelos dominicanos, em 1969, focalizada no estudo referente à ALN; da prisão do Padre Gerson da Conceição, vinculado a processo da VAR-Palmares; das torturas ignominiosas sofridas pela Madre Maurina, ré no processo contra a FALN; da prisão dos padres Soligo e Vauthier e expulsão do país deste último, nos episódios da greve de Osasco em 1968 e num processo da VPR; da prisão de membros da JOC em Volta Redonda; do Grupo de Jovens de Oswaldo Cruz, do Rio de Janeiro, envolvidos com a VAR; da prisão de membros da Pastoral Operária e da educadora Maria Nilde Mascellani, em São Paulo, no início de 1974. E muitos outros.

O resumo dos 15 processos que, estudados na pesquisa, dirigiam-se exclusivamente contra membros da Igreja, certamente ajudará na compreensão da natureza da repressão política que existiu no país entre 1964 e 1979. Doze desses processos tiveram início em 1968 e anos seguintes.

Dois processos, cujos inquéritos datam de época anterior ao Regime Militar, foram formados contra o Padre Alípio Cristiano de Freitas, sacerdote católico português, radicado no Brasil, que se notabilizou, no início da década de 1960, como um dos mais arrojados e controvertidos "sacerdotes do povo". Um dos IPMs teve início no dia 29 de abril de 1963, no próprio gabinete do ministro da Guerra, inculpando Alípio por "intensa campanha de agitação, atacando sistematicamente os poderes da República e as Forças Armadas" em inúmeras conferências realizadas em vários estados da Federação. A denúncia judicial, no entanto, só seria encaminhada no dia 2 de junho de 1964.

O outro IPM instaurado contra o mesmo sacerdote teve início no dia 4 de abril de 1963, no 1º Grupamento de Engenharia do Exército, em João Pessoa, por motivo de um apaixonado discurso que Padre Alípio teria feito no ato público realizado na Faculdade de Direito, no primeiro aniversário do assassinato do líder das Ligas Camponesas de Sapé, na Paraíba, João Pedro Teixeira. Em sua fala, o sacerdote teria incitado a violência e a luta entre as classes sociais. Somente em fevereiro de 1966 é que foi formulada denúncia judicial que deu início ao processo[76].

Como já se viu no capítulo anterior, Alípio Cristiano de Freitas, já desvinculado da Igreja nos anos do Regime Militar, estaria incluído em muitas outras ações penais, como integrante da AP e do PRT.

O terceiro processo que data dos primeiros tempos do novo regime tem como réu, também único, o Padre Francisco Lage Pessoa, acusado de atividades subversivas, especialmente em Minas Gerais, durante um longo período vasculhado pelo IPM, que vai de 1948 até abril de 1964. Esse inquérito foi instaurado no CPOR de Belo Horizonte, sendo indiciados e ouvidos outros sacerdotes que terminariam não sendo denunciados judicialmente. Os autos estudados, além de esmiuçarem toda a vida do Padre Lage, em Belo Horizonte e outras cidades de Minas – no trabalho com favelados, apoio a movimentos grevistas e defesa das Reformas de Base –, concentra-se especialmente em suas atividades a partir de 1962. Naquele ano o Padre Lage disputou uma cadeira de deputado federal pelo PTB de Minas Gerais, tornando-se 3º suplente da bancada. Passou, então, a residir em Brasília, onde dedicou-se a um trabalho de sindicalização rural como assessor da Supra[77].

O Padre José Eduardo Augusti, de Botucatu (SP), foi preso em flagrante naquela cidade, em 17 de julho de 1968, quando apoiava um acampamento dos estudantes de Medicina da faculdade local, em luta por melhores condições de ensino. É acusado também de ter oferecido o seminário para abrigar os estudantes, quando tropas policiais ocuparam e desfizeram o acampamento. Os autos estudados acusam ainda o Padre Augusti de realizar propaganda subversiva em vários números do jornal *Manifesto* e nos programas de rádio que a emissora da cidade reservava à Igreja.

76. BNM n. 4 e 578.

77. BNM n. 528.

Augusti foi réu também em outro processo, já referido quando se falou da repressão aos estudantes, acusado de ajudar nos preparativos do que seria o 21° Congresso da Ubes – União Brasileira dos Estudantes Secundaristas. Permaneceu preso, em São Paulo, no Presídio Tiradentes, cerca de um ano[78].

Em 1968 teve início um volumoso processo contra 34 religiosos de várias congregações – padres, ex-padres e professores de Teologia –, em Belo Horizonte. O crime: terem redigido, assinado, impresso e distribuído uma "Declaração dos Padres", protestando contra a morte do estudante Edson Luís, no dia anterior, no Rio. O manifesto era, portanto, de 29 de março, mas o inquérito só foi iniciado no dia 10 de dezembro, delonga que mais uma vez revela a motivação puramente política que inspirava as autoridades na abertura desses processos. Três dias antes da decretação do AI-5, é evidente que inúmeros militares estavam envolvidos na fabricação de um clima artificial que justificasse aquela escalada repressiva. O encarregado do IPM, instaurado no Colégio Militar de Belo Horizonte, foi o então Coronel de Cavalaria Euclydes Figueiredo Filho, irmão de João Baptista Figueiredo, mais tarde general-presidente da República.

A denúncia judicial, que também alude a textos da Pastoral Operária e da JOC, apreendidos na fase de inquérito, procura incursionar por recomendações sobre o que é e o que não é papel da Igreja, numa linha que seria constante nos processos contra religiosos:

> [...] vem se verificando que estão evangelizando à luz do marxismo ou ensinando o socialismo à luz do Evangelho, ao invés de ensinarem o amor à pátria, o respeito às leis e às autoridades como cumpre a Igreja como instituição reconhecida, imaculada e eterna [...].

Em junho de 1973 a Auditoria de Juiz de Fora absolveu todos os réus, reconhecendo que os fatos apurados não constituíam crime[79].

Em maio de 1969, o Dops de Porto Alegre abriu inquérito contra alguns religiosos e leigos da Paróquia São Paulo, em Canoas, pela apresentação, no salão comunitário, de uma peça teatral, no dia 1° de maio, *O patrão e o operário*, que conteria incitação à luta de classes. Entre os denunciados havia uma freira, a Irmã Leonilde Boscaine, e o vigário da paróquia, Padre

78. BNM n. 527 e 626.

79. BNM n. 595.

Oscar Albino Fuhr, constando que outros religiosos foram presos na etapa de inquérito, como é o caso do Padre Affonso Ritter, da Pastoral Operária. A leiga Alceri Maria Gomes da Silva, que optou pela oposição clandestina a partir da formação desse processo, já na conjuntura repressiva que se seguiu ao AI-5, seria morta em São Paulo, em maio de 1971, por agentes do DOI--Codi que faziam diligências contra a VPR[80].

Em novembro de 1969, quando inúmeros religiosos dominicanos foram presos em São Paulo, acusados de envolvimento com Carlos Marighella, um dos seminaristas detidos, Francisco Carlos Velez Gonzales, terminou sendo processado, individualmente, por ter redigido e mimeografado uma adaptação da encíclica de João XXIII sob o título: "*Populorum Progressio* e o Brasil – o drama do povo brasileiro". Esse texto teria sido produzido e distribuído quando Francisco Carlos Velez Gonzales estudava no Seminário Cristo Rei, em São Leopoldo[81].

O padre sacramentino Hélio Soares do Amaral foi condenado a 1 ano e 8 meses de detenção, em São Paulo, tendo permanecido recolhido no Presídio Tiradentes, por ter proferido um sermão, considerado subversivo, na missa dominical de 7 de setembro de 1969, em Altinópolis, no interior daquele estado. Naquela prédica, o Padre Hélio teria afirmado que o Brasil nunca foi independente, porque tinha saído do domínio português para cair no domínio norte-americano, afirmando também que o governo era o responsável pela miséria reinante[82].

Dois sacerdotes de Torres (RS), Roberto Egídio Pezzi e Mariano Callegari, foram processados, a partir de janeiro de 1970, pela Justiça Militar de Porto Alegre. O primeiro era acusado de crime contra a Segurança Nacional porque, num sermão de 30 de novembro de 1969, desmentiu a versão dos órgãos de segurança acerca do envolvimento de dominicanos no episódio da morte de Marighella. O outro, por ajudar o movimento sindical rural na região.

Na linguagem adjetivada e nervosamente anticomunista que costumava predominar nas denúncias judiciais desses processos, o promotor assim se refere ao Padre Mariano, sem expor qualquer comprovação para o que afirma:

80. BNM n. 453.

81. BNM n. 470.

82. BNM n. 686.

> O segundo denunciado, de orientação nitidamente marxista, com viagens à Rússia e a Cuba patrocinadas pela Mitra Diocesana de Caxias do Sul, exerce grande atividade em sua paróquia, local denominado Estância da Roça, proclama a necessidade de implantação do regime cubano no Brasil para a solução dos problemas nacionais e se serve de sua qualidade de sacerdote para difundir a sua propaganda subversiva.

Ambos os réus foram absolvidos em junho de 1971[83].

Outro volumoso processo, contra a Igreja de Minas Gerais, foi iniciado no Quartel General da 4ª Divisão de Infantaria, em Belo Horizonte, em 23 de abril de 1970. Foram réus oito padres e ex-padres da Diocese de Itabira, nos municípios de Ipatinga, Coronel Fabriciano e Timóteo, acusados de propaganda subversiva através de textos, aulas na Universidade do Trabalho, conversas nos grupos de reflexão e sermões como o realizado no dia 7 de setembro de 1969, criticando a falta de liberdade no país.

O IPM foi aberto por sugestão do Coronel Euclydes Figueiredo, que presidiu o outro inquérito já referido, cabendo registrar um detalhe importante: atua como escrivão o Tenente Marcelo Paixão Araújo, repetidamente apontado como um dos principais torturadores de presos políticos em Minas Gerais, naquele período.

Todos os réus foram absolvidos, em abril de 1972[84].

O Padre Carlos Gilberto Machado Moraes, de Bagé (RS), foi condenado a um ano de reclusão em dezembro de 1972, por crime contra a Segurança Nacional. Foi acusado de criticar o governo, os militares e os ricos, em sermões, palestras e programas radiofônicos, com acento na prédica realizada em 26 de julho de 1970 com críticas ao *slogan*: "Brasil: ame-o ou deixe-o". A peça acusatória condena, também, o costume do padre usar camiseta vermelha no lugar da batina, descrevendo-o com esta linguagem pouco jurídica: "É parabólico, inteligente, ensaboado, resvaloso. No fundo, vermelho e subversivo"[85].

Processo que teve grande importância, por marcar uma tomada de posição corajosa da Igreja de São Paulo, em defesa dos direitos humanos e dos presos políticos de um modo geral, teve início com a prisão do Padre

---

83. BNM n. 583.
84. BNM n. 136.
85. BNM n. 600.

Giulio Vicini e da leiga Yara Spadini, em janeiro de 1971. Seus crimes contra a Segurança Nacional: o Padre Vicini portava uma matriz para imprimir panfleto denunciando "Prisões em Massa de Operários em Mauá e Santo André" e, particularmente, a morte, sob torturas, na Operação Bandeirantes, do operário Raimundo Eduardo da Silva. Yara mantinha em suas mãos, quando presa, um jornalzinho intitulado *Luta Metalúrgica*.

Alguns dias após essas prisões, o recém-empossado arcebispo de São Paulo, D. Paulo Evaristo Arns, pôde avistá-los no Dops, constatando terem sido vítimas de "ignominiosas torturas", conforme registrou em homilia lida ou afixada nas igrejas da arquidiocese no domingo seguinte[86].

O Padre Geraldo Oliveira Lima, de Novo Oriente, Diocese de Crateús (CE), foi condenado pela Auditoria Militar de Recife a um ano de reclusão, em setembro de 1971, porque tinha sido preso no aeroporto de Natal, no mês de junho, portando vários exemplares do boletim *O Círculo*, que recebera ao participar de um Encontro de Responsáveis pela Evangelização no Nordeste[87].

Quatro seminaristas de Viamão (RS) foram processados e absolvidos pela Justiça Militar daquele estado, por terem elaborado e distribuído, em 1970, um panfleto intitulado "Declaração Geral da Primeira Conferência Latino-Americana de Solidariedade"[88].

Finalmente, é interessante concluir este tópico com o registro de um dos mais odiosos processos movidos no país para perseguir atividades da Igreja comprometida com os pobres. Trata-se do processo aberto pela Justiça Militar de Mato Grosso, após inquérito que envolveu repetidas operações militares contra lavradores e religiosos da Prelazia de São Félix do Araguaia.

O inquérito foi realizado pela Polícia Militar de Mato Grosso, a partir de 4 de março de 1972, um dia após terem ocorrido choques entre posseiros de Santa Teresinha, naquela prelazia, e policiais e jagunços da fazenda Codeara. Como antecedente desse entrevero armado, já a 10 de fevereiro os tratores da Codeara haviam destruído um ambulatório médico que estava sendo construído pelos posseiros de Santa Teresinha, com ajuda da Igreja.

86. BNM n. 529.
87. BNM n. 585.
88. BNM n. 534.

O processo judicial terminou incriminando apenas duas pessoas: o Padre François Jacques Jentel, que desde 1955 vivia naquela área, desenvolvendo trabalho pastoral entre índios e posseiros, e um gerente da Codeara.

Em maio de 1973 a Auditoria de Campo Grande condenou o Padre Jentel a 10 anos de reclusão e desclassificou da LSN o outro réu, funcionário da fazenda, o que na prática equivalia a uma absolvição.

Em maio de 1975 a defesa do Padre Jentel conseguiu, no STM, que houvesse desclassificação também para o seu caso, sendo o réu finalmente posto em liberdade. Viajou em seguida para a França, por vontade própria, com a finalidade de rever seus familiares.

Retornando ao Brasil em dezembro daquele ano, sem que existisse em seu passaporte qualquer impedimento contra isso, foi preso pela Polícia Federal de Fortaleza, numa operação que teve características de um perfeito sequestro. Foi transferido imediatamente para o Rio de Janeiro, onde permaneceu detido em unidade da Marinha, sob acusação de ter violado um "decreto informal" de expulsão do país.

No dia 15 de dezembro de 1975 o Presidente Ernesto Geisel assinou o decreto formal determinando essa expulsão, e o Padre Francisco Jentel acabou morrendo na Europa antes que a justiça dos homens tivesse tido tempo para se penitenciar da injustiça praticada contra ele[89].

89. BNM n. 708.

11
Atividades visadas

Ao classificar os processos reunidos para o Projeto BNM, quanto à natureza das ações que foram punidas, constatou-se que um último grupo de 84 não comportava ser incluído nem no item referente às organizações clandestinas de esquerda, nem nos setores sociais que se acabou de relatar.

Eram processos em que os réus não apareciam indiciados como membros de alguma organização partidária clandestina concretamente apontada, não obstante serem apresentados, muitas vezes, como "comunistas" ou como membros de um "partido comunista" imaterial, abstrato, idealizado. E, nesses processos, a setorização social dos réus era extremamente variada, sendo que, em alguns deles, fazia-se um verdadeiro ajuntamento de intelectuais, camponeses, estudantes, sindicalistas e políticos.

Mas o estudo do tipo de crime atribuído aos cidadãos nessas 84 ações penais revelou a possibilidade de separá-las em três grupos perfeitamente identificados: atividades de apoio ou de participação no Governo Goulart; realização de "propaganda subversiva"; críticas e ataques a autoridades.

Uma síntese sobre o tipo de comportamento civil que provocou processos com o teor descrito nesses três grupos é o passo que falta para completar a apresentação dos resultados da pesquisa no que toca à natureza da ação política punida. E, se estamos diante de um número relativamente menor de processos, neste grupo de 84, nem por isso os episódios aqui incluídos são menos importantes do que os anteriores para se conhecer os limites absurdos a que chegaram algumas autoridades do Regime Militar e de sua Justiça Castrense, em ocasiões que não foram poucas, nem confinadas a um curto intervalo de exacerbação nessa história de 15 anos de repressão.

Vínculos com o governo constitucional deposto

Como regra geral, incluem-se neste item os processos resultantes dos rumorosos "IPMs da Subversão", instaurados nos quatro cantos do país, sempre nos primeiros dias ou nos primeiros meses após a derrubada do presidente constitucional, João Goulart.

Foram processos formados, por assim dizer, para forçar algum tipo de enquadramento legal daquelas centenas e milhares de cidadãos presos nos primeiros dias após a reviravolta política de 1º de abril de 1964.

O instrumento legal acionado para tanto foi, quase sempre, a Lei 1.802, de 1953, visto que ainda não existia a Lei de Segurança Nacional (LSN) que as novas autoridades cuidariam de preparar nos anos seguintes. Mas a ótica adotada pelos membros do Ministério Público nas acusações é aquela, rotineira nas ditaduras, de fazer o espírito da lei voltar atrás no tempo, castigando como delitos de hoje comportamentos que eram virtudes de ontem.

O afã punitivo, a ânsia de perseguição que chegava a ter ares de vingança, impediu as autoridades responsáveis pelos processos de qualquer ponderação sensata sobre o direito de cidadãos brasileiros possuírem opiniões contrárias às dos generais vitoriosos, sem que isso representasse, necessariamente, crime.

São apontados, então, como criminosos, brasileiros que até a semana anterior, até o mês anterior, desempenhavam importantes funções na estrutura de governo que se derrubou em abril. Governadores, prefeitos, chefes de repartições públicas e órgãos governamentais, representantes diplomáticos, assessores especiais dos líderes destituídos, políticos afinados com o pensamento de Goulart e com a campanha pelas Reformas de Base desfilam aqui como réus. Seus crimes? A soma completa de todas as atividades políticas ocorridas numa determinada região, nos últimos tempos, direcionadas num sentido de apoio às Reformas, defesa da nacionalização da economia brasileira, fortalecimento de entidades de representação popular, manifestação de ideias socialistas.

Como exemplos ilustrativos, formava-se um "IPM da Subversão na Zona Norte do Paraná", ou um "IPM do Governo Arraes", e aí eram juntadas atividades tão diferenciadas como a formação de "Grupos de Onze", ações das Ligas Camponesas, realização de greves, distribuição de jornais nacionalistas ou comunistas, ocupação de terras, participação em sindicatos, movimentações da UNE, atuação de governador, secretário de Estado, prefeito, deputado, vereador, o que fosse.

Sem qualquer preocupação em apresentar declarações do próprio réu sobre suas convicções políticas e ideológicas, era rotineiro que as denúncias se referissem a tais cidadãos como "comunistas", "criptocomunistas", simpatizantes ou aliados do comunismo. Toda a movimentação política ocorrida nessas áreas era apresentada como planejada por um "Partido Comunista" fantasmagórico, centenas de vezes mais poderoso do que o PCB existente no período, somado que fosse aos dois ou três outros agrupamentos de esquerda que começavam a existir naquela época.

Passemos agora a exemplificar com alguns casos mais importantes dos 34 processos incluídos neste primeiro grupo.

Em maio de 1964 foi instalado, no Quartel-General da 5ª Região Militar, em Curitiba, um gigantesco IPM intitulado "Zona Norte do Paraná", que se desenvolveu nos meses seguintes por inúmeras cidades daquela região do estado, tomando depoimentos de todos quantos tivessem revelado alguma participação política destacada, em alinhamento com o governo deposto. Em cada localidade, a tomada das declarações podia se dar na Delegacia de Polícia, no Tiro de Guerra, ou em outras repartições. Com base nesse mesmo IPM foram iniciados inúmeros processos, sendo que seis deles se encaixam perfeitamente na classificação deste item. Apura-se num bloco só: organização de greves, formação de sindicatos, reuniões de solidariedade a Cuba, viagens àquele país, formação de "Grupos de Onze" e ligações com Brizola, convite a Francisco Julião para visitar a cidade, propaganda da Reforma Agrária etc. Os seis processos aqui reunidos se referem, individualizadamente, às cidades de Maringá, Londrina, Cambará, Andirá, Jaguapitã e Querência do Norte. O estudo dos autos desses inquéritos permite entrever que inúmeros outros procedimentos penais foram iniciados abordando outras cidades, sem que tenham avançado até a etapa do julgamento[1].

No Rio Grande do Sul e em Santa Catarina as investigações não foram centralizadas num IPM único. Mas devassas, em tudo semelhantes às da "Zona Norte do Paraná", foram realizadas nos municípios gaúchos de Rio Pardo, Cachoeira do Sul, Gravataí e Santa Bárbara do Sul, e nas localidades catarinenses de São Francisco do Sul e Porto União[2].

No Rio de Janeiro, processos semelhantes foram formados para investigar a "agitação subversivo comunizante" em Cachoeiras de Macacu, em Campos, em Santo Aleixo e Magé, em Macaé, em Três Rios e em Teresópolis. Na antiga Guanabara foi formado também um volumoso inquérito apurando as atividades de apoio a Goulart e às Reformas de Base centralizadas no Departamento de Correios e Telégrafos (DCT). A ênfase das investigações é colocada na apuração da greve geral em repúdio ao golpe militar, desfechada em 1º de abril de 1964 com a simpatia dos diretores do DCT e sob coordenação da União Brasileira dos Servidores Postais, vinculada à CGT[3].

Processos abrangentes, enfeixando uma série de atividades diferenciadas, foram formados também em Teresina, em Belém do Pará, na Petrobras da Bahia, em Florianópolis, Curitiba e muitas outras capitais[4]. Em Natal, cuja prefeitura era ocupada por pessoa tida como "comunista", Djalma Maranhão, irmão de um dirigente comunista que "desapareceu" nos órgãos de repressão em 1974 (Luiz Inácio Maranhão Filho), a devassa começou pela sede do Executivo Municipal, enquadrando criminalmente o prefeito, secretários, vereadores e lideranças sindicais. São acusados de um leque imenso de atividades, entre as quais sobressai a instalação de um "QG da Legalidade" naquela capital potiguar, no dia 1º de abril de 1964[5].

1. BNM n. 69, 139, 238, 240, 292 e 315.
2. BNM n. 606, 62, 298, 64, 562, 437 e 288.
3. BNM n. 17, 135, 211, 297, 382, 468 e 265.
4. BNM n. 349, 161, 393 e 391.
5. BNM n. 46.

Outros prefeitos atingidos nos IPMs que deram base a esses processos foram os de Atibaia, em São Paulo, de Cachoeiras de Macacu e Teresópolis, no Rio de Janeiro, e de Santa Bárbara do Sul, no Rio Grande do Sul[6].

Pelo gigantismo do inquérito e do processo judicial, merece também destaque o já referido "IPM do Governo do Estado de Pernambuco", que teve como principal acusado o Governador Miguel Arraes, preso imediatamente após a vitória do movimento que depôs Goulart. Todos os conflitos sociais de Pernambuco nos últimos três anos foram, de uma forma ou outra, encaixados nas investigações desse IPM, em que chegaram a depor 984 pessoas somente naquele estado. Ao arrolar a torrente de "agitações comunizantes" atribuídas ao "PC incrustado no governo", as autoridades não se esquecem de incluir a magnífica campanha de educação popular desenvolvida naquela área do país, especialmente em Recife, sob inspiração do pedagogo Paulo Freire, um dos milhares de cidadãos que se refugiaram no exterior por força das perseguições desencadeadas pelo novo regime[7].

Por último, merece registro especial este que foi um dos mais absurdos e truculentos processos formados em todos esses anos de perseguição e repressão política. Nele foram réus, além de alguns brasileiros, nove cidadãos da República Popular da China que se encontravam no Brasil no dia 1º de abril de 1964. Eles compunham três equipes distintas: um grupo de jornalistas, que chegou ao país em dezembro de 1961, atuando desde então como correspondentes de imprensa; uma delegação que veio, em junho de 1963, para organizar uma exposição; e uma missão comercial que percorria o país, desde janeiro de 1964.

Os chineses são acusados de se reunirem com comunistas brasileiros para planejar a subversão, divulgar propaganda comunista e distribuir material enaltecendo o Regime de seu país. A prisão desses estrangeiros, credenciados diplomaticamente para as funções indicadas, e as violências que teriam sofrido durante os interrogatórios foram, então, divulgadas como um dos primeiros escândalos, de repercussão internacional, envolvendo as autoridades do Regime Militar em práticas que desrespeitavam os direitos humanos[8].

---

6. BNM n. 502, 17 e 468.
7. BNM n. 266.
8. BNM n. 6.

"Propaganda subversiva"

Num segundo grupo de 32 processos, existia de comum, na acusação feita contra os réus, a prática de "propaganda subversiva".

Do ponto de vista do enquadramento técnico, a capitulação dos "crimes" variava bastante, podendo ser invocados diversos artigos da Lei de Segurança Nacional. Do ponto de vista filosófico, entretanto, ficou evidente que se partia de uma definição arbitrária daquilo que seria "subversão". As autoridades do Regime Militar utilizaram esse conceito, abusivamente, como se ele tivesse um conteúdo absoluto, invariável, sagrado. Seu raciocínio continha uma lógica primitiva: subverter é tentar transformar o que hoje existe; como o regime atual representa a vontade da nação, tentar mudá-lo é, pois, delito. E todo delito merece punição.

O conceito genérico de "subversão", em alguns dos processos, aparece referido como "doutrinação comunista"; outras vezes como "incitação à luta de classes" ou "pregação do ódio entre as classes". Outras vezes, ainda falava-se em "atos de guerra psicológica adversa". E quase sempre as peças de acusação fazem referência à instigação da animosidade contra as Forças Armadas e autoridades constituídas".

O leque de atividades enquadradas aqui foi bastante amplo: aulas, atividades artísticas, publicações, edição de livros, panfletagens e pichamentos de paredes. Apenas sete destes processos tiveram início em datas anteriores à decretação do Ato Institucional n. 5, o que ajuda a compreender melhor, por mais um ângulo de avaliação, a evolução da repressão política naqueles anos.

Um resumo do conteúdo dos processos mais significativos aqui classificados seguramente terá utilidade para essa compreensão[9].

O único processo deste item que data de 1964 tem como réu único um faxineiro do Iapi – Instituto de Aposentadoria e Pensões dos Industriários, de Timbaúba, em Pernambuco, que teria se utilizado de um alto-falante para falar mal dos fazendeiros da região, fazendo incitamentos contra eles através de discursos que continham elogios a Fidel Castro.

No ano seguinte, em Curitiba, seis cidadãos foram processados por terem fundado um Teatro de Fantoches que apresentava trabalhos cujo conteúdo era semelhante ao desenvolvido pelo Centro Popular de Cultura, da

9. BNM n. 134.

UNE, extinto no ano anterior. Os réus são acusados, também, pelo "crime" de manterem correspondência com países socialistas acerca do trabalho teatral e de outras formas de expressão cultural[10].

Em março de 1966 seria a vez de a Segurança Nacional ser atacada, sempre na ótica alarmista das autoridades do regime, em reunião da inexpressiva Sociedade de Desenvolvimento do Ibirapuitan, bairro de Alegrete, Estado do Rio Grande do Sul. Em discurso na sede daquela sociedade, o secretário da entidade teria atacado o Regime Militar, realizando "propaganda subversiva". O 6º Regimento de Cavalaria, daquela cidade, formou IPM contra esse cidadão, que respondeu então a processo perante a Justiça Militar[11].

Em outubro de 1967 foi formado inquérito que redundou em processo, na Justiça Militar de São Paulo, contra o historiador, editor e professor universitário Caio Prado Júnior. Foram corréus outros dois estudantes da Faculdade de Filosofia da USP. O crime de propaganda subversiva, aqui, teria sido a publicação de uma revista de debate teórico, naquela faculdade, com o título "Revisão", sob responsabilidade do grêmio estudantil. Caio Prado Júnior foi condenado pela 2ª Auditoria a 4 anos e 6 meses de reclusão por ter dado uma entrevista num dos números da revista[12].

Em 1968, no Rio de Janeiro, dois processos distintos abordavam "atos de propaganda subversiva" de apoio ao Vietnã, sem que existisse qualquer ligação com o Movimento Estudantil ou com grupos de esquerda (o que teria levado a classificar o processo em outro item). Num dos casos, os três réus são acusados de terem pichado paredes com os dizeres "Viva Vietcong" e "Vietcong aponta o caminho". No outro, dois jovens foram presos na lancha Rio-Niterói, distribuindo panfletos contra o Governo Costa e Silva por estar planejando o envio de soldados brasileiros para lutar naquele país[13].

Em São José dos Campos, Estado de São Paulo, o Professor Roberto Jorge Haddock Lobo Neto, de 69 anos, foi processado, em 1972, por aulas ministradas na cadeira de História da Educação em 1968, na Faculdade de Filosofia local. É acusado, na denúncia, de fazer doutrinação marxista leninista e atacar o Regime brasileiro. O inquérito foi formado na Polícia Fede-

10. BNM n. 397.

11. BNM n. 503.

12. BNM n. 574.

13. BNM n. 241 e 89.

ral e teve origem numa investigação sumária levada a efeito pelo Batalhão do Sexto Regimento de Infantaria do Exército, iniciada em 19 de dezembro de 1968, ou seja, no sexto dia de vigência do AI-5[14].

No Quartel-General da 6ª Região Militar, em Salvador, foi formado, a partir de 2 de janeiro de 1969, um IPM contra o professor universitário e economista Jairo Simões, acusado, segundo os autos, de desenvolver "ação comunizante de alto gabarito", através de aulas, conferências e de inúmeros trabalhos desempenhados em altos cargos do Executivo e do Legislativo baianos, durante 1968. O curioso é que as peças do inquérito fazem abundantes referências às virtudes e qualidades do réu, enaltecendo as funções profissionais por ele desenvolvidas[15].

No Ceará, em 1969, dois estudantes foram processados, com base na Lei de Segurança Nacional, por terem ministrado um curso de "alfabetização subversiva" no município de Crato, durante o Carnaval daquele ano[16].

Em julho de 1969, o Dops do Rio de Janeiro iniciou três inquéritos que redundaram em três ações penais distintas, contra editores de livros. No primeiro deles, a publicação dos "Fundamentos de Filosofia", do russo Victor Grigórievitch Afanássiev, deu pretexto ao enquadramento de quatro cidadãos acusados de "propaganda subversiva". Dois deles são responsabilizados por terem lançado a primeira tradução da obra, em 1963 (seis anos antes!), através da Editora Vitória Ltda. O terceiro era o conhecido editor Ênio Silveira, responsável pela Editora Civilização Brasileira, que reeditou o livro em 1968. O último réu foi o responsável pela impressão gráfica[17].

Em outro processo, foram levados ao banco dos réus os responsáveis pela publicação do livro *Textos*, de Che Guevara, pela Editora Saga. Um dos réus, diretor-presidente da empresa, era o ex-secretário particular do Presidente Jânio Quadros, José Aparecido de Oliveira[18].

O terceiro teve como réus novamente o editor Ênio Silveira e um ex-diretor da Rádio Mayrink Veiga, Maia Netto, denunciados por motivo da publicação do livro *Brasil: Guerra quente na América Latina*[19].

14. BNM n. 344.
15. BNM n. 378.
16. BNM n. 387.
17. BNM n. 110.
18. BNM n. 355.
19. BNM n. 366.

Ainda na maré cega da repressão política que se espraiou pelo Brasil naquele ano de 1969, a Segurança Nacional teria sido atingida na esquecida localidade de Inhapim, em Minas Gerais, conforme consta no processo que se desenrolou na Auditoria de Juiz de Fora, quando, na madrugada de 23 de setembro, um cidadão se muniu de tinta e pincel, passando a escrever pelos muros da cidade frases como "Abaixo a Opressão" e ofensas dirigidas ao Lions Clube local: "Abaixo a Sociedade Porca (LION)!"[20]

Por ordem do próprio ministro da Aeronáutica foi instaurado inquérito contra o cineasta Olney Alberto São Paulo, no dia 19 de novembro de 1969, acusado de atentar contra a Segurança Nacional através de seu filme *Manhã cinzenta*. O filme fora interditado pela Censura Federal e, assim mesmo, exibido em festival internacional de Viña del Mar, no Chile. Os autos apontam como propaganda subversiva, nesse filme, a inclusão de cenas gravando choques de rua entre policiais e estudantes, durante o ano de 1968[21].

O estudante Humberto Rocha Cunha, do 2º ano da Escola de Agronomia da Amazônia, foi processado pela Justiça Militar do Pará em 1969 por ter redigido um texto escolar, na cadeira de "Trabalhos Práticos de Agricultura", contendo elogios à mecanização e ao desenvolvimento rural dos países socialistas. É acusado, também, de ter divulgado amplamente, em sua escola, uma Carta Aberta aos responsáveis pela cadeira, que o impediram de apresentar seu trabalho em sala de aula. A partir de tais acusações, esse estudante foi duplamente punido: condenado pela Auditoria de Belém à pena de 1 ano de reclusão e impedido de continuar seu curso por força do Decreto-lei 477, invocado pelo diretor da faculdade[22].

A censura policial na correspondência distribuída pelo correio brasileiro durante os anos do Regime Militar – sempre negada pelas autoridades – ficou cabalmente comprovada com o estudo de dois processos, pesquisados no Projeto BNM, abordando o delito da "propaganda subversiva" através de cartas. Num desses processos é ré uma estudante de Serviço Social que foi presa em flagrante na agência de Correios da Praça Cívica, em Goiânia, quando postava algumas cartas denunciando violações dos direitos humanos. Uma das cartas continha a assinatura de Jean Honoré Talpe, padre ope-

20. BNM n. 242.
21. BNM n. 148.
22. BNM n. 107.

rário em Osasco (SP), expulso do Brasil em 1969. Segundo os autos, a estudante foi detida por agentes da Polícia Federal que estavam vigiando aquela agência após ter sido apreendida, no correio de Anápolis, correspondência de teor semelhante. No processo é responsabilizada criminalmente, também com base na LSN, a pessoa que teria entregue as cartas para a amiga presa na agência[23].

Ainda em Goiânia, um professor de Português foi enquadrado na Lei de Segurança Nacional, com base em inquérito da Polícia Federal, iniciado em maio de 1971, por ter abordado, em suas aulas, temas como "Mulher Proletária" e "O Açúcar", propostos para redação. É ainda acusado, nesse processo, de simpatizar com Fidel Castro e Che Guevara e de emprestar livros com informações sobre o socialismo para seus alunos. Em abril de 1972 a Auditoria Militar de Brasília o absolveu, por entender que faltava tipicidade ao delito. Mas, em setembro do mesmo ano, o STM decidiu condená-lo a 1 ano de reclusão, por crime contra o artigo 45, item II, do Decreto-lei 898/69: "Fazer propaganda subversiva aliciando pessoas nos locais de trabalho ou ensino"[24].

Acusações semelhantes por crimes de "propaganda subversiva" já haviam sido feitas em processo que abordou atividades de quatro cidadãos de Joaçaba (SC), que teriam criticado o Regime Militar por diferentes formas de expressão verbal, durante o ano de 1969. No IPM iniciado em janeiro de 1970, no 5º Batalhão de Engenharia de Combate, em Porto União, um dos delitos atribuídos a um réu era ter ministrado aulas de conteúdo subversivo e ter apresentado como questões de uma sabatina: "Cite cinco países socialistas" e "Quem era Che Guevara"[25].

Na mesma trilha de terrorismo cultural declarado, as autoridades responsáveis pela Segurança Nacional em São Paulo processaram, judicialmente, com base em inquérito iniciado em janeiro de 1974, a educadora Maria Nilde Mascellani e dois colaboradores, acusados de divulgarem um trabalho intitulado "Educação Moral e Cívica & Escalada Fascista no Brasil". Esse texto, que teria sido redigido por Maria Nilde, continha uma apreciação sobre o ensino de Educação Moral e Cívica, como obrigação imposta

23. BNM n. 273 e 543.

24. BNM n. 374.

25. BNM n. 245.

pelo Regime Militar a todos os currículos escolares do país. As peças de acusação revelam particular irritação com o registro de que esse trabalho teria sido remetido ao Conselho Mundial de Igrejas, com sede em Genebra, e para a Itália, para ser divulgado mundialmente[26].

Para completar a descrição sobre os crimes de "propaganda subversiva", é interessante fazer referência a dois incríveis processos abertos contra cidadãos que já se encontravam encarcerados nos presídios políticos do país e mesmo assim foram denunciados por atentarem contra a segurança da nação na qualidade de presos políticos.

Um deles transcorreu na Justiça Militar de Minas Gerais, a partir de IPM iniciado em 7 de abril de 1970. A acusação é de que um grupo de presos políticos, da penitenciária de Juiz de Fora, com a ajuda de alguns familiares, teriam instalado, no presídio, uma "verdadeira célula comunista", que implantou entre os detentos um esquema de doutrinação subversiva e elaborava denúncias sobre torturas que sofreram durante seus interrogatórios de inquérito[27].

No segundo caso, o inquérito que deu base ao processo teve início em agosto de 1971, quando uma *blitz* efetuada pelos guardas do Presídio Tiradentes, em São Paulo, apreendeu, em algumas celas, livros e manuscritos que são apontados como instrumentos de doutrinação subversiva entre os próprios presos políticos[28].

Crítica à autoridade

Neste terceiro e último grupo foram computados 18 processos em que, segundo as peças de acusação, a Segurança Nacional teria sido violada por palavras e atitudes de cidadãos que teceram críticas, ofensas ou ataques a autoridades constituídas.

Todos eles tiveram início em datas posteriores à edição do Ato Institucional n. 5.

O resumo, que será apresentado a seguir, do conteúdo dos casos mais representativos deste grupo, permitirá ver que, em alguns episódios, os fa-

26. BNM n. 467.
27. BNM n. 217.
28. BNM n. 20.

tos relatados poderiam ser considerados como ofensas à honra. Mas, mesmo nesses casos, causa espanto a utilização da LSN para puni-los.

Outras vezes o leitor se perguntará, com a amplitude de visão que o passar do tempo assegura, se o procedimento apontado nos processos como crime não seria, em verdade, um gesto digno de louvor.

E, de qualquer modo, esse resumo permitirá mostrar, por mais um prisma de abordagem, que existiu no Brasil, especialmente após o AI-5, uma avalanche de repressão política contra opositores ao Regime Militar, que utilizou a defesa da Segurança Nacional como pretexto, como escudo e como ferramenta para impor autoritariamente a vontade política de pequena parcela da sociedade como se fosse a da nação. De instrumento legal para coibir eventuais contravenções e ameaças à Segurança do Estado – já partindo do ponto de vista inaceitável de que eram "inimigos internos" todos os que se manifestassem contra a situação vigente –, a LSN foi se transformando em joguete usado até por pequenos chefes de província para perseguir seus desafetos.

O conceito de autoridade se tornou tão elástico, nessa utilização da LSN como porrete de brigas interioranas, que houve casos em que um mero funcionário do Departamento de Estradas de Rodagem figura como investido de tal condição.

A lei foi empregada em episódios tão inexpressivos e pitorescos, que alguns casos chegam a carregar um curioso colorido folclórico.

Em janeiro de 1969, por exemplo, um fazendeiro de Uberlândia (MG) estacionou sua camioneta no Portão das Armas do 36º Batalhão de Infantaria e convidou alguns praças a seguirem até sua propriedade rural, para chupar mangas. Três meses depois foi instaurado um IPM naquela unidade, que deu base a um processo na Justiça Militar contra aquele proprietário rural, acusado de ter feito comentários ofensivos aos superiores hierárquicos dos soldados durante aquele passeio. É responsabilizado por difamação contra as Forças Armadas e incitamento à animosidade contra os superiores dos recrutas interessados nas mangas[29].

Em junho do mesmo ano, em Niterói, um chefe de inspetoria da Secretaria das Finanças do Estado, numa reunião mensal com seus colegas de posto,

29. BNM n. 452.

teria afirmado que um general havia gestionado pelo seu afastamento da função de chefe. Tal general, presidente da subCGI (Comissão Geral de Investigações) do Rio de Janeiro, pretendia, segundo este inspetor, uma represália por ter ele lavrado uma multa contra outro militar, no interior do estado. Foi formado inquérito, com base na LSN, na própria subCGI presidida pelo general. Mais uma vez a Justiça Militar e a LSN foram acionadas para dirimir conflitos dessa natureza, acobertando apadrinhamento de corruptos[30].

Em São Sebastião, no litoral paulista, um funcionário público municipal passou a atacar o prefeito local, após ser demitido por ele, chamando-o de ladrão, caloteiro e corrupto, entre novembro e dezembro de 1968. Só em junho de 1970 teve início o inquérito, feito no Dops de São Paulo, que serviu de base para processo contra o funcionário demitido, como violador da segurança da nação[31].

Em julho de 1971, na remota localidade de Condado, em Pernambuco, a Segurança Nacional voltaria a ser maculada em incidente de porte semelhante. Um cidadão instalou um amplificador de som em sua residência, naquele município, e, pelo alto-falante, desfechou ataques contra o prefeito e um deputado estadual, chamando-os de vigaristas e ladrões. O processo tramitou na Auditoria Militar de Recife[32].

O episódio que se segue, igualmente folclórico, retrata bem o esquema de clientelismo político que predomina nos rincões do interior brasileiro, bem como o fenômeno do mandonismo político local. Em agosto de 1970, em Manaus, foi formado inquérito, que resultou em processo na Justiça Militar de Belém, contra um deputado estadual de Manicoré, sua esposa – prefeita da cidade – e vários correligionários, todos membros da Arena, o partido oficial do Regime Militar. Esses cidadãos teriam infrigido a LSN porque promoveram várias manifestações contra o juiz de Direito da localidade, após ter essa autoridade indeferido um pedido para facilitar a inscrição de novos eleitores em tempo hábil para que pudessem votar nas eleições de novembro. Tais manifestações se realizaram naquela minúscula cidade sem estradas do Amazonas, nos dias 1º, 2, e 3 de agosto, culmi-

30. BNM n. 481.
31. BNM n. 480.
32. BNM n. 463.

nando com ofensas morais e agressões físicas ao juiz, que terminou sendo colocado a força no navio-motor "Comandante Careca", e escorraçado da cidade[33].

Episódio absurdo de enquadramento de cidadão por crime contra a Segurança Nacional deu-se na Justiça Militar do Paraná, em 1970, por motivo de inquérito formado na Delegacia de Polícia de Uraí. O réu foi apontado como criminoso contra a segurança da nação, porque afirmou que um funcionário do Departamento de Estradas de Rodagem (a "autoridade" do episódio) mandara instalar uma placa de parada de ônibus em frente a determinada barraca de frutas, em troca de uma leitoa oferecida pela sua proprietária[34].

Dois processos por ofensas a autoridades, com base na LSN, foram formados contra presos políticos, pela postura assumida perante o Tribunal de Justiça Militar, em sessões de processos a que já respondiam como infratores da mesma lei. Num dos casos, os presos políticos Aton Fon Filho e Rômulo Noronha de Albuquerque, que respondiam a processo na 1ª Auditoria da Aeronáutica, no Rio, por serem militantes da ALN, teriam se recusado a se levantar em saudação aos juízes, e um deles teria afirmado, quando instado a erguer-se, que só o fazia em respeito aos demais presentes e ao povo brasileiro, não reconhecendo no Conselho legitimidade para julgá-los. A partir de tal incidente, teve início novo processo por desacato, no qual os réus foram condenados pelo Conselho de Justiça da Auditoria à pena de 2 anos e 6 meses de reclusão[35].

O outro episódio ocorreu em São Paulo, na 1ª Auditoria da 2ª CJM. O jovem Antonio Sérgio Melo Martins de Souza estava recolhido no Presídio Tiradentes respondendo a processo como membro da AP. Durante o seu depoimento em juízo, teria afirmado que o Regime Militar brasileiro era uma ditadura antipopular e subserviente aos capitalistas e imperialistas. O juiz auditor lavrou prisão em flagrante (de um cidadão que já estava preso), dando início a um novo processo em que o réu foi acusado de "ofender a cúpula governamental do país e em especial o presidente da República"[36].

33. BNM n. 405.
34. BNM n. 464.
35. BNM n. 258.
36. BNM n. 399.

E nessa linha, de registrar episódios em que foram apontados como infratores cidadãos cujo comportamento pode se configurar, na ótica de hoje, como gesto patriótico e de grande coragem, é interessante encerrar este relato com o processo movido na Justiça Militar de São Paulo, em 1975, já no período da "distensão política" de Ernesto Geisel, contra um publicitário que teria atentado contra a Segurança Nacional na cidade de Catanduva.

Seu crime? Ter afirmado, em palestra sobre tóxicos, proferida no Colégio Nossa Senhora do Calvário, em 8 de novembro de 1974, que o Delegado Sérgio Fleury chefiava a máquina do tráfico de entorpecentes em São Paulo[37].

Quando, em 30 de abril de 1979, o Delegado Fleury, exaustivamente apontado como torturador de presos políticos nos documentos examinados pela Pesquisa BNM, alcançou a morte em estranhas circunstâncias, no Iate Clube de Ilhabela (SP), todo o noticiário de imprensa sobre o fato conjecturou que o envolvimento com o tráfico de drogas podia ser levantado como uma das hipóteses para explicar o misterioso acidente.

37. BNM n. 422.

PARTE IV

SUBVERSÃO DO DIREITO

12
A formação dos processos judiciais

Durante o desenvolvimento do Projeto BNM foi possível estudar a repressão política ocorrida no Brasil entre 1964 e 1979 ainda sob um outro enfoque: a legalidade dos procedimentos punitivos do ponto de vista estrito do Direito. Ou seja, verificar como eram cumpridas as leis e códigos da Justiça Militar, indagando sobre o respeito a algumas normas consagradas da Justiça.

Tratava-se, nessa etapa da pesquisa, de comparar o que a lei estabelecia - mesmo a lei do Regime Militar - a respeito dos inquéritos e do processo judicial, e aquilo que efetivamente se observava na prática.

Para expor os resultados dessas indagações torna-se necessário introduzir algumas explicações sobre a estrutura da Justiça Militar brasileira e sobre as etapas cumpridas para a formação de seus processos.

Logo em abril de 1964 foram criadas as Comissões Gerais de Investigação (CGI), chefiadas, em nível nacional, pelo General Taurino de Rezende, que centralizaram as centenas de inquéritos policiais (formados em repartições da polícia) e inquéritos policiais-militares (IPMs, formados em unidades militares) abertos para apurar os "atos de subversão" que teriam sido praticados por alguns milhares de cidadãos em todo o país.

Ao longo do Regime Militar houve inúmeras alterações na legislação que estabelecia normas para o andamento dos inquéritos, para a formação dos processos judiciais e para a competência legal quanto ao foro dessas ações.

De abril de 1964 a outubro de 1965, os atingidos pela atividade repressiva ainda tinham possibilidade de recorrer à Justiça Comum – em geral, diretamente ao Supremo Tribunal Federal (STF) – para fazer valer os seus direitos. Vale registrar que, nesse primeiro período, o STF teve coragem para tomar decisões que respeitavam as garantias contidas na Constituição Federal vigente (de 1946). Com isso, centenas de IPMs foram interrompidos por decisão dessa Corte antes de alcançarem a etapa judicial, ou travados em fases posteriores, sem atingir a hora do julgamento.

Até a decretação do Ato Institucional n. 5, em 13 de dezembro de 1968, o recurso utilizado mais frequentemente pelos atingidos era a impetração de *habeas corpus* que, muitas vezes, obtinha a cessação do processo.

Em 27 de outubro de 1965, com a edição do Ato Institucional n. 2, a Justiça Militar passou a monopolizar a competência para processar e julgar todos os crimes contra a Segurança Nacional, o que equivaleu a ampliar enormemente seu alcance sobre atividades de civis.

Vigia, nessa época, a Lei n. 1.802, de 5 de janeiro de 1953, que definia os crimes contra o Estado e contra a ordem política e social. A tramitação dos processos apoiados nessa lei se fazia perante a Justiça Comum até 1965, ficando a Justiça Militar (também chamada Castrense) reservada aos delitos de militares ou aos "crimes militares" praticados por civis.

A partir do AI-2 os crimes previstos na Lei 1.802 passaram a ser competência exclusiva do Foro Militar, condição que logicamente se manteve com a promulgação da Lei de Segurança Nacional, de 1967 (DL 314). A totalidade dos processos reunidos para a Pesquisa BNM, por conseguinte, teve a Justiça Militar Federal como campo básico de sua tramitação, não obstante alguns casos em que se registrou, também, um curto período de trânsito pela Justiça Comum.

Por isso, é correto iniciar as explicações jurídicas deste capítulo com um breve resumo sobre a Justiça Militar brasileira e seus códigos.

A Justiça Militar e sua competência

A Justiça Militar brasileira está estruturada através de Circunscrições Judiciárias Militares (CJMs), cujos limites coincidem com a base territorial das Forças Armadas na área (Região Militar, Distrito Naval e Comando Aéreo Regional). As Auditorias Militares funcionam nas CJMs. Somente nas CJMs do Rio de Janeiro, São Paulo e Rio Grande do Sul é que se encontram instaladas mais de uma Auditoria. Nas restantes, há uma única Auditoria em cada CJM.

No período compreendido pelo Projeto BNM (1964-1979) existiam no país as seguintes Auditorias, que são a primeira instância da Justiça Militar:

Rio de Janeiro	– 1ª Auditoria do Exército da 1ªCJM 2ª Auditoria do Exército da 1ªCJM 3ª Auditoria do Exército da 1ªCJM 1ª Auditoria da Marinha da 1ªCJM 2ª Auditoria da Marinha da 1ªCJM 1ª Auditoria da Aeronáutica da 1ªCJM 2ª Auditoria da Aeronáutica da 1ªCJM
São Paulo	– 1ª Auditoria da 2ªCJM 2ª Auditoria da 2ªCJM (do Exército) 3ª Auditoria da 2ªCJM
Rio Grande do Sul	– 1ª Auditoria da 3ªCJM – Porto Alegre 2ª Auditoria da 3ªCJM – Bagé 3ª Auditoria da 3ªCJM – Santa Maria
Minas Gerais	– Auditoria da 4ª CJM – Juiz de Fora
Paraná	– Auditoria da 5ª CJM – Curitiba
Bahia	– Auditoria da 6ª CJM – Salvador
Pernambuco	– Auditoria da 7ª CJM – Recife
Pará	– Auditoria da 8ª CJM – Belém
Mato Grosso	– Auditoria da 9ª CJM – Campo Grande
Ceará	– Auditoria da 10ª CJM – Fortaleza
Distrito Federal	– Auditoria da 11ª CJM – Brasília
Amazonas	– Auditoria da 12ª CJM – Manaus (só instalada depois do período abarcado pela pesquisa).

Das decisões tomadas pelas Auditorias Militares cabe recurso ao Superior Tribunal Militar (STM), que corresponde à segunda instância da Justiça Militar.

O STM se compõe de 15 ministros vitalícios, competindo ao presidente da República a indicação de seus membros, com a prévia aprovação do Senado Federal. Invariavelmente, esse corpo de 15 ministros deve ser integrado por três oficiais generais da ativa da Marinha de Guerra, três oficiais generais da ativa da Aeronáutica, quatro oficiais generais da ativa do Exército e cinco juízes civis. Destes últimos, dois provêm do quadro de juízes auditores ou do Ministério Público (promotores) das Auditorias, e três avulsos, de "notório saber jurídico e idoneidade moral", escolhidos pelo presidente da República.

O STM é a segunda instância da Justiça Militar. De suas decisões cabe recurso ao Supremo Tribunal Federal (STF), a mais alta Corte de Justiça do país, composta por onze ministros civis vitalícios.

Após o AI-2, os inquéritos policiais militares, apurando delitos contra a Segurança Nacional, passaram a ser encaminhados às Auditorias Militares e regidos pelo Código de Justiça Militar (Decreto-lei n. 925, de 2 de dezembro de 1938).

Posteriormente, a Junta Militar que governou o país no impedimento do General Costa e Silva, em 1969, baixou verdadeiro "pacote" legislativo para a Justiça Militar, editando ao mesmo tempo o Código Penal Militar (CPM), o Código de Processo Penal Militar (CPPM) e a Lei de Organização Judiciária Militar (LOJM). Estes decretos-lei 1.001, 1.002 e 1.003, respectivamente, todos de 21 de outubro de 1969, passaram a reger os processos perante o Foro Militar, inclusive as ações por infração à LSN.

Esses códigos, de um rigor extremado, ajustaram a Justiça Militar aos novos tempos, de implacável repressão judicial aos opositores do Regime Militar.

A Lei de Organização Judiciária Militar (Decreto-lei 1.003, de 21 de outubro de 1969), que dispõe sobre a estruturação da Justiça Militar, estabelece que a competência de uma determinada Auditoria para um dado processo se fará por distribuição através da ordem de entrada dos processos. Mas essa Lei também diz que, quando se tratar de infração à LSN, a distribuição será feita indistintamente entre as Auditorias. Isso permitiu a ocorrência de divisão preestabelecida de competência, tornando-se algumas Auditorias "especializadas" em processos contra determinado grupo político. Com isso, mais uma vez ficava caracterizado que a Justiça Militar acabava desempenhando uma função de auxiliar do aparato de repressão policial política.

Ao princípio segundo o qual "ninguém poderá ser condenado duas vezes pelo mesmo crime", a Justiça Militar respondeu com a subdivisão das acusações, especialmente no Rio de Janeiro e em Recife, multiplicando as condenações. Assim, uma pessoa que era acusada de ser integrante de um grupo político considerado subversivo que, na sua militância, usava identidade falsa e que, ao ser presa, guardava material de propaganda da organização, muitas vezes acabava sendo condenada pelos três fatos: 1) integrar partido clandestino; 2) uso de documentos falsos; e 3) posse de material subversivo. Tudo isso acontecia em desrespeito à norma legal que determina a unidade do processo, por "conexão dos feitos". Em outras palavras, os processos muitas vezes foram desmembrados para que a condenação fosse mais rigorosa.

Essa mesma lógica – de escolher sempre a interpretação mais desfavorável aos cidadãos acusados de oposição política ao Regime, e de contrariar expressamente os dispositivos legais que lhes fossem favoráveis – estará presente em todos os passos do procedimento punitivo, do inquérito ao fim do processo judicial. Para acompanhar a evolução dessas arbitrariedades é necessário explicar as normas estabelecidas em lei – principalmente no CPPM, já referido – para regular a formação dos processos.

Fase policial: o inquérito policial militar

O inquérito tem como objetivo a apuração sumária de um crime e sua autoria.

No inquérito inexiste o que, em Direito, chama-se de "contraditório", que é a possibilidade de o indiciado contestar, com provas, as acusações. Isso quer dizer que, durante as investigações dessa "fase policial", não há defesa, em sentido estrito.

Os presos por motivação política foram submetidos, nesses anos de Regime Militar, a longos períodos de incomunicabilidade, quer para seus familiares quer para seus advogados.

A formação dos inquéritos policiais de presos políticos era, a partir de 1969, dividida em duas partes: a fase dos DOI-Codis ou dos organismos de segurança das Forças Armadas; e a do "cartório", em que os presos passavam à disposição dos Dops ou da Polícia Federal, encarregados de "formalizar" os inquéritos.

Na primeira fase, a incomunicabilidade e os maus-tratos físicos e mentais eram a tônica dos chamados "interrogatórios preliminares". Na maioria das vezes nem mesmo a Justiça Militar era comunicada sobre as detenções efetuadas pelos órgãos de segurança. E, nas poucas vezes em que isso era feito, a data indicada não correspondia ao verdadeiro dia da prisão.

Muitas vezes, quando, pela ação de advogado, as Auditorias eram obrigadas a oficiar aos DOI-Codis indagando sobre determinada prisão, elas obtinham resposta negativa.

Os DOI-Codis, ou órgãos semelhantes, agiam impunemente. Tinham a sua própria lei. E não respeitavam as do país, nem mesmo os prazos processuais estabelecidos pela própria legislação de Segurança Nacional. As pessoas eram interrogadas encapuzadas. Seus interrogadores usavam codinomes ou apelidos e não se identificavam aos presos. Dificilmente haverá pessoas que tenham passado por eles sem terem sido torturadas.

Quando os órgãos de informação estavam satisfeitos com os "interrogatórios preliminares", então remetiam o preso ao Dops, ou à Polícia Federal, iniciando-se assim a segunda fase da formação dos inquéritos. Geralmente, eram estas as repartições que comunicavam à Justiça Militar. Os depoimentos ali tomados em "cartório" procuravam manter, na sua essência, as confissões obtidas sob coação no DOI-Codi. Ao Dops e à Polícia Federal era reservado o trabalho de resumir aqueles "interrogatórios preliminares", "desaparecendo" dos inquéritos, então, os volumosos depoimentos extraídos no DOI-Codi. Cópias desses "interrogatórios preliminares", produzidos nos DOI-Codis e órgãos assemelhados, raramente aparecem nos autos dos inquéritos remetidos à Justiça.

Também se torturava nos Dops. Muitas vezes fazia-se voltar o detido ao DOI-Codi para que novas investigações fossem realizadas ou para que o depoente desistisse de fazer modificações em seu depoimento de "cartório", suprimindo fatos incluídos nos "interrogatórios preliminares" do DOI-Codi.

Nas investigações realizadas nos DOI-Codis não havia encarregado de inquérito, com as atribuições estabelecidas pelo CPPM. Em geral, os delegados do Dops ou da Polícia Federal figuravam formalmente como encarregados desses inquéritos, os quais procuravam "legalizar" aquilo que os DOI-Codis haviam produzido.

As investigações desenvolvidas nesses órgãos eram clandestinas e, do ponto de vista jurídico, ilegais. Diz a lei que são atribuições do encarregado do inquérito dirigir-se ao local do delito, apreender os instrumentos e todos os objetos que tenham relação com os fatos, efetuar a prisão do infrator e colher todas as provas que sirvam para o esclarecimento dos fatos e das suas circunstâncias. É o encarregado do inquérito quem tem competência legal para efetuar prisões segundo o CPPM.

Como essas atribuições eram cumpridas, no entanto, pelos órgãos militares, sendo que os delegados apenas "formalizavam" as investigações que dali provinham, os inquéritos assim elaborados não poderiam ter validade legal, sendo inócuos, portanto, no plano jurídico.

Além disso, cumpre assinalar que, pela lei, o inquérito é peça meramente informativa, cujo objetivo é servir de base para o oferecimento de denúncia. O inquérito malnascido, ilegal e clandestino faz com que os atos subsequentes tragam vício original que compromete a legitimidade da ação penal.

Outro aspecto que merece ser salientado é aquele do prazo para conclusão do inquérito. Diz a lei que o prazo de conclusão do inquérito é de 20 dias, estando o indiciado preso, contados da data da prisão provisória; e de 40 dias, estando solto, contados da data de início da instauração do inquérito policial. Somente quando os indiciados estão soltos é que o prazo de conclusão pode ser prorrogado, mediante autorização judicial, por solicitação do encarregado, desde que este pedido seja formulado antes de esgotado o primeiro prazo.

Nos inquéritos com base na legislação de Segurança Nacional, esses prazos foram sistematicamente ultrapassados. Na verdade, não havia prazo algum para a conclusão do inquérito e os indiciados permaneciam presos indefinidamente.

A partir de 1968 era vedada a impetração de *habeas corpus*, pois o AI-5 proibia a apreciação judicial desta garantia "nos casos de crimes políticos contra a Segurança Nacional, a ordem econômica e social e a economia popular" (art. 10).

Sem direito a *habeas corpus*, sem comunicação de prisão, sem prazo para a conclusão do inquérito, o preso ficava absolutamente indefeso nos órgãos de segurança desde o dia em que fora sequestrado e até quando passasse à Justiça Militar.

Indefeso e incomunicável, era obrigado a confessar aquilo que os seus interrogadores queriam, depois de longas sessões de tortura.

Obtidas as confissões, os inquéritos eram "legalizados" e as prisões comunicadas.

O CPPM determina, com relação ao depoimento de testemunhas e indiciados, o tempo de sua duração, fixando o horário em que as declarações podem ser tomadas.

Diz a lei que ninguém poderá ser interrogado por mais de quatro horas seguidas e, se houver necessidade de prosseguir o interrogatório, dar-se á, obrigatoriamente, um intervalo de meia hora para descanso. Da mesma forma, ninguém poderá ser ouvido depois das 18 horas.

Tais pressupostos legais foram sempre desrespeitados nos inquéritos com base na LSN. Os presos eram interrogados durante horas seguidas, sem nenhum descanso, nem alimentação. Desde que chegavam aos órgãos de segurança eram imediatamente submetidos a longas e constrangedoras sessões de interrogatório. Os processos analisados noticiavam a ocorrência de interrogatórios que se prolongavam por dias a fio, ininterruptamente.

As normas para tomada de depoimento do indiciado também se encontram estabelecidas pela lei: as declarações devem ser tomadas na presença de duas testemunhas, que assistam, do início ao fim, a prestação das mesmas.

Nos processos submetidos à análise neste trabalho constata-se que as pessoas que assinavam os interrogatórios dos indiciados como testemunhas, na maioria das vezes eram agentes policiais da repartição investigante. Quando este método começou a ser denunciado nos tribunais militares, os organismos encarregados da formalização dos IPMs passaram a substituir as testemunhas - agentes policiais - por transeuntes arregimentados nas portas da repartição para assinar os interrogatórios dos presos políticos, sem os terem presenciado e nem sequer lido.

Viciados e com todas estas falhas, depois da elaboração dos relatórios, os inquéritos policiais eram remetidos, finalmente, às Auditorias Militares.

Fase judicial: A ação penal

A denúncia

A ação penal é todo procedimento judicial baseado numa denúncia e se processa perante o Poder Judiciário.

Nos casos de ações penais por infração à LSN, quando o inquérito chegava à Auditoria, o mesmo era remetido pelo juiz auditor ao procurador militar para que fizesse a denúncia. É este promotor quem elabora a denúncia judicial.

O processo propriamente dito se inicia com o recebimento da denúncia pelo juiz auditor. Efetiva-se pela citação do acusado e extingue-se pela promulgação de sentença irrecorrível.

Ao juiz cabe garantir a regularidade do processo, a execução da lei e manter a ordem dos atos processuais. Em tese, não depende o juiz de qualquer autoridade. Tornar-se-á "impedido" se for levantada a sua suspeição por amizade ou parentesco com o réu, ou por ter opinado, aconselhando qualquer das partes.

No processo, as partes estão representadas pelo Ministério Público (acusação) e pela defesa, em igualdade de situação.

O Ministério Público também não deve ter qualquer impedimento, pois representa a sociedade. Como a sociedade não tem interesse na punição de inocentes, o promotor pode, ao final da instrução processual, convencido de que a acusação é improcedente, pedir a absolvição do acusado.

Ao acusado, a quem se imputa uma infração penal através da denúncia, é dado o direito de se defender por advogado legalmente habilitado. Quando o réu não tem defensor, o juiz deve nomear um.

Os advogados devem agir de acordo com os direitos e deveres contidos no Estatuto da Ordem dos Advogados do Brasil. Devem ser independentes e autênticos.

Recebida a denúncia, o acusado é submetido a interrogatório perante o Conselho de Justiça. Existem Conselhos Especiais de Justiça e Conselhos Permanentes de Justiça. Os Conselhos Especiais de Justiça são formados para processar e julgar oficiais, exceto os generais (que são julgados somente pelo STM) e, após 1969, casos envolvendo a aplicação de pena de morte.

Os Conselhos Permanentes de Justiça são constituídos para processar e julgar os acusados não oficiais e ainda os civis envolvidos em crimes militares ou definidos na LSN.

O Conselho de Justiça é composto por quatro oficiais e por um juiz auditor, civil, sendo presidido sempre por um militar de patente superior à dos outros três.

Por lei, os juízes militares devem ser escolhidos por sorteio entre os oficiais habilitados, segundo listas enviadas pelos órgãos da administração do pessoal das Armas. Os militares exercem essas funções durante o prazo de três meses, quando outros são sorteados para substituí-los. O juiz auditor não se altera com esse revezamento trimestral.

O que se verificou, no entanto, ao analisar os processos do Projeto BNM, é que vários oficiais se repetiam nos Conselhos sucessivos com uma frequência tal que ultrapassava qualquer probabilidade estatística de um sorteio honesto. E mais: chegavam a ser indicados como juízes-militares elementos vinculados, direta ou indiretamente, aos organismos de segurança.

Houve ocasiões em que o réu se defrontou, na Auditoria, com um oficial membro do Conselho, que o tinha interrogado durante a fase investigatória nos órgãos de segurança. Os capitães do Exército Maurício Lopes Lima e Roberto Pontuschka Filho, acusados de torturarem presos políticos no DOI-Codi-II Exército, funcionaram como juízes em processos nas Auditorias de São Paulo. Vale a pena registrar que esse Capitão Pontuschka, nos intervalos das sessões de tortura, distribuía textos bíblicos aos torturados, como membro de "Gideões Internacionais", nas próprias dependências do DOI-Codi.

Outras vezes, foram indisfarçáveis as demonstrações dadas pelos Conselhos Militares de estarem submetidos a ordens superiores, proferindo sentenças condenatórias a despeito da prova constante nos autos.

Apesar disso, até mesmo os Conselhos de Justiça e os promotores militares estavam sob a suspeita do governo. Prova disso é o que estipulava o artigo 73 da LSN (Decreto-lei 898): "Ao Ministério Público cabe recorrer obrigatoriamente para o Superior Tribunal Militar: a) do despacho do auditor que rejeita, no todo ou em parte, a denúncia; b) da sentença absolutória".

O representante do Ministério Público podia, ao final da instrução criminal, pleitear a absolvição do acusado, mas, se essa fosse aceita pelo

Conselho, o próprio Ministério Público era obrigado a recorrer, apesar de tê-la proposto.

A parcialidade da Justiça Militar pode ser demonstrada, pela sua falta de independência, desde a escolha dos oficiais para compor os Conselhos, até as limitações impostas a juízes auditores e promotores – tudo no sentido de que a Justiça Militar funcionasse como extensão do aparelho de repressão policial militar.

Por outro lado, os advogados dos presos políticos eram constantemente coagidos, no exercício da sua profissão, chegando a serem presos e até mesmo processados e condenados.

Em outras palavras, a isenção, a independência e a soberania, que são atributos do Poder Judiciário, não se estendiam às Auditorias Militares nos processos políticos.

Requisitos da denúncia

O ponto de partida do processo judicial é a denúncia legalmente válida.

Diz a lei que a denúncia obrigatoriamente conterá: a especificação do juiz a que se dirigir; o nome, idade, profissão e residência do acusado ou esclarecimento pelos quais possa ser qualificado; o tempo e o lugar do crime; a qualificação do ofendido e a designação da pessoa jurídica ou instituição prejudicada; a exposição do fato criminoso com todas as suas circunstâncias; as razões de convicção ou presunção da delinquência; a classificação do crime e o rol de testemunhas.

Esses são os requisitos necessários e imprescindíveis ao recebimento da denúncia pelo juiz auditor. Tais requisitos dizem respeito à regra constitucional de ampla defesa (art. 153, § 15) e ao mandamento da instrução criminal contraditória (§ 16).

Quer a lei que a denúncia descreva a maneira pela qual o acusado praticou o delito, com todas as suas circunstâncias, pois só assim poderá ele exercer plenamente a sua defesa. Ninguém pode se defender senão de crime certo e determinado, devidamente narrado.

Em geral, as denúncias na Justiça Militar, por crimes contra a Segurança Nacional, eram vagas e imprecisas. Chegava-se mesmo a dizer, genericamente, que o acusado era subversivo ou que havia praticado atos de subversão, sem descrevê-los devidamente. As testemunhas arroladas ao final, pelo promotor, frequentemente declaravam desconhecer os fatos narrados ou, no máximo, pretendiam testemunhar "por ouvir dizer".

As denúncias por crimes contra a Lei de Segurança Nacional eram geralmente ineptas, reticentes, e até mesmo ardilosas, não contendo todos os requisitos legais exigidos.

Muitas vezes narravam fatos que não eram crimes, mas simples exercício de manifestação do pensamento, de liberdade de opinião, de reivindicação legal.

Os prazos processuais para o oferecimento da denúncia – cinco dias, havendo réu preso; e quinze dias, estando o acusado solto – quase nunca eram respeitados na Justiça Militar. Os acusados estavam presos e assim permaneciam por longos meses até que a denúncia fosse formalizada.

A prisão preventiva

O CPPM atribuiu ao encarregado do inquérito a faculdade legal de mandar prender o averiguado, por certo prazo, sob regime de incomunicabilidade. No que concerne aos crimes contra a Segurança Nacional a incomunicabilidade permitida era, em geral, de 10 dias (art. 59 do Decreto-lei 898/69). Já se disse que este prazo, além de arbitrário e de ferir garantia individual constitucional, era sistematicamente desrespeitado nas investigações por delitos políticos. O detido permanecia meses incomunicável, sem que sua prisão fosse informada à Justiça.

Diz a lei que ao juiz auditor compete relaxar, em despacho fundamentado, a prisão que lhe for comunicada por autoridade encarregada de investigações policiais se esta não for legal (art. 46, do Decreto-lei 1.003 de 1969). Entretanto, os juízes auditores frequentemente não analisavam a legalidade das prisões.

Quando o encarregado do inquérito julgava ser inconveniente a soltura do indiciado, esgotados os prazos, solicitava a decretação de sua prisão preventiva ao auditor.

Os artigos 254 e 255 do CPPM estabelecem que a prisão preventiva só pode ser decretada quando houver prova do fato delituoso, indícios suficientes de autoria e, além disso, deverá fundar-se na garantia da ordem pública, na conveniência da instrução criminal, na periculosidade do acusado, e na segurança da aplicação da lei militar. Ademais, o despacho que decretar ou negar a prisão preventiva deve ser sempre fundamentado (art. 256 do CPPM).

Ao contrário do previsto nesses três artigos, no entanto, os despachos que decretavam a prisão preventiva dos acusados na Lei de Segurança Nacional limitavam-se apenas a atender o requerimento da autoridade policial, configurando abuso e ilegalidade.

Por outro lado, o preso tem, pela Lei 4.215 de 1963 (Estatutos da OAB), o direito assegurado de ser visitado por seu defensor, ainda quando se encontre incomunicável, em repartição policial, civil ou militar. Nas prisões políticas, entretanto, os advogados não conseguiam dar assistência profissional aos seus clientes detidos nos órgãos de segurança, violando-se assim os direitos do preso e do defensor.

Isso demonstra a enorme arbitrariedade a que eram submetidos os presos políticos e o desprezo das autoridades de segurança pelo exercício profissional dos advogados e pelo princípio constitucional de ampla defesa.

A prova

Sobre a prova processual e seu sistema, estabelece o CPPM, no artigo 297, que: "o juiz formará convicção pela livre-apreciação do conjunto das provas colhidas em juízo. Na consideração de cada prova, o juiz deverá confrontá-la com as demais, verificando se entre elas há compatibilidade e concordância".

A garantia de defesa se estabelece com as exigências impostas para obtenção da prova e pelo princípio do contraditório, isto é, a possibilidade de o acusado contradizer a acusação que lhe é feita.

Há um princípio jurídico segundo o qual é melhor optar por não punir um crime do que praticar crimes na tentativa de provar aquele. Prova, sob o ponto de vista jurídico, é a maneira pela qual se demonstra a autoria de um crime. A Justiça admite todos os meios de prova, desde que não atentem contra a moral, a saúde e a segurança do indivíduo (art. 294 e 295 do CPPM).

Entretanto, a análise dos processos pesquisados leva à conclusão de que a quase totalidade das condenações apoiou-se no conteúdo dos inquéritos policiais. As provas colhidas durante a fase judicial eram ignoradas pelas sentenças, que se baseavam nos dados obtidos na polícia, com todos os seus vícios, irregularidades e coações.

Ademais, é princípio fundamental do Direito que "o ônus da prova compete a quem alegar o fato". Esse princípio também está estabelecido no CPPM (art. 296) e, portanto, deveria ser seguido pelos Conselhos de Justiça na instrução judicial. Mas, na maioria das sentenças condenatórias, houve inversão do princípio: ao invés de a acusação provar suas alegações, era o acusado quem deveria provar sua inocência. Tal constatação reforça a afirmação de que, nos delitos contra a Segurança Nacional, os acusados eram presumidos como culpados. A dúvida militava em favor da condenação.

O Código ressalta também a proibição e nulidade da prova produzida por cônjuges, descendentes, ascendentes ou irmãos, uns contra os outros. As provas assim produzidas são consideradas imorais e imprestáveis no plano jurídico.

Contudo, a análise dos casos pesquisados aponta um incontável número de inquéritos em que cônjuges se acusavam mutuamente, parentes recriminavam outros parentes, indiciados apontavam outros, ou seja: a valorização de interrogatórios em que, pela tortura, todas essas situações odiosas aconteceram. Quando isso ocorria, a Justiça Militar não invalidava tais depoimentos como provas, como era de seu dever fazê-lo. Ao contrário, ressaltava-os – há sentenças apoiadas exclusivamente nesses tipos condenáveis de "prova".

Confissão

Os inquéritos policiais-militares formados para apurar fatos considerados atentatórios à Segurança Nacional tinham nas confissões extrajudiciais – geralmente obtidas sob insuportáveis coações – o suporte principal da acusação.

O Código de Processo Penal Militar, ao estabelecer o princípio do contraditório da instrução criminal e da ampla defesa, considerava como prova somente aquela produzida ou repetida em juízo.

O interrogatório judicial do acusado, sob esse enfoque, é, portanto, importante peça de defesa. O acusado não está obrigado a responder a quaisquer das indagações formuladas pelo juiz, embora seu silêncio pese desfavoravelmente na sua defesa. Ademais, a lei estabelece que o acusado será perguntado exclusivamente sobre os fatos constantes da denúncia.

Nas auditorias militares, no entanto, os acusados políticos eram submetidos a extensos interrogatórios, que não se limitavam às questões contidas na denúncia. Os interrogatórios retomavam todos os itens dos depoimentos policiais e enveredavam até mesmo pelo campo das concepções filosóficas, religiosas e éticas de julgados e julgadores. Às vezes, estabelecia-se um clima de coação sobre o interrogado, na própria Justiça Militar. Houve casos, por exemplo, em que os juízes auditores, não satisfeitos com as respostas dadas pelo réu, as qualificavam nervosamente como sendo falsas, fazendo, de antemão, verdadeiros prejulgamentos.

Entre as respostas obtidas na polícia e as oferecidas em juízo, a Justiça Militar considerava válidas aquelas (da polícia), embora a confissão, para que tenha valor de prova, deva ser feita perante autoridades competentes; ser livre, espontânea e expressa; versar sobre o fato principal; ser verossímil e ter compatibilidade e concordância com as demais provas do processo (art. 307 do CPPM).

As confissões obtidas nos órgãos de segurança não eram, evidentemente, livres, nem espontâneas. Muitas vezes não eram sequer verossímeis, posto que as declarações tinham que concordar com as informações anteriores que as autoridades tinham sobre o detido.

Nem se diga também que agentes policiais – cujos nomes não apareciam nos inquéritos; que não se identificavam perante os detidos; e que, quase sempre, usavam nomes falsos – possam ser consideradas autoridades competentes. As confissões policiais, ainda que guardassem concordância entre elas, não mantinham compatibilidade com as demais provas judiciais. É que, em juízo, na presença de seu defensor, o réu político tinha condições de negar – ou retratar – as confissões extrajudiciais e relatar o modo como elas haviam sido obtidas.

A retratação, em geral, era tida pelas sentenças judiciais como mais um indício de culpabilidade do acusado, pois a retificação das confissões policiais e a narração dos métodos pelos quais tinham sido obtidas eram entendidas como parte da estratégia de defesa, que visaria denegrir os órgãos de segurança e o Regime com denúncias sobre torturas.

Prova pericial

Dentre as provas, o CPPM disciplina a feitura de perícias e exames que têm por objetivo auxiliar, tecnicamente, a Justiça, sobre determinado fato.

Dentre as perícias, uma há, obrigatória, quando a infração deixa vestígio: o corpo de delito.

No artigo 330, o CPPM menciona como obrigatório o exame de corpo de delito, destinado a provar a existência de crime contra a pessoa, podendo se referir a lesões corporais, sanidade física e mental, exumação, identidade de pessoa e investigação dos instrumentos que tenham servido à prática de crime.

Dentre esses exames, a autópsia é obrigatória quando existir morte.

As perícias procedidas nas ações penais de réus políticos adquiriam, no entanto, outras finalidades: quando eram feitas para a incriminação do acusado, vinham positivadas e, ao contrário, quando eram requeridas pelos acusados como prova de defesa, seus resultados eram, quase sempre, negativos. Assim, os exames de lesões corporais para a constatação de tortura, na maioria dos casos analisados na pesquisa, tinham resultados que impossibilitavam a certeza das sevícias – ou porque os médicos indicados eram comprometidos com o aparelho de repressão, ou porque, quando se lograva a realização do exame, já havia decorrido período de tempo suficiente para que as marcas de sevícias tivessem desaparecido.

Com relação às autópsias de cadáveres de perseguidos políticos, na quase totalidade dos casos analisados, seus resultados eram feitos de acordo com as versões oficiais das autoridades de segurança. A participação de médicos-legistas comprometidos com os órgãos de segurança mereceu comentários específicos noutra parte deste trabalho.

O artigo 326 do CPPM adverte que "o juiz não ficará adstrito ao laudo, podendo aceitá-lo ou rejeitá-lo no todo ou em parte". Isso porque o juiz deve formar convicção sobre os autos que aprecia, pelo conjunto probatório, comparando todas as provas entre si.

Quando a Justiça Militar, entretanto, analisava as conclusões negativas dos laudos de lesões corporais ou as descrições feitas nas autópsias, que confirmavam as falsas versões oficiais, estas conclusões negativas eram tidas como provas indiscutíveis que prevaleciam sobre todas as demais, em especial as denúncias dos réus em juízo.

Prova testemunhal

A legislação processual penal-militar também disciplina a produção da prova testemunhal, estabelecendo, inclusive, para aquele que mente em depoimento, a sanção correspondente ao crime de falso testemunho. Compreende-se que aquele que cala a verdade, omite fatos importantes ou deturpa perante a Justiça, leva a erro o julgamento.

As testemunhas de acusação, em geral, eram policiais dos organismos de segurança ou pessoas chamadas a assinar os depoimentos policiais dos indiciados, sem contudo terem presenciado a sua obtenção. Já as de defesa, geralmente, eram testemunhas dos antecedentes, que narravam, na Justiça, circunstâncias que negavam a acusação.

Muitas vezes, o Ministério Público arrolou testemunhas que tinham sido indiciadas nos inquéritos, mas não denunciadas.

O Código Militar estipula que as testemunhas que alegam nada saber sobre os fatos narrados na denúncia não terão computadas as suas declarações, para efeito de formação da convicção dos juízes.

Legalmente, porém, a testemunha está impedida de manifestar opinião pessoal, a não ser quando isso seja inseparável da narrativa dos fatos. Constatou-se, no entanto, que às testemunhas de acusação era permitida a manifestação de opinião, mas tal conduta era restringida quando se tratava de testemunhas de defesa.

Fato singular, que marcou a quase totalidade dos processos analisados, diz respeito à obrigatoriedade de comparecimento das testemunhas em juízo. O Código prevê pena para quem, notificado a depor, não o faz.

Nas leis de Segurança Nacional e no artigo 348 do CPPM, a obrigatoriedade de comparecimento da testemunha somente prevalece para as de acusação. Quando se trata de testemunhas de defesa, o Código e a Lei de Segurança Nacional dizem que elas deverão "comparecer independentemente de intimação", entendendo-se como desistência o seu não comparecimento.

Essa situação cria verdadeira desigualdade entre as partes, contrariando os princípios constitucionais de ampla defesa e igualdade de todos perante a lei.

Aspecto que merece realce na análise dos processos examinados é aquele que diz respeito ao reconhecimento de pessoas.

O CPPM trata do assunto, estabelecendo regra especial para se fazer o reconhecimento: quem tiver que fazê-lo será convidado a descrever a pessoa que deva ser reconhecida. A pessoa cujo reconhecimento se pretende deverá ser colocada ao lado de outras que com ela tenham alguma semelhança, convidando-se então o reconhecedor a apontá-la. Recomenda, ainda, que, para eliminar intimidação e outras influências, o reconhecedor não seja visto pelo reconhecido.

O que se constatou, nos processos analisados, no entanto, com relação ao reconhecimento de pessoas, foi o absoluto desprezo a essas formalidades legais. Em geral, o reconhecido era colocado sozinho. E o reconhecedor fazia o reconhecimento pressionado pelas autoridades encarregadas dos inquéritos.

Esses reconhecimentos, quando questionados em juízo, revelavam-se imprestáveis para firmar convicção, muito embora a eles se apegassem as sentenças condenatórias nas suas justificações.

As apreensões

A legislação confere aos encarregados dos inquéritos a possibilidade da apreensão unicamente de bens adquiridos com dinheiro proveniente de infração penal ou que interessem ao andamento das investigações, estabelecendo regras para que essas apreensões sejam feitas.

Geralmente, no entanto, as pessoas detidas pelos órgãos de segurança viam seus bens sequestrados pelos agentes policiais, e muitas vezes assistiam ao rateio deles entre os executores da prisão. As residências dos presos, invadidas, eram literalmente saqueadas; desde o vestuário até os utensílios domésticos; desde dinheiro até objetos pessoais. Os bens pessoais apreendidos não eram relacionados nos autos dos inquéritos. E mesmo quando, após os interrogatórios, as pessoas eram eventualmente liberadas, não obtinham a devolução de seu patrimônio.

A prova documental

O CPPM enumera requisitos para a prova documental, dizendo que é considerado documento qualquer escrito público ou particular que tenha relação com o fato investigado.

Nos casos analisados, a juntada de documentos para instruir as ações penais foi farta. Frequentemente, esses documentos eram anexados aos autos como se tivessem sido apreendidos em poder dos acusados como prova de sua culpabilidade. No interrogatório dos réus, entretanto, constatava-se que grande parte desses documentos não pertencia aos acusados, evidenciando-se que os órgãos de segurança os introduziam nos autos com a finalidade de induzir os magistrados à condenação.

A análise dos documentos restantes, que os réus assumiam como seus, revelava que não era lícito usá-los como prova indiciária. Levou tempo para que a Justiça Militar firmasse jurisprudência (decisão de instância superior, consagrando uma determinada interpretação da lei) no sentido de que a simples posse de material, ainda que considerado subversivo, não era crime, nem era prova da culpabilidade do acusado.

As sentenças

Os integrantes dos Conselhos de Justiça, quando tomam posse, prestam juramento com o seguinte teor: "Prometo apreciar, com imparcial atenção, os fatos que me forem submetidos e julgá-los de acordo com a lei e a prova dos autos".

Entretanto, nos casos dos crimes políticos estudados, os Conselhos de Justiça não mantinham isenção diante dos fatos constantes do processo, nem analisavam a prova dos autos de acordo com a lei.

Inquéritos marcados pela coação, confissões obtidas sob tortura, denúncias vagas, gerais e imprecisas, e Conselhos comprometidos somente poderiam levar a sentenças marcadas pelo absurdo, pela injustiça e pela ilegalidade.

A legislação confere poderes extremados aos Conselhos de Justiça Militar, que, desde 1969, podem dar ao fato julgado "definição jurídica diversa da que constar na denúncia, ainda que tenha de aplicar pena mais grave", bastando, para tanto, que, em alegações finais, o Ministério Público haja se manifestado sobre os mesmos fatos.

Isso permite que os tribunais militares lavrem sentenças marcadas pela ausência de fundamentação e por forte conteúdo ideológico a presumir a culpa dos réus. Dessa forma, muitos foram os processos em que as sentenças se apoiavam exclusivamente no inquérito, concluindo pela culpa do acusado em evidente contradição com a prova produzida nos autos.

Fato que merece destaque diz respeito aos critérios de fixação das penas. A legislação exige a análise de determinadas circunstâncias – agravantes ou atenuantes – que devem ser levadas em consideração no cálculo do *quantum* da condenação: a gravidade do crime praticado, a personalidade do réu, a intensidade do dolo, o grau de culpa, a extensão do dano, as circunstâncias de tempo e lugar, os antecedentes do réu e o seu comportamento processual.

O estudo dos processos no Projeto BNM revelou, no entanto, que as penas eram fixadas arbitrariamente, sendo comum a desconsideração das atenuantes e a ênfase sobre as agravantes.

Os recursos

Tanto a defesa quanto o Ministério Público podem recorrer das decisões dos Conselhos de Justiça, através de apelação ao STM.

O estudo comparativo, nos processos da Pesquisa BNM, entre as sentenças das Auditorias e as decisões do STM nessas apelações (Acórdãos) revelou, entretanto, que, como regra mais geral, as condenações eram mantidas naquela instância superior, notando-se superficial diminuição das penas aplicadas em primeira instância.

Já foi visto, há pouco, que apesar da subserviência, muitas vezes revelada, de membros dos Conselhos e do Ministério Público perante as unidades especiais de repressão, ainda assim a legislação do Regime Militar obrigava os promotores a apelarem ao STM sempre que um réu fosse absolvido. Com isso, o STM atuava como instância capaz de fiscalizar e corrigir eventuais liberalidades perigosas, sob a ótica do Regime, à segurança da nação.

Houve episódios em que o STM adotou uma postura mais liberal e mais jurídica que as Auditorias. Houve épocas em que alguns ministros repetidamente se posicionavam de maneira discordante de seus colegas, firmando "votos vencidos" que continham conclusões rigorosamente jurídicas e condenação corajosa da prática de torturas. Mas foram episódios esporádicos. A linha mais frequente adotada pelo STM, porém, foi a de coonestação das irregularidades praticadas desde a abertura do inquérito até o julgamento nas Auditorias. O próximo capítulo trará ilustração sobre isso.

Uma das razões que concorreram para que as decisões do STM tivessem esse conteúdo reside na forma de julgamento que tinham os processos naquela Corte. Na instância superior ocorre um inegável favorecimento da acusação, em prejuízo da defesa, quando se estabelece que esta deve apresentar suas "razões de apelação" antes do Ministério Público e só este participa das sessões secretas de deliberação do julgamento.

Das decisões do STM cabe recurso final ao STF, que é a Suprema Corte de Justiça no país.

Nos casos reunidos para a Pesquisa BNM, é relativamente reduzido o número de processos que atingiram essa instância. O estudo de suas decisões também revela uma certa alternância: posturas mais liberais e jurídicas eram intercaladas com comportamentos de conivência frente a irregularidades das fases processuais anteriores.

Mais do que as instâncias da Justiça Militar, o posicionamento assumido pelo STF, nos anos abarcados pela pesquisa, alterou-se conforme evoluía o quadro político do Regime de 1964.

Nos primeiros tempos do Governo Castello Branco, por exemplo, o STF se pronunciou reiteradas vezes em desacordo com decisões da Justiça Militar e desautorizou atitudes de militares encarregados de IPMs, sempre procurando salvaguardar os direitos constitucionais dos cidadãos e impedir arbitrariedades.

Em episódios importantes como os da perseguição política a que estavam submetidos o ex-governador Miguel Arraes, de Pernambuco, o ex-presidente Juscelino Kubitschek, o ex-governador goiano Mauro Borges, o deputado cassado Francisco Julião, o jornalista Carlos Heitor Cony, o Padre Tomás Domingo Rodrigues, de São João da Boa Vista (SP), sindicalistas, estudantes e muitos outros cidadãos, o STF lavrou memoráveis decisões em defesa do Direito. *Habeas corpus* impetrados pelos indiciados em IPMs, ou réus de processos já iniciados, eram acolhidos pelos ministros, seja para libertar os detidos, seja para desclassificar os delitos para a Justiça Comum, seja para garantir o direito a foro especial, seja para travar a ação penal por inexistência de crime.

E não foi por outro motivo que o Presidente Castello Branco, com a força dos Atos Institucionais, aposentou membros daquela Corte, alterou sua composição para nomear ministros afinados com o Regime Militar e determinou a competência exclusiva da Justiça Militar para julgar civis acusados de crimes contra a Segurança Nacional.

13
Seis casos exemplares

Por que se diz que a Justiça é cega? Porque à Justiça cabe decidir com imparcialidade. Ela não pode ser tendenciosa, facciosa, nem favorecer interesses ou privilégios de uns contra outros.

A cegueira da Justiça é uma forma de ela não se deixar enganar por aqueles que, numa sociedade desigual, tenham mais poder do que outros. A Justiça deve considerar as pessoas em sua igualdade natural, independentemente do fato histórico de sistemas sociais ou regimes políticos cristalizarem diferenças entre os seres humanos. Essa cegueira não significa, entretanto, que ela deva ser surda e muda. Que ela possa não ouvir, calar, silenciar. Ao contrário, a efetiva realização da Justiça exige que ela se pronuncie, decida, fale, ouça, pois só assim possibilitará a correta aplicação das leis. Ao Poder Judiciário cabe aplicar a lei. Porém, são justas todas as leis?

Já se discorreu exaustivamente, até aqui, acerca da duvidosa legitimidade – seja do ponto de vista ético, seja do ponto de vista político – da LSN e de outras leis criadas pelo Regime Militar. O objetivo deste capítulo é outro. É abordar, sob o ângulo estrito do Direito, o comportamento da Justiça Militar brasileira perante os réus levados até seus bancos por motivos políticos.

O que se pretende, agora, é apresentar uma seleção de casos estudados na Pesquisa BNM que ilustram, de modo bastante representativo, a postura mais frequente dos julgadores no que concerne ao respeito às normas consagradas do Direito e às próprias regras legais estabelecidas após 1964.

Entre as leis a serem aplicadas pelos tribunais brasileiros está a Lei de Segurança Nacional, que estabelece punições aos crimes que visem atingir o Estado em sua segurança interna e externa. Mesmo sendo uma lei que se destina a proteger o Estado, isso não permitiria que ela predominasse sobre as outras. Cada lei tem delimitada, em si mesma, a sua abrangência. É o caso, por exemplo, do Código Penal. Ele prevê e sanciona os crimes praticados, entre outros, contra a pessoa e o patrimônio. Ele regula a forma de se decidir sobre o fato delituoso. Há também a Lei de Imprensa, a Lei de Greve etc. que estabelecem legislação específica sobre seus respectivos temas.

A lei máxima do Brasil é a Constituição Federal. Nenhuma lei – mesmo especial como a Lei de Segurança Nacional – pode ter preferência sobre a Constituição. Nela estão inscritos e assegurados os "Direitos e Garantias Individuais". Estes direitos não foram formalmente suspensos durante a vigência do Regime Militar. Nem se alterou, por parte da nação, o reconhecimento da força da lei como norma a ser acatada. Isso pode ser verificado, por exemplo, com a promulgação, em 28 de agosto de 1979, da Lei de Anistia (Lei n. 6.683). Ao referir-se a todos os que "cometeram crimes políticos ou conexos com estes", ela anistiou tanto os que foram condenados por atentar contra a estabilidade do Regime vigente como os que, em nome desse mesmo Regime, cometeram crimes na repressão aos primeiros. Isto é hoje determinado e aceito como lei. Aos tribunais cabe aplicá-la – bem como as outras leis – na sua exata dimensão.

Entretanto, no período histórico compreendido entre 1964 e 1979, a Justiça Militar nem sempre foi cega e, por vezes, foi surda e muda, silenciando quando deveria falar. Outras vezes emprestou sentido diverso à sua função, tomando decisões alheias aos ditames legais. É o que se comprova nos casos a seguir.

Caso n. 1 – Nove anos passados na União Soviética servem de prova da intenção de delinquir

Em 1972, Thomás Antônio da Silva Meirelles Netto foi condenado a 3 anos e 6 meses de reclusão, por "constituir, filiar-se ou manter organização de tipo militar com finalidade combativa" (art. 42 do Decreto-lei 898/69). O processo correu na 2ª Auditoria da Aeronáutica, no Rio, e serviram de provas da acusação: o depoimento que ele prestou no inquérito policial e os documentos apreendidos em sua residência. Ocorre que aquele depoimento, encarado como confissão pela autoridade policial, foi desmentido em juízo pelo réu, sob a alegação de que o assinara submetido a toda sorte de coação e violência. Restava uma prova de acusação: os documentos apreendidos. Ora, o auto apresentado à Justiça Militar dava conta de que a apreensão fora testemunhada pelos próprios policiais que realizaram a diligência. A lei exige, porém, que o mesmo venha assinado por duas testemunhas e exclui a possibilidade de participantes da diligência policial servirem como testemunhas do ato. No caso em pauta, não teria sido difícil obter a assinatura de duas testemunhas, pois o réu habitava o quarto 2 da pensão da Rua Santo Amaro n. 136, onde residiam outras pessoas, e certamente havia alguém responsável pela administração da casa. Mas, no processo, nem vizinhos, nem proprietário ou gerente da pensão aparecem como testemunhas da apreensão do material considerado subversivo.

Diante da debilidade das provas apresentadas, a sentença condenatória, baseada nas declarações do inquérito policial, considerou de suma importância a circunstância de ter o réu "passado nove anos na Rússia". Ao elaborar seu parecer, na Apelação n. 39.473, o procurador-geral da Justiça Militar também enfatizou o fato, acrescentando ser a Rússia "o berço do comunismo internacional". Os ministros do STM, por unanimidade de votos, desclassificaram o crime para o artigo 14 do Decreto-lei 898 (filiação ou manutenção de organização com auxílio externo) e reduziram a pena do réu para 1 ano de reclusão. O argumento básico que conduziu o julgamento foi que:

> a retratação não tem força probante, tanto mais que, em sua residência, se procedeu à apreensão de copioso material subversivo, inclusive croquis e armas. É de acrescentar ainda que o réu viveu nove anos na Rússia, onde certamente se instruiu ou recebeu instruções para a prática a que se referem os autos.

O absurdo deste processo é que o STM presumiu ter o réu recebido instruções para delinquir, baseando-se tão somente no fato de que ele vivera nove anos na ex-União Soviética para justificar a condenação[1].

Caso n. 2 – Silêncio do Tribunal face às nulidades arguidas

A 13 de agosto de 1971, a 2ª Auditoria do Exército, de São Paulo, notificou o defensor dos frades dominicanos, acusados de vinculações com a ALN, de que a 19 do mesmo mês haveria audiência processual. Poderia ele, se quisesse, apresentar então as testemunhas de defesa. Ocorre que o Recolhimento Tiradentes, cárcere onde se encontravam os réus, dificultou o contato do advogado com seus clientes, o que obrigou-o a requerer ao Conselho

1. BNM n. 172, Ap. 39.473 – Rio de Janeiro.

de Justiça dilatação do prazo, de modo a poder estar com os frades presos e saber deles a indicação de quem seriam as testemunhas. Apesar da concordância do promotor, o Conselho negou o pedido, por unanimidade. Simultaneamente, a defesa requereu a acareação entre dois acusados, um sacerdote gaúcho e Carlos Alberto Libânio Christo, mais conhecido como Frei Betto.

Sustentava-se a necessidade dessa medida porque, já no decreto que manteve a prisão preventiva do último acusado, o Conselho entendeu que "a palavra do codenunciado é tida como estarrecedor elemento de prova" contra Frei Betto.

O codenunciado era, no caso, o sacerdote gaúcho. Também este requerimento foi negado. Assim, impediu-se a defesa de produzir prova e de esclarecer ou destruir outra. Em suma, foi cerceado o direito de defesa.

Sob o Regime Militar, o direito de defesa foi mantido na lei. Naquela época, estava em vigor a Emenda Constitucional n. 1 que, no Capítulo IV, "Dos Direitos e Garantias Individuais", assegurava ao acusado o direito de ampla defesa, com os recursos a ela inerentes, e determinava que a instrução criminal fosse contraditória (parágrafos 15 e 16 do art. 153).

Os frades dominicanos foram condenados na Auditoria. A defesa recorreu ao STM. A apelação, de n. 39.111, continha um pedido preliminar de nulidade do processo, visto ter sido flagrante o impedimento do direito dos réus de se defenderem de acordo com a lei máxima, ou seja, como estabelecia a Constituição Federal. No Acórdão, cujo relator foi o Ministro Jacy Guimarães Pinheiro, nem se mencionou tal ilegalidade. Omitiu-se a parte em que se relata o processo e fez-se silêncio quando da decisão. Houve, então, recurso ao STF. Neste, o Ministro Aliomar Baleeiro, relator do recurso, ao proferir seu voto, fez silêncio sobre a matéria, no que foi acompanhado pelos demais ministros.

Pela legislação em vigor, cabia tanto ao STM quanto ao STF anular o processo, desde a data em que fora negado à defesa os pedidos para que se realizassem as provas solicitadas. Além de os acusados terem sido impedidos de apresentar suas testemunhas, o cerceamento do direito de defesa impediu ainda que se esclarecessem pontos conflitantes na prova reunida pela acusação, sobretudo no que concerne à acareação exigida entre os réus[2].

Caso n. 3 – Decisão calcada em Inquérito Policial Militar

Acusado pela promotoria de ser filiado a organização clandestina, João Henrique Ferreira de Carvalho foi condenado, em 1974, a 1 ano de reclusão

2. BNM n. 009, Ap. 39.111 – São Paulo.

Todavia, o promotor não apresentou, em juízo, provas da denúncia. O réu apelou para o STM, sustentando a ilegalidade daquela pena, porquanto respaldada exclusivamente nos autos do Inquérito Policial Militar. De acordo com o artigo 9º do Código de Processo Penal Militar, entretanto, a finalidade do IPM é apenas a de propiciar e oferecer ao representante do Ministério Público elementos para propor a ação penal.

No STM, os ministros, por unanimidade, ignoraram a argumentação da defesa e mantiveram a condenação. Confirmada a decisão da Auditoria, João Henrique interpôs Recurso Ordinário junto ao STF, reiterando o argumento da inexistência de prova judicial para a condenação. O procurador da República, Aristides Junqueira Alvarenga, reconhece que "de fato, só no inquérito policial há provas contra o recorrente, mas, consoante reiteradas decisões do Tribunal, merecem valia". O Ministro Cordeiro Guerra, relator, limitou-se a transcrever aquele parecer quando informou o caso a seus pares. Mas não informou, em separado, a tese da defesa. Ao votar, declarou que negava o recurso nos termos daquele parecer. Por unanimidade de votos, entenderam os ministros do STF que:

> De acordo com o princípio do livre-convencimento, alicerçado no exame do conjunto de provas, é legítima a condenação que se funda na instrução policial não infirmada pela prova colhida na instrução judicial, porque o convencimento do julgador se inspira na realidade dos fatos apurados com isenção, e não no lugar onde se faz a colheita das provas.

A lei é clara, porém, quando, no artigo 297 do Código de Processo Penal Militar, determina que "O Juiz formará convicção pela livre-apreciação do conjunto de provas *colhidas em juízo*" (grifos nossos). Quis a lei que assim fosse para garantir que a prova colhida em juízo se produzisse com a certeza do cumprimento da lei. No inquérito policial não há o contraditório, portanto não há defesa. O réu fica totalmente à mercê de seus interrogadores, que podem coagi-lo a emitir declarações inexatas. Já na liberdade da audiência pública, em juízo, o réu não se depara com seus carcereiros e conta com a assistência da defesa.

A tese do Acórdão acima referido, no entanto, considera o processo – ou seja, a fase judicial da ação penal – como mero acessório do inquérito. Faz da Justiça Militar instância meramente homologatória da apuração policial. Esta é feita sem a completa observância dos elementares preceitos do direito de defesa, pois é sabido que muitos indiciados foram vítimas de violências físicas e morais[3].

---

3. BNM n. 012, Ap. 40.510 – Brasília.

Caso n. 4 – *In dubio pro* condenação

No mesmo processo em que foi ré a Madre Maurina Borges da Silveira, o Professor Guilherme Simões Gomes, de Ribeirão Preto, Estado de São Paulo, foi acusado, em 1969, dos crimes previstos nos artigos 23, 36, 38 e 41 do Decreto-lei 314: praticar atos destinados a provocar guerra revolucionária; ligação com organização de tipo militar ou reorganização de partido proibido; fazer propaganda subversiva e ter armas privativas das Forças Armadas.

A sentença desse processo, que tramitou pela 2ª Auditoria de São Paulo, admite a inexistência de certeza:

> Embora bastante estranha a participação do réu nos fatos, a se tomar por verdadeiras as alegações que faz em juízo, vê-se o Conselho, quanto a este acusado, em situação de dúvida definitiva, que há de pesar em favor dele.

A decisão reconhece, também, que a "confissão prestada na polícia, em circunstâncias impenetráveis à Justiça", era o único elemento de convicção que se fazia presente.

Mas a partir daí envereda, com evidente subjetivismo, para a rejeição do que o réu afirmara em juízo:

> Ninguém em Ribeirão Preto, principalmente no meio estudantil, poderia desconhecer, ao menos em linhas gerais, o bizarro, cínico, viscoso e excitante conteúdo de *O Berro*.

A sentença é, então, condenatória para o professor, apoiando-se os julgadores, para tanto, no depoimento de outro réu do mesmo processo (corréu):

> Inaceitável, porém, é a afirmação do réu; soma-se em suficiente coadunação a declaração que A. faz, em juízo, quando esclarece que o professor "Forneceu 50 cruzeiros por mês, para ajudar o Jornal *O Berro*, e assim fez durante *oito* meses". O Conselho fica aqui. Não admite a alegação de um professor universitário, de 60 anos, que lê *O Berro*, na sua universidade – esse folhetim subversivo e mentiroso já comentado nesta sentença – e vem a juízo dizer que "não se recorda do seu conteúdo"; e esquece de dizer que, durante oito meses, colaborou para a existência e difusão daquilo "de cujo conteúdo não se lembra". Está provado, com relação a este acusado, o crime previsto no art. 45, inciso I do Decreto-lei 898/69 – propaganda subversiva. É a decisão que lhe é mais favorável, no contexto dos fatos aqui relatados.

O Professor Guilherme é condenado, assim, a 1 ano de reclusão, num contexto em que a situação de dúvida era reconhecida na sentença, ao tratar dos demais artigos em que o réu fora denunciado. E mais: num mesmo contexto em que a decisão reconhecia a imprestabilidade das declarações feitas na fase policial, "em circunstâncias impenetráveis à Justiça".

Para condenar, o Conselho emprestou validade à palavra de uma corré. E tanto bastou.

Tradicionalmente, há consenso entre juristas e abundantes decisões da Justiça considerando a declaração de um corréu como prova que não merece fé. É insuficiente para justificar condenação.

No Direito brasileiro a questão penal deve ser posta em termos de prova suficiente. Depoimento de corréu é prova insuficiente para condenar. Ao contrário da testemunha, o corréu não está obrigado a dizer a verdade. Pode mentir. Não está sujeito às penas do falso testemunho. Por isso não vale para a Justiça como prova.

Neste caso, entretanto, o Conselho julgador, que se reconheceu em dúvida, optou por apoiar-se em "prova" que sabia ser sem valia, para inverter o princípio aceito por toda nação civilizada: *in dubio pro reo*[4].

Caso n. 5 – Perseguição contínua para incriminar réu

Em novembro de 1974 o Supremo Tribunal Federal (STF) anulou o julgamento em que Olderico Campos Barreto fora condenado em artigo diferente daquele contido na denúncia.

Enquanto a acusação inicial apontava o réu como implicado em prática de atos destinados a provocar a guerra revolucionária e uso da violência por motivo de inconformismo político-social (arts. 25 e 33 do Decreto-lei 898/69), a condenação imposta pela Auditoria de Salvador considerava provado o crime previsto no artigo 43: reorganizar, sob forma simulada, partido proibido por lei.

Ou seja, Olderico foi condenado por um crime do qual não era acusado na denúncia e, portanto, do qual não se defendera.

O Superior Tribunal Militar (STM) examinou o mesmo processo, confirmando a sentença e rejeitando os argumentos da defesa em torno da nulidade da condenação.

A decisão soberana do STF, anulando o julgamento, levou a Auditoria de Salvador a julgar novamente o réu, examinando unicamente os crimes previstos nos arts. 25 e 33. Olderico foi, então, absolvido, em maio de 1975.

Julgando apelação do Ministério Público baiano contra essa absolvição, o STM decidiu expressar sua irritação com a decisão anterior do STF e condenou novamente o réu a 5 anos de prisão pela prática de delito contra o artigo 25.

4. BNM n. 065, Ap. 39.132 – São Paulo.

O STF volta, então, a apreciar o processo, restabelecendo a absolvição de primeira instância, ressalvando a possibilidade de o réu ser inculpado pelo artigo 43 em outra ação penal. O promotor junto à Auditoria de Salvador oferece, então, nova denúncia contra Barreto, acusando-o agora de militância no MR-8.

Em 14 de março de 1979, às vésperas da posse de João Batista Figueiredo na presidência da República, o STM rejeitou o pedido de *habeas corpus* feito pelo réu:

> I – Paciente que alega falta de justa causa para instauração de ação penal com fulcro no art. 43 do Decreto-lei 898/69, por já ter sido anteriormente processado com base nos mesmos fatos em processos que foram anulados pelo Supremo Tribunal Federal, em face de defeito de classificação.
>
> II – Impossível pela via estreita do *habeas corpus* apreciar o recebimento da denúncia por implicar aprofundado exame da prova.

E Olderico só não foi julgado pela terceira vez pelos mesmos fatos porque, em agosto daquele ano, terminaria sendo sancionada uma Lei de Anistia que o beneficiava.

Neste caso, o procedimento do Judiciário fez com que o réu permanecesse oito anos *sub judice*, ficando a maior parte desse tempo na prisão. Oito anos passaram-se na procura, por parte da Justiça Militar brasileira, de uma forma de incriminar esse cidadão. Essa busca exibe nítidas características de perseguição contínua no propósito de punir[5].

Caso n. 6 – Subversão do ato de julgar

Santana de Jaguaíba é um lugarejo no Estado do Rio de Janeiro, habitado por camponeses paupérrimos e desprovidos de qualquer assistência.

Em 1968, o Padre Gerson da Conceição era vigário daquele lugar e, em dois anos, construiu ali, junto com aqueles moradores, seis igrejas, uma escola, e catequizou seus habitantes. Esse trabalho despertou atenções a ponto de o padre e vários camponeses serem presos, acusados de subversão.

Junto à 3ª Auditoria do Exército, no Rio de Janeiro, o promotor declarou que o denunciado explicava aos camponeses:

> as classes existentes em nosso país, isto é, classes dominantes e classes dominadas, e a reforma agrária em termos socialistas, e não a que era preconizada pelo Instituto Brasileiro de Reforma Agrária, e que eles deveriam empregar a força para derrubar o governo; que

5. BNM n. 052, Ap. 39.824 – Bahia.

> deveriam seguir o exemplo de Cuba, cujo povo vivia livre, e que essa luta não era só daqui, mas de todo o mundo.

Dizia ainda que o padre, em 1968, participara de exercícios de guerrilha levados a efeito na região denominada "Mata do Marino", objetivando a preparação dos participantes para a luta armada e

> filiou-se à organização subversiva *Var-Palmares.* cujo objetivo é a derrubada do governo constituído, através de métodos violentos, para abrir caminhos para a socialização do Brasil.

Por tudo isso, estavam o padre e os demais acusados enquadrados nos arts. 36 e 38, item III, do Decreto-lei 314/67. O primeiro punia o ato de integrar um movimento subversivo e, o outro, tratava do aliciamento de pessoas para a subversão. No decorrer da instrução criminal provou-se que o "treinamento de guerrilhas" era apenas uma caçada, comum naquela região. O defensor do Padre Gerson revelou em juízo as torturas sofridas pelos acusados quando se encontravam em dependências do Exército. Todos os réus negaram, na Justiça Militar, a acusação. Padre Gerson acrescentou, em seu depoimento, que pertencia à linha idealista da Igreja. Mesmo assim, a sentença condenou o padre à pena de 1 ano de reclusão, pelo crime do artigo 14 do Decreto-lei 898/69, por desclassificação dos fatos, pois "a atuação dos acusados são alusivas à organização que, com ajuda estrangeira, propugna pela subversão da ordem política e social, por meios violentos".

Dessa sentença recorreu-se ao STM. No Acórdão, o relator, ministro Jacy Guimarães Pinheiro, e o revisor, ministro general de Exército Syseno Sarmento, sustentaram a tese, aceita por maioria, de que, no depoimento prestado perante o encarregado do inquérito, o padre havia confessado "minudentemente a ocorrência delituosa". Destacaram que, naquelas declarações, o padre, "finalmente confessa que seu depoimento é prestado de maneira espontânea e sem nenhuma coação".

A decisão transcreve trechos do parecer da Procuradoria Geral da Justiça Militar onde, depois de censurar o seu procedimento como sacerdote, "em cambulhada com subversivos e comunistas", diz-se que o padre "divorciou-se da Sagrada Escritura e dos mandamentos do Senhor: *Eu vos dou um novo mandamento, que vos ameis uns aos outros, como Eu vos amei*".

Acrescenta ainda:

> Não, o infeliz Padre Gerson da Conceição, que não fez jus ao Sagrado nome da Virgem Imaculada e Senhora da Conceição, cujo coração foi traspassado pela espada da dor [...] o Padre Gerson da Conceição, repetimos, ao contrário, pregou o ódio, a luta de classes, a violência, com a agravante prevalência de sua ascendência, da sua liderança entre as ovelhas, os colonos ignorantes que deveria apascentar para o rebanho do Bom Pastor.

O Acórdão conclui que a sentença absolveu os camponeses porque:

> patente está que se trata de homens simplórios, de poucas luzes, facilmente aliciados pelo Padre Gerson. Dir-se-á que o apelante se desdissera perante o Conselho, mas, em verdade, lá está que pertencia ele a outra ala da Igreja, isto é, à *idealista*, o que realmente dá que pensar [...]. Em verdade, Gerson da Conceição não traz, no peito, o decantado *Alter Ego* e, do cristianismo, pouca ou nenhuma profissão de fé agasalha, de vez que se afasta da coluna sustentáculo da filosofia de Cristo: *não faça a outrem aquilo que não queres que te façam.* Ou não pertence o Padre Gerson da Conceição à verdadeira Igreja de Pedro, una, indivisível e universal? Se pertencesse, não seria mais nobre que outro fosse o seu "apostolado", que não esse tão diferente do místico sentido do termo sacrifício? Ou, então, entre a devoção santificante do seu sacerdócio e a ignominiosa tacha de *homo sacer,* teria preferido, sacrilegamente, abjurar a primeira e ficar com a segunda? Sem dúvida, afinal, o comportamento do Padre Gerson da Conceição, filiado ao sistema doutrinário de uma organização subversiva, a serviço do Partido Comunista, é de tal ordem que faria tremer a espada de fogo na mão direita da estátua do *Doctor Evangelicus* no seu túmulo, na Igreja de São Firmino, em Toulouse, na França.

Os ministros do STM fizeram ainda referência a uma obra "monumental" do Padre-Dr. Miguel Paradowski, do Chile, sobre *A grande marxistização da Teologia,* onde trata da amizade "estratégica" entre cristão e marxistas, e conclui que é o

> chamado cristianismo horizontal a que se filiam teólogos apressados, padres e freiras, mal ou bem-avisados, todos a serviço da Igreja vermelha, sob a vigilância e proteção do Kremlin, pregando-se *a vida para todos,* a inexistência de Deus, a existência de um Cristo homem, que lutou pelos homens entre os homens. Eis o ponto avançado dessas inovações apostolares que nada têm de cristãs e cujo objetivo, hoje desmascarado, traz a chancela cruenta da Igreja bolchevista, consagrada pela cartilha de Marx, Engels e Lenin.

A sentença foi mantida.

A acusação de envolvimento com a organização *VAR-Palmares* estava ligada, conforme o padre declarou em juízo, ao fato de que, em 1968,

> foi visitado em sua paróquia, em Cachoeiras de Macacu, por dois sociólogos, e como na ocasião estivesse desenvolvendo um trabalho de comunidade, eles ofereceram seus préstimos como sociólogos; e mais tarde veio o declarante saber pela imprensa que eles tinham sido presos e mortos pelas autoridades policiais, atribuindo a essa visita a imputação que lhe é feita.

Sobre essa afirmação comenta a defesa nas razões de apelação para o STM:

> Efetivamente, reside nesta aproximação esporádica e inconsequente com duas pessoas que se diziam sociólogos interessados em seu trabalho, a fonte de todo o suplício ao qual veio a ser submetido, mais tarde, Padre Gerson da Conceição. Estes dois rapazes, possivelmente integrantes de alguma organização política clandestina, ao fornecerem a seus inquisidores o roteiro integral de seus passos, certamente mencionaram a passagem e o interesse pela obra do padre: tanto bastou.

Provou-se ainda que o sacerdote estava sendo processado duas vezes pelo mesmo fato e que, no processo julgado primeiramente, na 1ª Auditoria da Aeronáutica, no Rio de Janeiro, foi-lhe declarada a absolvição confirmada pelo STM. Contudo, no segundo processo, o STM preferiu expor suas ideias críticas a respeito da Igreja. Julgou-se mais o "papel" da Igreja do que uma conduta pessoal a ser definida como criminosa ou não. A rigor, não tinha o Acórdão que especular em torno de questões doutrinárias da Igreja. A integração de uma pessoa a qualquer dessas tendências religiosas ou a adoção de seus postulados é irrelevante na órbita penal, assim como ser ou deixar de ser comunista. A lei não pode punir ideias, pois só cogita de atos ou omissões que tipifiquem crimes. No caso em pauta, o que importava considerar eram os fatos, o modo e a maneira de execução dos atos imputados à responsabilidade dos réus. Sem isso a ação penal não podia prosseguir. Nem na denúncia, nem na sentença se indica qual tenha sido o ato praticado pelos réus e justificador da condenação do sacerdote. De fato, o que se condenou foi o modo como ele, à luz de sua consciência e fé, decidira exercer seu sacerdócio, em consonância com a renovação da Igreja[6].

---

6. BNM n. 057, Ap. 40.441 – Rio de Janeiro.

PARTE V

REGIME MARCADO POR MARCAS DA TORTURA

14
Intimidação pela tortura

O emprego sistemático da tortura foi peça essencial da engrenagem repressiva posta em movimento pelo Regime Militar que se implantou em 1964. Foi, também, parte integrante, vital, dos procedimentos pretensamente jurídicos de formação da culpa dos acusados.

A Justiça Militar brasileira, conforme demonstrado nesta pesquisa do Projeto BNM, tinha plena consciência da aplicação rotineira de sevícias durante os inquéritos, e ainda assim atribuía validade aos resultados destes, apoiando neles seus julgamentos. Conforme foi visto nos últimos capítulos, essa foi a postura quase invariável do Judiciário nos processos por crimes políticos, das Auditorias ao STM, havendo episódios em que o próprio STF se subjugou com atitudes omissas e até mesmo coniventes.

O início desta reportagem já focalizou, à maneira de choque, alguns aspectos terríveis dessa moléstia punitiva que tomou conta das mentalidades militares e policiais brasileiras no enfrentamento daqueles que ousaram recusar o credo da Segurança Nacional.

Os capítulos seguintes mostrarão, numa sequência organizada de forma a revelar um crescendo na gravidade das consequências, outras dimensões dessa abominável arma de pressão e subjugação. Arma que representava, na verdade, a base da pirâmide do autoritarismo e do sistema de imposição da vontade absoluta dos governantes. No topo existiam os Atos Institucionais, o SNI, o Conselho de Segurança Nacional, as altas esferas de poder. Na porção intermediária da pirâmide, toda a estrutura jurídico-política de repressão e controle: LSN, Lei de Imprensa, inúmeros instrumentos legais de exceção. Pouco acima da base, a Justiça Militar "legalizando" as atrocidades dos inquéritos, ignorando as marcas e laudos das torturas, transformando em decisões judiciais aquilo que os órgãos de segurança arrancavam dos presos políticos mediante pressões que iam da intimidação para que confessassem até ao limite dos assassinatos seguidos de desaparecimento dos cadáveres.

Como primeiro passo desta nova sequência de relatos, serão focalizados os testemunhos de presos políticos a quem foram exibidas pessoas torturadas como forma de pressão para que declarassem aquilo que as autoridades militares e policiais pretendiam.

A assistente social Ilda Brandle Siegl, de 26 anos, declarou em seu depoimento no Rio, em 1970:

> [...] o que mais influiu no ânimo da depoente foi o fato de ser mostrado a ela um rapaz, que hoje sabe ser Flávio de Melo e que se encontrava arrocheado no braço e com o rosto inchado, e disseram à depoente que, se não concordasse em colaborar, ficaria igual a ele; [...] que disseram a ela que a tortura ali era científica, não deixava marca; que foi espancada e despiram a depoente e provocaram choques elétricos; que, enquanto um aplicava choque, o Dr. Mimoso abanava a depoente para que a mesma não desmaiasse; que havia pausa a critério médico; que aplicaram choques nos seios, no umbigo e na parte interna das coxas; que, após, foi jogada numa cadeira, já que não podia ficar de pé [...][1].

No mesmo ano, e também na 1ª Auditoria da Marinha do Rio, a estudante Iná de Souza Medeiros, de 21 anos, contou ao Conselho de Justiça:

> [...] que, após, trouxeram Milton despido, pendurado no pau de arara, para que a declarante visse o seu estado e dizendo que, com ela, fariam a mesma coisa e, constantemente, os torturadores proferiam nomes contra Milton e a declarante; [...] que essas moças levaram ferro na unha, choque elétrico e tentativa de afogamento que consistia em tapar o nariz da pessoa e jogar água em cima [...][2].

1. BNM n. 205, V. 6º, p. 1.572-1.573.
2. BNM n. 93, V. 5º, p. 1.896v e 1.898.

A fim de propiciarem essa visão aterrorizadora aos prisioneiros políticos, os autores das sevícias chegaram ao requinte de promover, em dependências policiais e militares, reformas sofisticadas, como é o caso do vidro a que se refere, em seu depoimento, o estudante Manuel Domingos Neto, de 22 anos, ouvido em 1972, em Fortaleza:

> [...] Que teve oportunidade de ver, por intermédio de um vidro existente em uma dependência da Delegacia Regional, vidro esse que permite ao observador ver sem ser visto, que a acusada Rosa Maria Pereira Fonseca, que se encontrava no interior daquela dependência, estava em estado de convulsão; que o interrogando atribui que Rosa chegou a esse estado em virtude de torturas pela mesma sofridas na referida delegacia; que lhe foi proporcionada essa visão com o evidente intuito de atemorizar o interrogando [...][3].

Houve situações em que as torturas não conseguiram romper o silêncio a que se impôs a vítima. O último recurso era tentar fazer com que um prisioneiro convencesse o outro a falar, como o comprova a carta ao juiz-auditor de São Paulo, escrita por Marlene de Souza Soccas, de 35 anos, dentista, em 1972:

> [...] Supunham que eu estivesse ligada a Marcos Sattamini Pena de Arruda, geólogo, que há mais de um mês vinha sendo torturado. Levaram-me à sala de torturas e um dos torturadores, capitão do Exército, avisou: "Prepare-se para ver entrar o Frankstein". Vi aquele cidadão entrar na sala com o passo lento e incerto, apoiando-se numa bengala, uma das pálpebras caídas, a boca contorcida, os músculos do abdômem tremendo constantemente, incapaz de articular bem as palavras. Ele havia ficado hospitalizado entre a vida e a morte, após o violento traumatismo que sofreu nas torturas. Disseram: "Obrigue-o a falar porque a Gestapo não tem mais paciência e, se um de vocês não falar, nós o mataremos e a morte dele será de sua responsabilidade". Não falamos, não por heroísmo, mas porque nada tínhamos a falar [...][4].

O depoimento do técnico em contabilidade João Manoel Fernandes, de 22 anos, no Rio, em 1970, demonstra como os cárceres brasileiros abrigavam um coletivo de estropiados:

---

3. BNM n. 666, V. 1º, p. 250v a 253v.
4. BNM n. 42, V. 16º, p. 4.660.

> [...] que, na Ilha das Flores, quando lhe colocaram em contato com os presos, encontrou uma situação de verdadeiro terror; que Nielse [...] estava com o braço na tipoia completamente roxo, em virtude de ter sido colocado em "pau de arara", onde lhe jogavam jatos de água na cabeça e davam choques em partes sensíveis do corpo; que Rogério, o qual conheceu na Ilha das Flores, em virtude dos espancamentos e em virtude dos choques elétricos, estava com hemorroidas; que Martha Motta Lima, a qual conheceu também na Ilha das Flores, estava com o dedo da mão quebrado, em virtude de palmatória; que Rui Cardoso de Xavier, o qual veio a conhecer na Ilha das Flores, estava todo [...] com abdômem todo enfaixado, em virtude dos espancamentos recebidos; que dava para perceber o estado de completo abatimento e [...] tudo isso provocado pelas torturas físicas e pela ameaça constante de ser torturado e até ameaçado de perder a própria vida [...][5].

Descrição semelhante encontra-se no auto de interrogatório e qualificação do engenheiro José Milton Ferreira de Almeida, de 32 anos, ouvido em São Paulo, em 1976:

> [...] que, pior do que tudo isso, foi passar dias inteiros, por vários dias, vendo e ouvindo várias pessoas serem torturadas, crucificadas, penduradas nos registros das celas, espancadas nos corredores, gritando numa agonia indescritível; que viu pais e filhos sendo torturados, esposos e esposas serem também torturados e um sendo obrigado a torturar o outro; que viu velhos de quase 70 anos serem praticamente espancados e chegarem ao ponto de debilitamento total; que essas coisas que diz agora são uma síntese do que viveu [...][6].

Nos autos dos processos, a Justiça Militar brasileira consignou outros depoimentos de réus que se viram intimidados pelo estado lastimável de outras vítimas da tortura:

> [...] que declara ainda que não conhece os outros acusados, com exceção dos já citados, fazendo uma ressalva a Dulce Chaves Pandolfi, a qual lhe foi apresentada na Polícia do Exército em estado deplorável e foi obrigado, o declarante, a reconhecê-la; [...] (Depoimento de Jorge Raimundo Júnior, 23 anos, estudante, Rio, 1972)[7].

---

5. BNM n. 93, V. 5º, p. 1.839v e 1.840.
6. BNM n. 684, V. 39º, p. 80 a 84.
7. BNM n. 22, V. 2º, p. 559.

[...] Começou a interrogar-me. Visto que eu nada podia adiantar--lhe, por nada saber do que era perguntado, nesse momento mandou virem à minha presença, para acareação, o Coronel Carlos Gomes Machado e o Tenente Atílio Geromim, que haviam sido presos já há alguns dias. Esses dois colegas estavam em estado lastimável, pois vinham sendo torturados desde que ali haviam chegado; [...] (Relato ao juiz-auditor do 1º Tenente da PM José de Araújo Cavalcanti, 67 anos, São Paulo, 1975)[8].

[...] que um outro policial empurrou o interrogando dizendo-lhe: "fala logo"; que, em seguida, chegou o Delegado Fleury dizendo que logo o interrogando ia saber do que se tratava, isto porque o interrogando alegava não saber o que estava havendo; que foi levado para uma sala onde encontrou Frei Ivo e Frei Fernando apresentando sinais de espancamentos, com os rostos bastante inchados, em estado de semi-inconsciência, quase irreconhecíveis; [...] (Auto de interrogatório de Nestor Pereira da Mota, 29 anos, professor, São Paulo, 1970)[9] [...] que foi preso no dia 10 de setembro, em sua casa, e levado para a Operação Bandeirantes; que, ao entrar na viatura que o conduziu, começou a ser tratado de maneira a mais violenta; que, ao cabo de algum tempo, acesas as luzes da viatura, mandaram que o interrogando olhasse para trás, quando viu Wilson Palhares caído ao fundo, apresentando aspecto que o interrogando descreve como de farrapo humano; que disseram ao interrogando que ele assim ficaria se não confessasse; [...] (Auto de interrogatório de Luís Antonio Maciel, jornalista, São Paulo, 1970)[10].

[...] Depois de toda essa guerra psicológica, como se não bastasse, ainda trouxeram à minha presença o Padre Gerson e Lúcio Castelo Branco, ambos colegas de serviço do meu marido, para que eu visse o estado em que se encontravam, podendo verificar que os dois referidos acusados apresentavam um estado físico precário, sendo que Lúcio Castelo Branco dava a impressão de um retardado mental, não concatenando as expressões e nem sequer andando direito, enquanto o Padre Gerson se queixava de dores (*ilegível*) em consequência do espancamento que tivera. A tudo isso o Dr. Rangel mostrava-se indiferente, procurando atemorizar-me mais ainda, descrevendo as torturas que tinham usado, afirmando que eu, como mulher, não aguentaria. [...] (Carta, a seu advogado, de Rosa Maria Pires de Freitas, Rio, 1971)[11].

---

8. BNM n. 26, V. 6º, p. 1.473-1.478.
9. BNM n. 009, V. 4º, p. 799-800.
10. BNM n. 294, V. 7º, p. 1.599v.
11. BNM n. 614, V. 2º, p. 496 e 499.

15
Depoimentos forjados: confissões falsas

Depoimentos forjados

Ao comparecerem perante o Conselho de Justiça, muitos réus denunciaram como foram induzidos a assinarem depoimentos forjados, na fase do inquérito policial, como ocorreu com o Professor Luiz Andréa Favero, de 26 anos, preso em Foz do Iguaçu em 1970:

> [...] que, em dita sala, novamente o interrogando foi submetido a torturas, já das mesmas participando o Capitão Júlio Mendes e o Tenente Expedito; que, após as sevícias já referidas, trouxeram um papel, ou melhor, vários papéis para que o interrogando assinasse; que, em face dos fatos já descritos, o interrogando se limitou às assinaturas, desconhecendo, no entanto, o conteúdo de tais papéis [...][1].

Por vezes, o réu nem sequer tinha o direito de ler os papéis que lhe apresentavam para assinar, como foi o caso da assistente social Luiza Gilka Oliveira Rabelo, de 29 anos, que foi ouvida na Auditoria de Fortaleza, em 1973:

> [...] Que, ao final das entrevistas, o Inspetor Xavier apresentou à interroganda um documento datilografado para que assinasse; que não chegou a ler devidamente o conteúdo dos documentos datilo-

1. BNM n. 125, V. 1º, p. 187v e 188.

grafados, porquanto tal não lhe foi permitido; que, entretanto, verificou logo à primeira vista que o citado continha coisas horríveis com respeito não só à pessoa da interroganda, como a de outras pessoas, ficando essas referências, ao que tudo indica, em torno da formação de grupos e de atividades contrárias ao regime; que a interroganda assinou tal documento para se ver livre daquele vexame que estava passando [...][2].

O jornalista Nelson Luiz de Morais Costa, de 22 anos, contou ao Conselho de Justiça no Rio, em 1971, como foi forçado a assinar depoimentos ao encontrar-se praticamente fora de si:

> [...] que os depoimentos que constam nos autos foram feitos sob coação física e moral, ocasião em que foi obrigado a assinar diversos papéis brancos e datilografados, sendo que destes desconhecia o seu teor; que em época nenhuma, ou melhor, por um período de 43 dias, não teve acesso a nenhum advogado, pois se encontrava preso incomunicável; que, por ocasião de assinar os citados papéis, se encontrava incapaz, falando palavras desconexas, monologando sem qualquer discernimento (e) devido a esse estado foi levado ao Hospital Souza Aguiar, onde foi medicado [...][3].

O pânico e o medo provocado pelas sevícias levaram alguns réus a assinar os papéis que lhe apresentavam:

> [...] que foi obrigado a assinar as páginas de fls. 62 a 74 face às declarações de alguns homens da P.E. de que, se não as assinasse, teria de voltar para o primeiro quartel em que esteve, onde sofreu maus-tratos; [...] (Depoimento de João Luiz San Tiago Dantas Barbosa Quentel, 21 anos, estudante, Rio, 1973)[4].
>
> [...] que quer acrescentar que, na realidade, não prestou qualquer declaração, tendo se limitado a assinar depoimentos que lhe foram apresentados; [...] (Depoimento de João Henrique dos Santos Coutinho, 25 anos, professor, Salvador, 1972)[5].

O engenheiro mecânico Ivan Valente, de 31 anos, declarou à Justiça Militar em 1977, no Rio, que as peças processuais apresentadas como seu depoimento na polícia não passavam de um ditado do delegado ao escrivão:

---

2. BNM n. 666, V. 2º, p. 537v.
3. BNM n. 83, V. 1º, p. 177.
4. BNM n. 526, V. 2º, p. 550v.
5. BNM n. 188, V. 2º, p. 373.

> [...] que as declarações prestadas pelo interrogado no DPPS foram ditadas pelo delegado ao escrivão, apesar dos protestos do interrogado, ocasião em que recebia novas ameaças de voltar ao quartel da Polícia do Exército; que apesar da maneira como foram tomadas as declarações, o interrogado assinou o termo respectivo porque dois [*motivos*] básicos determinaram esse seu gesto: 1) – receio de voltar a ser torturado; 2) – que aquele tipo de prova que havia sido [*obtida*] pela polícia não teria valor jurídico nenhum; que, apesar de não ser um técnico no assunto, o interrogado tinha razão de que as declarações tomadas sob torturas físicas e morais não tem valor na justiça; que, até o 20º dia, após ter sido torturado, o corpo do interrogado denotava sinais de choques elétricos nas mãos, nos pés e nos órgãos genitais; [...] que o interrogado assinou o termo de declaração que lhe foi apresentado na DPPS, porque ficou com receio de voltar a ser torturado no Quartel da Polícia do Exército [...][6].

Forte pressão sofreu também a Professora Izabel Marques Tavares, de 30 anos, ouvida pelo Conselho de Justiça em Juiz de Fora, em 1972:

> [...] que antes de assinar o depoimento durante o IPM, depoimento do qual não conhecia o teor, passou a interroganda por várias torturas físicas e psicológicas sendo, inclusive, submetida nua a choques elétricos no ânus e beliscões nos seios, a passeios de automóveis com paradas em lugares ermos, onde se ameaçava a sua vida, com ameaças constantes contra seu marido que, por duas vezes, pudera ver no Hospital Militar em estado de coma e, uma vez, sendo torturado numa das salas do DOI [...][7].

O industriário Joaquim Falcão Filho, de 26 anos, ouvido pela Justiça Militar em Juiz de Fora, em 1972, narrou como fora feito seu inquérito policial-militar:

> [...] que não leu o seu depoimento prestado no IPM antes de assinar, o qual não foi feito da mesma forma por que se processa o presente interrogatório, ou seja, com perguntas, respostas e redução a termo, porquanto o depoimento do interrogado no IPM foi trazido pronto, para sua assinatura, pela Autoridade Policial e, premido pelas circunstâncias, viu-se obrigado a assinar o referido depoimento, tendo em vista que anteriormente sofrera coação física, moral e psicológica [...][8].

6. BNM n. 700, V. 2º, p. 501-503v.
7. BNM n. 54, V. 2º, p. 518.
8. BNM n. 198, V. 3º, p. 594.

O estudante de Comunicação Jorge José de Melo, de 25 anos, contou na 1ª Auditoria da Aeronáutica do Rio, em 1977, como fora pressionado para assinar declarações que não eram suas:

> [...] que foi levado, então, ao DPPS onde, durante quase 28 horas, foi ameaçado de ser mandado para o DOI-Codi; que as ameaças eram feitas para que assinasse um depoimento que já se encontrava pronto e foi apresentado ao interrogado pelo Delegado Borges Fortes; que um dos argumentos usados foi o de que não adiantaria que o interrogado falasse sobre sevícias e torturas, porque tinham como conseguir laudos médicos negando tais fatos; que a cada negativa do acusado em assinar o depoimento ou confirmar alguma coisa que lhe fosse dita, como sendo de sua autoria, era-lhe falado sobre tudo que poderia passar, caso não confirmasse; que, durante uma noite, foi colocado a dormir entre policiais, algemado, tendo esses policiais lhe dito, durante quase toda a noite que, se não confessasse, iria sofrer bastante; que, nesta altura, o interrogado já tinha notícias de torturas sofridas pelos outros presos, além de já ter lido a respeito em noticiário de jornais; que o delegado informou ao interrogado que poderia tê-lo preso até durante 15 dias; que essa prisão seria incomunicável e que, assim, fatalmente assinaria o depoimento; que, nessas ameaças, era constante a participação de outros policiais; que diante de toda essa pressão psicológica e temendo por sua segurança física, o interrogado assinou o depoimento sob coação [...][9].

O serralheiro Nelson Menezes, de 22 anos, ao depor em São Paulo, em 1975, não teve receio de reconhecer que inventara os termos de suas declarações na polícia:

> [...] que o interrogando escreveu tudo o que consta de fls. 76 e verso, inventando para satisfazer a polícia e não apanhar mais; que cada vez que a polícia pedia para relatar um fato novo, o interrogando inventava uma outra história, ainda para satisfazer a polícia [...][10].

Já o Professor Nestor Pereira da Mota, de 29 anos, declarou na 2ª Auditoria de São Paulo, em 1970, que assinara na polícia o que lhe entregaram pronto:

> [...] que no dia 2 de dezembro, um mês depois de ter sido preso, o interrogando foi levado a uma sala onde lhe deram um depoimento para assinar, dizendo-lhe os policiais que aquilo tinha que ser

9. BNM n. 700, V. 2º, p. 590v.

10. BNM n. 87, V. 2º, p. 326v e 327.

confirmado e assinado tal qual estava, sob pena de o interrogando passar pelas mesmas sevícias que, durante um mês, presenciou serem aplicadas a diversas outras pessoas, algumas das quais eram levadas, à cela onde estava o interrogando, em estado tal que não podiam sequer locomover-se sozinhas [...][11].

Confissões falsas

Devido às torturas aplicadas aos réus na fase do inquérito policial, muitos revelaram, à Justiça Militar, a falsidade de seus depoimentos, feitos com o objetivo de fazer cessar a violência que se abatia sobre eles.

Ouvido em São Paulo, em 1972, narrou o jornalista Renato Leone Mohor, de 30 anos:

> [...] que, certa noite, ouviu gritos de mulher e choros de criança intercalados com música e lhe foi dito que eram a sua esposa e filha que estavam sendo torturadas; que, assim, o interrogado pediu que dessem liberdade à esposa e filha e que responderia a todas as perguntas da forma que eles quisessem, chegando mesmo a inventar uma porção de coisas que ficou constando de suas declarações [...][12].

No Recife, em 1972, o mecânico Leonardo Mário Aguiar Barreto, de 38 anos, denunciou no auto de interrogatório na Auditoria:

> [...] que o interrogando deseja esclarecer serem falsas as declarações constantes nas fls. 114 dos autos, as quais somente foram assinadas pelo interrogando face às pancadas e torturas a que foi submetido desde sua prisão até 22 de janeiro do corrente ano; Que essas torturas foram aplicadas ao interrogando, a princípio, no Dops, posteriormente no DOI do IV Exército, ao qual foi o interrogando (colocado) à disposição; Perguntado se deseja ser submetido a exame de corpo de delito, foi respondido afirmativamente, inclusive porque sofreu o interrogando fratura em duas costelas, as quais, não obstante já consolidadas, deverão revelar a calosidade óssea através de radiografia [...][13].

Em carta de 1975, anexada aos autos, o réu e 2º Sargento da Polícia Militar de São Paulo, João Buonome, descreve como os depoimentos tomados

11. BNM n. 100, V. 19º, p. 5.225-5.227.
12. BNM n. 383, V. 2º, p. 250v.
13. BNM n. 461, V. 1º, p. 197.

sob tortura ganhavam, posteriormente, uma aparência de relatório manuscrito, redigido sem coação:

> [...] Em 14 de julho de 1975, vários policiais, ali detidos, foram levados a um auditório juntamente comigo e, lá, foram entregues a cada um de nós pastas contendo as declarações datilografadas que haviam sido obtidas nos interrogatórios sob pressão e torturas. Fomos instruídos no sentido de copiá-las de próprio punho e, depois, assiná-las. Esta era a condição *sine qua non* para terminar aquele período de sofrimento e sermos reapresentados à Polícia Militar [...][14].

O filho do corretor de imóveis Ildeu Manso Vieira, de 47 anos, foi obrigado a presenciar as sevícias sofridas por seu pai, conforme este relatou na Auditoria de Curitiba, em 1975:

> [...] que quer deixar consignado que, diante do que foi submetido, assinaria sua própria sentença de morte ou ainda, preferindo, seu fuzilamento; que seu filho sofreu, por ver seus gritos e sofrimentos, um trauma que perdura até a data de hoje [...][15].

Conclusão

Para o artigo 9º do Código de Processo Penal Militar, o inquérito policial "é apuração sumária dos fatos" e "tem o caráter de instrução provisória, cuja finalidade precípua é a de ministrar elementos necessários à propositura da ação penal". Para o artigo 35 do mesmo Código, "o processo inicia-se com o recebimento da denúncia pelo juiz". Portanto, antes da fase judicial não há processo, há mera investigação policial provisória destinada ao Ministério Público e não aos juízes. Já o artigo 297 estabelece que "o juiz formará convicção pela livre-apreciação das provas colhidas em juízo".

É garantia constitucional que nenhuma prova terá valor se não for submetida ao crivo da defesa, tendo o réu o direito de examiná-la e contestá-la, no momento mesmo em que ela é produzida diante dos que irão julgá-lo. Toda "prova" colhida sob tortura não deveria ter qualquer valor como matéria de convicção judicial num sistema processual democrático. No Brasil, o Supremo Tribunal Federal sempre declarou a completa insuficiência e o caráter de subsidiariedade das provas do inquérito policial. No entanto, depois de 1964, o inquérito policial-militar sempre teve caráter inquisitorial e

14. BNM n. 26, V. 4º, p. 1.887-1.892.
15. BNM n. 551, V. 10º, p. 2.763.

se desenvolveu sigilosamente, com o réu incomunicável, submetido a violências físicas, morais e psicológicas, e ainda assim seus resultados representaram o alicerce principal das decisões judiciais.

Um caso extremo de completo abuso de autoridade ocorreu com Inês Etienne Romeu, de 29 anos, mantida em cárcere privado em Petrópolis, em 1971:

> [...] Nesta fase, reforçaram a minha alimentação, deram-me roupas limpas e, inclusive, um par de óculos – de outra pessoa –, pois sou bastante míope e passei quase três meses sem usá-los. Nesta época fui forçada a assinar papéis em branco e escrever declarações ditadas por eles sobre a minha situação, desde o momento de minha prisão. Forçaram-me ainda a assinar um "contrato de trabalho" em que me comprometia a colaborar com os órgãos de segurança, em troca de minha liberdade e de dinheiro. Neste contrato constava uma cláusula segundo a qual, se eu não cumprisse o combinado, minha irmã, Lúcia Etienne Romeu, seria presa, pois eu mesma, sua própria irmã, a acusava de estar ligada a grupos subversivos. Até isso foi feito pelos meus carcereiros; eu estava arrasada, doente, reduzida a um verme e obedecia como um autômato. Aproveitando-se disso, fizeram-me acusar minha irmã que nunca se envolveu em atividades políticas, como muito bem sabem os próprios órgãos de segurança, que nunca a molestaram.
>
> Obrigaram-me também a gravar um *tape* em que me declaro agente remunerada do governo e me filmaram contando notas de dez cruzeiros, quando li o meu "contrato de trabalho".
>
> Declarei nesse *tape* que fui muito bem tratada por meus carcereiros. Filmaram-me de calça e sutiã para mostrar que as marcas de meu corpo eram consequência do atropelamento. Não me recordo de tudo que disse, mas afirmo que era tudo falso e mentiroso. As respostas que me obrigaram a dar e as afirmações e gestos que me obrigaram a fazer foram previamente ensaiados [...][16].

16. Dossiê à imprensa, 1981, Rio de Janeiro.

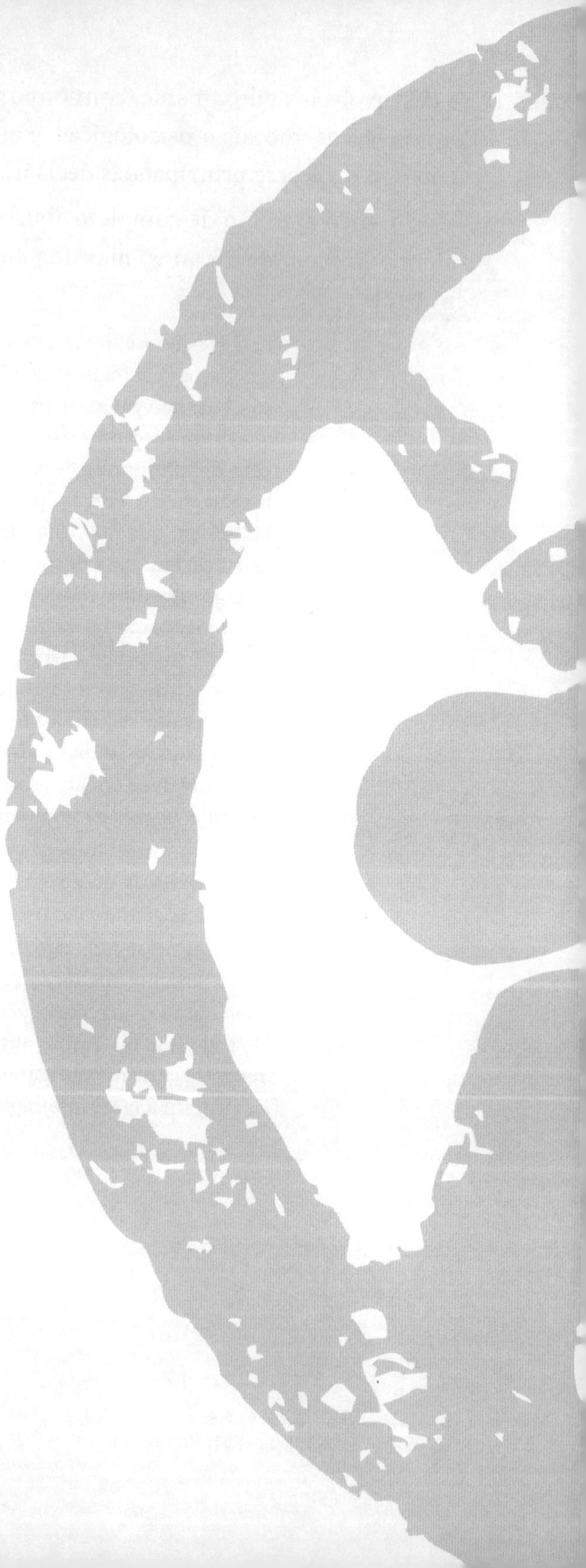

16
Consequências da tortura

Que tipos de reações a tortura provoca numa pessoa?

Embora o estudo dos processos políticos da Justiça Militar tenha permitido registrar muitas denúncias de tortura, são raras as descrições de seus efeitos sobre as vítimas. Há sequelas de ordem física, psicológica e moral. Muitos se calaram sobre torturas e torturadores. Alguns por conselho de seus advogados, outros, marcados pelo medo que essa forma de violência gerou.

> "Não fiz alusões a torturas quando fui ouvido aí na Auditoria da 7ª Região Militar. Primeiro, porque a senhora me aconselhou a ser prudente, para evitar que voltasse a sofrer novos maus-tratos", escreveu em carta à sua advogada o comerciante José Calistrato Cardoso Filho, de 29 anos, preso em Pernambuco em 1972[1].

A jornalista Helena Miranda de Figueiredo, de 45 anos, presa em São Paulo, declarou em juízo, em 1973:

> [...] Em resposta às perguntas do Tenente-Coronel, Presidente do Conselho, respondeu que é possível que possa reconhecer os agressores, mas prefere não fazer, porque um deles ainda ameaçou a interroganda de morte, dizendo que passaria o carro sobre o seu corpo. Acrescentou a interrogada que está apavorada até hoje pelo que viu e ouviu, e sofreu grandes ameaças a todo momento, ouvindo palavrões e promessas de maiores sevícias, não só na pessoa dela interrogada, como de seus familiares,

1. BNM n. 352, V. 1º, p. 270.

> incluindo o seu filho que conta hoje 13 anos de idade; que gestos obscenos e demonstrando como ela iria ser utilizada, inclusive o seu corpo, através de muitos dos elementos que se encontravam nas imediações, levaram a interrogada a se apavorar com aquilo de que foi vítima, embora não tenham levado a efeito as ameaças, até hoje; pressente que muita coisa pode acontecer, daí preferir silenciar sobre a indicação dos nomes daqueles que a atormentaram por tão longo tempo [...][2].

Entretanto, outros réus não apenas denunciaram nomes de seus algozes, como também descreveram, perante o tribunal militar, as reações que tiveram às torturas, como foi o caso da Professora Maria Cecília Bárbara Wetten, de 29 anos, presa no Rio e ouvida em 1977:

> [...] que, no segundo dia, sofreu muitos choques que produziram quedas na depoente, sua língua enrolou, chegando a sufocá-la e, durante 8 dias, perdeu a coordenação motora da perna; [...] começou a evacuar sangue [...][3].

Em Brasília, o advogado José Maria Pelúcio Pereira, de 34 anos, contou, em 1975, que, após levar choques, "ficava sem dormir, e mesmo quando estava acordado tinha visões"[4]. No Rio, o estudante José Mendes Ribeiro, de 24 anos, em 1977, "chegou a perder a noção de tempo" após receber choques elétricos, pancadas e passar pela "geladeira"[5]. "Nessas circunstâncias a pessoa perde a noção do tempo", repete em seu depoimento, em 1976, o publicitário Paulo Elisiário Nunes, de 36 anos, seviciado em Belo Horizonte[6]. O jornalista Paulo César Farah, de 24 anos, declarou em 1970, no Rio, que nele as torturas "provocaram o resultado do declarante, durante cerca de um mês, urinar sangue"[7], reação confirmada pelo estudante Paulo de Tarso Wenceslau, de 28 anos, em seu depoimento na 2ª Auditoria do Exército, em São Paulo, em 1970: "[...] que declara ao Conselho que ainda presentemente está urinando sangue e não recebe assistência médica [...]"[8]. Mais detalhado é o relato do jornalista Nelson Luiz Lott de Morais Costa, de 22 anos, na Justiça Militar do Rio, em 1971, após longo período de torturas no quartel da Polícia do Exército:

---

2. BNM n. 448, V. 1º, p. 110 e 110v.
3. BNM n. 700, V. 2º, p. 584 a 585v.
4. BNM n. 35, V. 2º, p. 687 e 688.
5. BNM n. 700, V. 2º, p. 586v e 587.
6. BNM n. 101, V. 3º, p. 696 a 698v.
7. BNM n. 076, V. 5º, p. 1.120.
8. BNM n. 007, V. 1º, p. 412v.

> "que, em coisa de um mês, o interrogando perdeu cerca de 20 quilos; que os médicos, inclusive, achavam que o interrogando não estava em perfeito estado psíquico, falava sozinho, dizendo palavras desconexas [...][9].
>
> "que, após esses fatos, se sentiu abalado moral e psiquicamente; que depois, analisando seu comportamento naquela época e conversando com outros presos tempos depois, inclusive com psiquiatras, eles acharam, em concordância com ele depoente, que o seu comportamento era psico-maníaco-depressivo, ausência total de sentimentos, não raciocinando mais, inclusive, ao chegar numa cela coletiva às 8 horas da noite, falando sem parar até às 3 horas da manhã, emitindo palavras desconexas; [...] que atualmente continua sendo vítima de alucinações, depressões, que há momentos em que sente vontade de morrer, presa de alucinações e sofrimentos psíquicos [...][10].

Em carta-denúncia, anexada aos autos do processo em 1977, o engenheiro Haroldo Borges Rodrigues Lima, de 37 anos, diz que começou "a perder a noção do tempo, pois a luz do dia eu não mais a via. [...] Após a demorada sessão de choque, enfurecido por não ter conseguido o que desejava, desferiu-me tão violento golpe sobre o coração que, momentaneamente, perdi os sentidos. A dor na região afetada acompanhou-me por mais de dois meses, dificultando-me a respiração"[11].

Uma apreciação mais científica das consequências da tortura encontra-se no relatório médico da paciente Maria Regina Peixoto Pereira, de 20 anos, assinado pelo Dr. Ronaldo Mendes de Oliveira Castro, a 17 de junho de 1970, e encaminhado ao Dr. Abib Cury, chefe da Divisão Médica do 1º Hospital Distrital de Brasília:

> Internada no 1º H.D.B., no apto. 519, procedente do Dops, onde se encontrava detida desde o dia 29/05/1970.
>
> – Motivo da internação: removida por apresentar estado confusional e impossibilidade de deambulação.
>
> – Queixa principal: dor de cabeça e sensação de fraqueza.
>
> ....
>
> Logo nos primeiros dias de prisão começou a sentir-se angustiada, com pânico e medo, acompanhado de cefaleia intensa fronto-lateral esquerda, constante e latejante. Ao mesmo tempo notou dificuldade de movimentação de todo o corpo. Apresentou a seguir estado confusional agudo, desorientação temporal, perda de senso de realidade e ideias de autoextermínio. Tinha a impressão, durante a

9. BNM n. 570, V. 1º, p. 259/260.

10. BNM n. 533, V. 1º, p. 322v.

11. BNM n. 43, V. 13º, p. 2.871-2.879.

> noite, de que o interrogatório a que foi submetida continuava sem cessar, não conseguia distinguir o real do imaginário, não sabendo precisar por quanto tempo permaneceu naquele estado.
>
> – Informa ter sofrido agressões físicas, como, por exemplo: espancamento no abdômem e choques elétricos na cabeça [...].
>
> – Queixa-se ainda de diminuição da memória para fatos recentes.
>
> – Relata que vem tendo, há dias, contrações no corpo todo, não sabendo quando iniciaram, mas que são de poucos dias para cá.
>
> ....
>
> – Exame Mental: Hiperemotividade, prantos frequentes. Discurso lento e com voz sussurrada e entrecortada de períodos de silêncio. Dificuldade de contato inicial, melhorando no decorrer da entrevista. Humor deprimido.
>
> – Hipominésia para fatos recentes. Percepção, atenção e inteligência sem alterações.
>
> – Desorientada no tempo e ainda algo confusa. Curso do pensamento: vivências de terror e pânico.
>
> – Ideias suicidas.
>
> – Apresenta reações primitivas de regressão e conversão histérica[12].

Outro exemplo é o exame de sanidade mental do sociólogo Lúcio de Brito Castello Branco, assinado pelo Major-médico da Aeronáutica Dr. Samuel Menezes Faro, e pelo 1º Tenente-médico da Aeronáutica Dr. Roberto Romero dos Santos, anexado aos autos de um processo de 1971, no Rio:

> [...] Aproveitamos para uma rápida entrevista com a esposa. [...] conta que logo após a prisão estava em estado psíquico profundamente abalado, sem reagir a estímulos dos circunstantes, estático, vertendo lágrimas continuamente, apresentando, além disso, tremor do membro inferior D. A esposa referiu-se ainda a sono agitado, a pesadelos e agorafobia. [...] Instado a responder sobre sua prisão, relata sob certa comoção que teria sido sequestrado por terroristas, quando em presença de um colega. Teria sofrido maus-tratos por parte destes elementos; [...] Notamos, durante seu relato, certo tremor no seu pé direito. [...] Apresenta uma aminésia lacunar parcial relativa a alguns acontecimentos durante sua prisão. Dizemos parcial porque não julgamos oportuno insistir na rememoração dos mesmos. [...]
>
> CONCLUSÃO: O periciado mostra um quadro depressivo reativo em remissão progressiva. Pelos comemorativos referidos pela esposa, a depressão teria sido severa, no momento mostrando-se moderada, exigindo um prazo para a progressiva remissão total[13].

---

12. BNM n. 682, V. 4º, p. 1.247-1.249.

13. BNM n. 57, V. 1°, p. 323-365.

A sedução da morte

Em alguns presos políticos surgiu a ideia de suicídio como meio de escaparem do sofrimento infindável. Era também o recurso extremo da fidelidade às suas próprias convicções, diante de um inimigo revestido da autoridade do Estado e que tinha a seu favor o tempo, a crueldade dos modos e dos instrumentos de suplício, e a impunidade.

Em seu depoimento, em Fortaleza, em 1971, o estudante Manuel Domingos Neto, de 22 anos, narrou ao Conselho de Justiça:

> [...] Que, em virtude de todos esses maus-tratos recebidos, o interrogando passou a ingressar num estado de desespero, chegando mesmo a pensar em suicídio; que, a partir daí, os policiais passaram a ter o máximo de cuidado com o interrogando, evitando que o mesmo tomasse qualquer atitude extrema contra sua própria pessoa, pois constataram o estado de ânimo em que ele, interrogando, encontrava-se; [...] que sobreveio, então, um esgotamento físico e mental ao interrogando, a ponto de ter este de ser hospitalizado no Hospital S.O.S. desta capital, onde passou dez dias inconsciente; que, depois, foi para o Hospital Militar, onde passou por um tratamento psiquiátrico durante quatro meses [...][14].

No Rio, o estudante Luiz Arnaldo Dias Campos, de 21 anos, declarou, ao depor em 1977, que "pediu até que o matassem, para que parassem os suplícios e, como resposta, disseram-lhe que permaneceria vivo, a fim de sofrer ainda mais"[15].

Outros prisioneiros chegaram a atentar contra a própria vida, no esforço extremo de se livrarem das incessantes torturas, como foi o caso do desenhista Jurandir Rios Garçoni, de 29 anos, conforme reconheceu na 2ª Auditoria do Exército de São Paulo, em 1972:

> [...] que o interrogando deseja registrar nesta oportunidade que, quando de sua prisão na Oban, recebeu maus-tratos, ou seja, torturas, de tal modo (ficou) abalado física e mentalmente que chegou mesmo a tentar o suicídio, cortando os pulsos com garfo de plástico, não logrando seu intento face a lesão insuficiente para a hemorragia desejada e ainda porque foi socorrido em tempo [...][16].

---

14. BNM n. 666, V. 1º, p. 250-253.
15. BNM n. 700, V. 2º, p. 504-507.
16. BNM n. 79, V. 2º, p. 300.

Outros casos semelhantes estão registrados nos arquivos processuais:

> [...] sendo levado para o Dops, onde sofreu coação, chegando a ter uma depressão psíquica, tendo tentado o suicídio [...][17] (Depoimento do engenheiro Jethero de Farias Cardoso, 48 anos, São Paulo, 1970).
>
> [...] que, em Curitiba, estava preso com uma pessoa que parecia estar louca e que, posteriormente, soube se chamar Teodoro Ghescov; que [o] referido Teodoro, numa determinada manhã, tentou enfiar um prego na cabeça, usando o sapato como martelo [...][18] (Depoimento do radiotécnico Newton Cândido, 39 anos, São Paulo, 1977).
>
> [...] que o interrogado esclarece que a confissão obtida na polícia, apesar de constituir verdade, foi obtida através de torturas; que, face a isso, o interrogado tentou o seu suicídio [...][19] (Depoimento do estudante Antônio Nahas Júnior, 19 anos, Recife, 1971).

Houve inclusive quem fizesse da tentativa de suicídio um gesto de protesto, como relata em seu dossiê-denúncia a bancária Inês Etienne Romeu, de 29 anos, mantida num cárcere privado em Petrópolis, em 1971:

> [...] por conversas ouvidas de madrugada, entre Pardal e Laurindo, pressenti que se tramava uma cilada que culminaria com a minha morte. Pardal disse a Laurindo que "logo que ela desça do carro para andar os 200 metros, eu já estarei com o carro em alta velocidade; ela não terá nem tempo de ver o que lhe ocorrerá". Zé Gomes também comentou comigo: "você cairá dura quando souber o que te aguarda". Diante de tudo isso, e para não colaborar com a farsa de uma "morte acidental", cortei os pulsos (na madrugada de domingo para segunda-feira, nove de agosto). Perdi muito sangue e, sentindo que já estava perdendo os sentidos, ocorreu-me a certeza de que deveria lutar pela minha vida, porque tinha esperança de denunciar tudo o que ocorrera e, ainda, todas as coisas que presenciei no inferno em que estava. Assim, gritei por Pardal que, juntamente com os que se encontravam na casa, providenciou os primeiros socorros [...][20].

Caso semelhante ocorreu com Frei Tito de Alencar Lima, quando preso e torturado no DOI-Codi, em São Paulo, em 1970, de acordo com o relatório escrito por ele e divulgado pela imprensa internacional na época:

> [...] Na cela, eu não conseguia dormir. A dor crescia a cada momento. Sentia a cabeça dez vezes maior do que o corpo. Angustia-

17. BNM n. 100, V. 17º, p. 4.398v.
18. BNM n. 683, V. 5º, p. 1.622-1.633.
19. BNM n. 230, V. 1º, p. 253v.
20. Dossiê distribuído à imprensa, Rio, janeiro de 1981.

> va-me a possibilidade de os outros religiosos sofrerem o mesmo. Era preciso pôr um fim àquilo. Sentia que não iria aguentar mais o sofrimento prolongado. Só havia uma solução: matar-me.
>
> Na cela cheia de lixo encontrei uma lata vazia. Comecei a amolar sua ponta no cimento. O preso ao lado pressentiu minha decisão e pediu que eu me acalmasse. Havia sofrido mais do que eu (teve os testículos esmagados) e não chegara ao desespero. Mas, no meu caso, tratava-se de impedir que outros viessem a ser torturados e de denunciar à opinião pública e à Igreja o que se passa nos cárceres brasileiros. Só com o sacrifício de minha vida isso seria possível, pensei. [...] [...] Nos pulsos, eu havia marcado o lugar dos cortes. Continuei amolando a lata. Ao meio-dia, tiraram-me para fazer a barba. Disseram que eu iria para a penitenciária. Raspei mal a barba, voltei à cela. Passou um soldado. Pedi que me emprestasse a gilete para terminar a barba. O português dormia. Tomei a gilete, enfiei-a com força na dobra interna do cotovelo, no braço esquerdo. O corte fundo atingiu a artéria. O jato de sangue manchou o chão da cela. Aproximei-me da privada, apertei o braço para que o sangue jorrasse mais depressa. Mais tarde, recobrei os sentidos num leito do Pronto Socorro do Hospital das Clínicas [...][21].

As torturas sofridas naquela ocasião deixaram em Frei Tito profundas sequelas psíquicas, levando-o a enforcar-se em agosto de 1974, quando se encontrava exilado na França.

Impactos sobre a personalidade

Alguns prisioneiros tiveram sua personalidade de tal modo afetada pelas sevícias, que passaram a acatar, para sobreviverem, todas as imposições de seus carcereiros, como narrou em carta à 1ª Auditoria da Aeronáutica do Rio, em 1975, o bancário Manoel Henrique Ferreira, de 21 anos, em carta anexada aos autos:

> [...] em mim, essas torturas tiveram ainda o papel de desestruturar psicologicamente. Elas levaram-me até o ponto de ir à televisão fazer um pronunciamento contra a luta da qual eu participara. Eu fui à televisão, fiz um pronunciamento renegando minhas ideias, e fiz isto sob um estado completo de desestruturação por todas as torturas sofridas, por todas as ameaças e pelo medo que tinha de vir a ser morto [...][22].

---

21. Cf. BETTO, Frei. *Batismo de sangue*. 6. ed. Rio de Janeiro: Civilização Brasileira, 1983, p. 234-235.

22. BNM n. 638, V. 2º, p. 735-736.

Posteriormente, esta mesma pessoa prestou um depoimento público num livro sobre prisioneiros políticos, no qual relata o impacto que os suplícios tiveram sobre sua personalidade:

> [...] O fato de não estar preparado para a prisão ficou demonstrado desde o início de minha queda, quando entrei em verdadeiro pânico. Frente às torturas e aos torturadores, meu estado era de um intenso terror, e isto levou-me a que passasse a ter um comportamento extremamente individualista, que se refletia diretamente no nível de colaboração que eu prestava aos torturadores. Assim, visando o fim daquelas torturas, que elas diminuíssem, eu prestava informações que levaram, inclusive, à queda de outros companheiros. Eu deixei de pensar em todos os motivos que me levaram a ingressar na luta, deixei de pensar em todos os companheiros que foram mortos no encaminhamento da luta. E meu único pensamento era o de livrar-me daquelas torturas e, para conseguir isso, prestava-me à colaboração com o inimigo, que procurava tirar o máximo proveito daquela situação.
>
> Durante o tempo em que permaneci no Cisa, fiquei completamente apavorado. Quando era encaminhado para interrogatórios, todo meu corpo tremia com tal intensidade, que não conseguia controlar. Ficava desesperado quando via a máquina de choques e, às vezes, só de vê-la, antes mesmo de começar a levar choques, começava a falar. Às vezes até inventando coisas, com o intuito, com a esperança de não vir a receber choques. Depois de alguns dias, o meu pavor atingiu tal limite, que só de ouvir um abrir de portas já começava a tremer. Eu não pensava em mais nada que não fosse a possibilidade de me safar daquela situação. O que me preocupava era uma salvação individual, não procurava uma sobrevivência política [...].
>
> Quando as torturas se amainaram, meu estado psicológico era deplorável. Ao mesmo tempo em que tudo fizera para livrar-me das torturas, agora começava a sentir remorsos por tudo aquilo e ficava com uma contradição muito grande, pois enquanto eu não hesitara em trair para conseguir uma melhoria de condição pessoal, começava a pensar no que representou essa traição, não só em nível político, como também em nível pessoal [...][23].

---

23. Cf. DIAS, Luzimar Nogueira. *Esquerda armada:* testemunho dos presos políticos do Presídio Milton Dias Moreira, no Rio de Janeiro. Vitória: Edições do Leitor, 1979, p. 32ss.

17
Marcas de tortura

Em muitos presos políticos a tortura não deixou marcas físicas, pois foram tomados os devidos cuidados para evitá-las. Prova disso foi um descuido do DOI-Codi-II Exército, que permitiu encontrar, nos autos de um processo de São Paulo, um documento revelador das orientações dadas às equipes de interrogatório nos órgãos de repressão:

> Aos inter "A", "B" e C":
>
> 1º) para orientar os trabalhos dos interrogatórios;
>
> 2º) serviço que deve ser tirado (assinatura ilegível)". Nas margens do documento encontrado, mais sugestões: "Forçar a barra, *porém*, sem deixar marcas [...] esses setores são novos para nós; não possuímos nada a respeito (rubrica ilegível).

Outros presos foram vítimas de sevícias tão atrozes que imprimiram sequelas permanentes em seus corpos. Houve inúmeros casos, como o de Hilário Gonçalves Pinha em Curitiba e de Antonio Carlos de Melo Pereira em São Paulo, que ficaram definitivamente marcados pela tortura que sofreram.

Em 16 de julho de 1969, no Engenho Noruega, no município de Escada, Pernambuco, Elenaldo Celso Teixeira, advogado, e Luís Medeiros de Oliveira, estudante de Engenharia, foram presos e barbaramente torturados num engenho vizinho que, por ironia do destino, chamava "Liberdade":

> Depois que o Petrônio chegou eles começaram a nos espancar com barras de ferro, qualquer pedaço de ferro que encontravam pelo depósito e correias de ventilador de carro, isto durante uma porção de tempo. Bateram em mim e no Elenaldo. E depois nos levaram lá para fora do Engenho, penduraram, amarraram cordas em volta dos calcanhares e penduraram cada um de nós dois passando a corda por uma linha que tinha uns 2 ou 3 metros de altura e continuaram espancando e deram banho de álcool e ameaçaram tocar fogo e também com o revólver enfiando no ouvido e puxando o gatilho, mas sem ter bala no revólver. Depois de uma porção de tempo de espancamento eles então cortaram as cordas e nós caímos de cabeça no chão. Uma dor violenta essa cabeçada no chão e por fim nos arrastaram para o local onde estava o Gipe, deixaram o banco traseiro lá no engenho e nos puseram atrás e aí eu não vi mais nada. Só me lembro que chegamos lá em Recife, em algum local e depois quando nós descemos do Gipe eu ouvi escrito lá na frente, Delegacia de Caxangá. Fui jogado numa sala toda limpa e no cimento nós ficamos. Ficamos lá até de manhã só gemendo de dor e o chão todo sujo de sangue, tava todo mundo ensanguentado de ferimentos[1].

Luís Medeiros foi depois conduzido ao Pronto Socorro Oswaldo Cruz, antigo Pronto Socorro de Recife. Quando se recuperou foi novamente conduzido para a Secretaria de Segurança Pública de Pernambuco, embora continuasse com dores enormes nos rins e urinando sangue. Pediu médico várias vezes, mas não foi atendido. Era constantemente interrogado e, durante os interrogatórios, torturado:

> Eu sei que estava lá muito ruim, e os ferimentos das pancadas que não tinham sarado, e as roupas que ficavam pregadas no corpo, sem dormir e no dia 22/08 veio o Miranda e mais uns 3 policiais que eu tinha visto lá na sala do Dops e então disseram que iam me levar para descobrir tudo para ver quem participava comigo e que iam me queimar todo de cigarro [...] E aí na hora deu aquele medo de ser torturado novamente e para escapar de lá pulei pela janela da Secretaria e nessa hora estava o Miranda pedindo ao comissário-chefe um maço de cigarros para me queimar [...] Eu corri do *bureau* onde estava e pisei no sofá na janela e pulei lá fora e aí não vi mais nada. Só fui ver alguma coisa quando eu estava no hospital, já tudo que é médico em torno de mim me cuidando lá. O Miranda tava lá também, rindo, brincando...[2]

1. Depoimento prestado ao Comitê Brasileiro pela Anistia, em 1979.
2. Ibid.

Luís Medeiros de Oliveira sobreviveu. Desde aquela época, entretanto, está paralítico, tetraplégico. Apesar disso, foi condenado pela Justiça Militar como infrator da Lei de Segurança Nacional (LSN), tendo cumprido pena nessas condições.

Nas auditorias militares, os Conselhos de Justiça fizeram consignar nos autos de interrogatório e qualificação, por insistência dos réus e advogados, os depoimentos de pessoas indelevelmente marcadas pela violência que sofreram em dependências policiais e militares.

Em carta anexada aos autos, Leovi Antonio Pinto Carísio, de 23 anos, preso em Belo Horizonte, descreveu em 1970:

> [...] Lá, numa sala especialmente destinada a torturas, amarraram os pulsos e os tornozelos com cordas independentes, deitando-me numa mesa pequena e passando as cordas pelas travessas inferiores desta, forçavam-me o tronco, aos arrancos, no sentido contrário ao movimento da espinha. As dores eram atrozes e, ainda hoje, sinto, uma vez por outra, ao longo da espinha [...][3].

Este mesmo réu denuncia ainda em sua carta:

> [...] Quero acrescentar ainda que, no dia 31 de janeiro, o companheiro Lucimar Brandão Guimarães, embora alquebrado pelas torturas, ainda não tinha a coluna fraturada. Neste dia os policiais da PMMG apanharam-no e, a partir de então, não sabemos o que lhe aconteceu e que jamais será relatado, pois hoje encontra-se paralisado pelo fraturamento da coluna vertebral [...][4].

Outra carta anexa aos autos do processo é a do sogro da Professora Lenira Machado Dantas, de 30 anos, presa em São Paulo. Com a data de 1971, diz o texto:

> [...] Como sogro de Lenira Machado Dantas, já ouvida nesta Auditoria como indiciada no processo 437/71, alegando que sua nora sofreu de grave ameaça de pneumonia em fins do ano passado, sofre de hepatite, tendo vomitado constantemente e, face à lesão na coluna vertebral, está com a perna direita quase paralisada e alarmante debilidade física, face ao prolongamento do encarceramento [...][5].

Um caso de paralisia foi relatado na 2ª Auditoria da Marinha do Rio, em 1972, no decorrer do depoimento da estudante Lúcia Maria Murat Vasconcelos, de 23 anos:

---

3. BNM n. 150, V. 2°, p. 462-464.
4. Ibid.
5. BNM n. 098, V. 1º, p. 314-315.

> [...] que, por ocasião de sua prisão, a interroganda foi conduzida ao Codi da Rua Barão de Mesquita, local onde foi submetida a uma série de torturas físicas e psíquicas; que sofreu espancamentos generalizados, inclusive aplicações de choques elétricos na língua, nos seios e na vagina; que, em seguida, foi levada à Bahia, onde ficou constatado que a interroganda estava com uma paralisia na perna direita, estando a interroganda de posse de um laudo médico que comprova o aqui alegado [...][6].

Em outras ocasiões, as estruturas ósseas dos torturados não resistiam aos espancamentos, como ocorreu com o estudante Alberto Vinicius Melo do Nascimento, 23 anos, durante sessão de torturas que sofreu na Oban, em São Paulo, no dia 5 de dezembro de 1970.

> [...] que, também, encostavam um cabo elétrico nas nádegas do interrogado provocando queimaduras que foram tratadas posteriormente, em Curitiba, por um sargento enfermeiro; que, na referida sala, o interrogado teve fraturado o perônio da perna esquerda, resultando, ainda, um surgimento de água no joelho esquerdo; que desta fratura existe notícia de um laudo médico no Hospital Geral do Exército, em Curitiba; que o engessamento de sua perna foi feito dez dias após a fratura; que no dia seguinte da fratura, ou seja, 6 de dezembro, voltou a ser torturado [...]; que no dia 9 de dezembro retornou a Curitiba [...] que, enquanto a perna esquerda do interrogado ainda não estava engessada, recebeu pontapés não com muita violência do Capitão Magela [...][7].

Houve quem pudesse exibir, no próprio depoimento na Auditoria, as marcas das agressões que sofrera, como o estudante João Damasceno de Lima Neto, de 20 anos, 1972:

> [...] que, no Recife, foi submetido a interrogatório com um capuz metido em sua cabeça e recebeu coação física de seus interrogadores, tanto que, ainda hoje, tem o corte na língua, marcas nos pulsos e nos pés, bem como 4 dentes quebrados, sendo dois na arcada superior e dois na arcada inferior [...][8].

Outros tiveram suas denúncias de maus-tratos comprovadas por relatório médico encaminhado à autoridade policial, como no caso do lavrador Joaquim Matias Neto, de 30 anos, que foi ouvido em Fortaleza, em 1972:

6. BNM n. 112, V. 1°, p. 387.
7. BNM n. 179, V. 7°, p. 921-923.
8. BNM n. 051, V. 1°, p. 93.

> [...] que, após esses maus-tratos, o interrogado teve a sua saúde abalada, tanto assim que até hoje sente tonturas, dores de cabeça, ouve vozes e ruídos estranhos, tem dificuldades respiratórias; que, anteriormente, o interrogado gozava de perfeita e plena saúde física [...][9].

São comuns também os casos de perfuração dos tímpanos:

> [...] que praticamente tudo o que consta como depoimento policial do interrogando não pode ser crido, porque foi obrigado a admitir a autoria de crimes mediante torturas, de que resultou, inclusive, uma perfuração do tímpano direito do interrogando; [...] (Auto de interrogatório de José Ivo Vannuchi, 21 anos, funcionário público, São Paulo, 1970)[10].
>
> [...] Que o ouvido direito do interrogando foi perfurado com tapas que lhe eram aplicados pelo Dr. Porto, modalidade conhecida por "telefone" [...]. (Depoimento de José Jerônimo de Oliveira, 26 anos, estudante, Fortaleza, 1971)[11].
>
> [...] Que tem provas das torturas sofridas na PE, pois lá estouraram seu tímpano do ouvido esquerdo, além de marcas que tem pelo corpo (e) que podem sofrer constatação médica [...] (Depoimento de Júlio Antonio Bittencourt Almeida, 24 anos, estudante, Rio, 1970)[12].

Em carta com data de 1969, o engenheiro Diógenes Arruda Câmara, de 55 anos, preso em São Paulo naquele mesmo ano, relata as consequências sobre a sua saúde das sevícias que sofrera:

> [...] foi quando, no início da madrugada, tive a primeira crise cardíaca. Deixaram-me em completo repouso durante o dia, uma noite e um dia, enquanto enfermeiros da Polícia Militar (e do) II Exército me davam injeções. Já então quase não podia andar; duas pessoas tinham que me levantar, agarrava-me com as mãos nas paredes e arrastava lentamente as pernas. [...] Este era o meu estado físico: não podia me levantar, nem podia andar; hematoma generalizado dos ombros e costas até os dedos dos pés, inclusive os braços e as mãos, que ficaram quase pretas, saindo uma espécie de salmoura debaixo das unhas e das linhas de cada mão; ou ouvidos inflamados; uma costela do lado esquerdo, fraturada; o rim direito,

9. BNM n. 215, V. 3º, p. 569v e 570. Cf. Id., p. 588: Relatório do médico Dr. Beethoven M. Chagas, diretor do Hospital Colônia "Nina Rodrigues", ao delegado do Dops-Maranhão, em 02/08/1972.

10. BNM n. 065, V. 5º, p. 1.401-1.403.

11. BNM n. 617, V. 1º, p. 265v.

12. BNM n. 217, V. 2º, p. 59-64.

> afetado; a perna direita com vários ligamentos da coxa rompidos, inclusive o joelho com o menisco fraturado, o que me deixou semiparalítico por mais de dois meses [...][13].

Exames de corpo de delito

Em 13 de abril de 1971, no Recife, o Conselho Permanente de Justiça do Exército designou os doutores Major Ivaldo Carneiro Valença e Capitão Gustavo de Melo Pereira Leite, médicos do Exército, para realizarem exame de corpo de delito no réu Carlos Alberto Soares. Este exame ocorreu na Divisão de Segurança da 2ª Zona Aérea, Quartel da Base Aérea do Recife:

> O exame, hoje realizado, revelou: a) Paresia da mão esquerda; b) Edema e equimose do segundo pododáctilo direito; c) Crosta de aproximadamente três centímetros de diâmetro na superfície plantar do pé direito; d) Edema dos dorsos de ambos os pés; e) Escoriação linear de aproximadamente dois centímetros no punho esquerdo; f) Escoriação de aproximadamente um centímetro do terço médio do antebraço direito; g) Escoriação de aproximadamente cinco centímetros de diâmetro na face interna da coxa direita; h) Impotência funcional parcial dos dedos da mão esquerda; i) Equimose na face posterior da bolsa escrotal, não podendo, entretanto, ser precisado o início das lesões, uma vez que não são recentes.

QUESITOS – Há ofensa à integridade corporal ou à saúde do paciente?

RESPOSTA: SIM.

Qual instrumento ou meio que a produziu?

RESPOSTA: CONTUNDENTE[14].

O exame de corpo de delito realizado no preso político Hamilton Pereira da Silva, no Instituto Médico Legal de São Paulo, em maio de 1973, por solicitação de seu advogado, apontou:

> "HISTÓRICO: Refere ter sido vítima de sevícias no mês de junho de setenta e dois. DESCRIÇÃO: Apresenta: a) Cicatriz irregular, medindo um centímetro, situada na região maleolar externa esquerda; b) Cicatriz alongada, medindo um centímetro, situada na borda externa da porção mediana do pé esquerdo; c) Cicatriz irregular, rósea, medindo três por dois centímetros, situada na região

13. BNM n. 299, V. 2º, p. 323-356.

14. BNM n. 223, V. 1º, p. 249.

maleolar externa direita; adjacente a esta, há outra cicatriz, medindo um centímetro; d) Duas cicatrizes circulares, adjacentes, medindo um centímetro de diâmetro cada, situadas na face externa do joelho esquerdo; e) Vestígio cicatricial róseo, irregular, medindo dois centímetros, situado na face anterior do joelho esquerdo; f) Vestígio cicatricial, róseo, medindo três centímetros, situado na face externa do terço superior da perna direita; g) Vestígio cicatricial irregular, medindo quatro centímetros, situado na face externa da região glútea direita; h) Vestígio cicatricial irregular, medindo dois centímetros e meio no maior comprimento, situado na face anterior do ombro direito"[15].

Outra evidência de tortura foi constatada por médicos no réu Chizuo Osawa, de 24 anos, em 1970.

Foi examinado no Hospital Geral de São Paulo (onde entrou a 2 de março de 1970 e saiu a 14, do mesmo mês, pelo Coronel-médico Dr. Caio Tavares Iracema, Major-médico Dr. Justo Claret Nogueira e Capitão-médico Dr. Remígio Loureiro da Silva. Constataram, entre outras coisas:

> Abdômen – equimoses em fase involutiva também nos flancos direito e esquerdo. Discreta hepatomegalia, à inspiração profunda. [...] O paciente refere diminuição do movimento de flexão do pé sobre a perna esquerda, bem como diminuição da força do referido[16].

Não apenas exames médicos comprovaram a prática de torturas, nos cárceres, de réus por motivos políticos. Na opinião do pai de um deles, em carta ao juiz-auditor de São Paulo, em 1970, houve quem não camuflasse o cinismo, filho dileto da prepotência:

> [...] Poucos dias após (não mais de 4 ou 5) viemos a saber que o nosso filho estava sendo seviciado na Oban. Procurei lá o mesmo Capitão Maurício que, inteirado dos motivos de minha apreensão, me respondeu textualmente: "Seu filho está apenas levando socos e pontapés; mas isso não tem importância, porque também os levaria numa briga na faculdade. Está também levando choques elétricos, mas não se impressione porque os efeitos são meramente psicológicos" [...][17].

15. BNM n. 68, V. 8º, p. 2.586.

16. BNM n. 100, V. 7º, p. 29.

17. BNM n. 95, V. 12º, p. 2.905-2.909, referente ao réu José Olavo Leite Ribeiro, estudante, São Paulo, 1970.

18
Assistência médica à tortura

Como já foi dito, o estudo dos processos políticos da Justiça Militar permite concluir que o uso da tortura, como método de interrogatório e de mero castigo, não foi ocasional. Ao contrário. Obedeceu a critérios, decorreu de planos e verbas e exigiu a organização de uma infraestrutura que ia desde os locais adequados à prática das sevícias, passando pela diversificada tecnologia dos instrumentos de suplício, até à participação direta de enfermeiros e de médicos que assessoravam o trabalho dos algozes.

Em 1972, o estudante João Alves Gondim Neto, de 25 anos, contou, na Auditoria de Fortaleza:

> [...] que, enquanto estava no quartel do 23º BC, foi visitado por alguém que estava visitando todos os prisioneiros, e que o interrogando acredita ser um médico do 23º BC; que o interrogando, nessa época, estava urinando sangue devido as pancadas nos rins; que a referida pessoa não apenas se omitiu quanto à medicação ao interrogando, como também orientou no sentido de esclarecer aos torturadores quais os locais do corpo do interrogando que poderiam ser flagelados sem que resultassem vestígios [...][1].

O motorista César Augusto Teles, de 29 anos, interrogado em São Paulo, em 1973, também denunciou o fato de médicos favorecerem a prática de torturas:

1. BNM n. 092, V. 1º, p. 200-203.

> Quanto a mim, perdi os sentidos já próximo do raiar do dia e vim a saber ter estado em estado de coma algumas horas, em virtude do agravamento de minha saúde pelas agressões sofridas. Pela manhã, quando trocaram-se os plantões dos funcionários da Oban, fui reanimado por dois médicos, bem como minha esposa, e prosseguiram cada vez mais intensas as torturas inflingidas a nós três [...][2].

No Rio, a Professora Maria Cecília Barbara Wetten, de 29 anos, passou pelo mesmo processo, conforme relatou em juízo, em 1977:

> [...] que depois de ser examinada, na "geladeira", por médico que lhe tomou o pulso, foi levada para outra onde lhe aplicaram choques, isto com o fito também que a interroganda declarasse pertencer a uma organização política [...][3].

O estudante Ottoni Guimarães Fernandes Júnior, de 24 anos, preso no Rio em 1970, também declarou na 1ª Auditoria da Aeronáutica:

> [...] que, dentre os policiais, figura um médico, cuja função era de reanimar os torturados para que o processo de tortura não sofresse solução de continuidade; que durante os dois dias e meio o interrogado permaneceu no pau de arara desmaiando várias vezes e, nessas ocasiões, lhe eram aplicadas injeções na veia pelo médico a que já se referiu; que o médico aplicou no interrogado uma injeção que produzia uma contração violenta no intestino, após o que era usado o processo de torniquete [...][4].

Em 1970, no Rio, a 1ª Auditoria da Marinha registrou igual denúncia do economista Luiz Carlos de Souza Santos, de 25 anos:

> [...] que o Dr. Coutinho, médico da Ilha das Flores, era o encarregado de aplicar estimulantes quando os torturados desmaiavam [...][5].

O ex-padre Alípio Cristiano de Freitas, de 41 anos, passou pela mesma experiência no Rio, ao ser interrogado no inquérito policial, em 1970:

> [...] que o depoente foi submetido à tortura do pau de arara, sendo certo que, quando ficou em precárias condições, foi examinado por um cidadão, ao que tudo indica médico, que dava como que um diagnóstico com as condições de resistência do interrogado [...][6].

2. BNM n. 693, V. 24º, p. 8.971-8.973.
3. BNM n. 700, V. 2º, p. 584v a 585v.
4. BNM n. 679, V. 1º, p. 213v e 214.
5. BNM n. 093, V. 5º, p. 1.908-1.910.
6. BNM n. 289, V. 1º, p. 174 e verso.

Outros depoimentos, tomados nas diversas Auditorias brasileiras, reproduzem situações semelhantes, seja do médico que favorece a prática de sevícias, seja daquele que procura reanimar a vítima ou ainda dos que eram convocados para tratar de prisioneiros políticos:

> [...] que foi, por duas vezes, nesse período, pendurado no pau de arara e, lá, teve parada cardíaca e respiratória e, inclusive, tendo sido diagnosticado pelo enfermeiro que fazia o acompanhamento dos torturados como sentindo a doença da aerofagia, ou seja, bloqueio das vias respiratórias, por conta de choques elétricos; que a sua pressão chegou a 18 e 20 por 14, tendo sido lhe ministrado maciças doses de Cepasol de 25 miligramas e relaxantes musculares, de modo que seu corpo voltasse a ser sensível às dores das pancadas (a) que foi submetido, pois a partir de certo instante tornou-se insensível a qualquer dor [...][7] (Depoimento de José Miltom Ferreira Almeida, 32 anos, engenheiro, São Paulo, 1976);
>
> [...] que após a aplicação dos métodos científicos que o interrogando classifica como sendo tortura [*sic*], veio o mesmo a sofrer um desmaio que durou aproximadamente cinco horas; que o interrogando, quando volveu a si, verificou que estava no Hospital das Forças Armadas, em Brasília; que veio tornar a si quando era-lhe efetuado, em sua pessoa, um eletrocardiograma; [...] que quer esclarecer que, se pelo menos não servir para o processo, sirva para a história, que foi o interrogando encaminhado para esse hospital com o nome trocado, ou seja, em vez de José Duarte, foi-lhe atribuído o nome de José dos Reis; que, após a recuperação, retornou ao quartel da Polícia Militar de Brasília, isso após quinze dias de tratamento [...][8] (Depoimento de José Duarte, 66 anos, ferroviário, São Paulo, 1973);
>
> [...] que, após as torturas a que fora submetido, foi feito um tratamento médico, por um médico da Polícia do Exército, cujo nome não sabe [...][9] (Depoimento de Amadeu de Almeida Rocha, 39 anos, professor, Rio, 1973).
>
> [...] No quarto dia, [...] compareceu um cidadão na porta da cela – era o médico de plantão. Contei-lhe o que comigo se passava, pedi, por favor, que me arrumasse um copo de leite ou outro líquido qualquer, contanto que fosse quente. Sabe o que me respondeu? Que eu bebesse água [...][10] (Carta, anexada aos autos, do 1º Tenente da PM Antônio Domingues, 74 anos, São Paulo, 1975).

7. BNM n. 684, V. 39, p. 81.
8. BNM n. 696, V. 2º, p. 632v-634v.
9. BNM n. 701, V. 4º, p. 949.
10. BNM n. 026, V. 6º, p. 1.451-1.453.

[...] Quando fui para o "pau de arara", onde permaneci durante mais ou menos meia hora, fui espancado por 3 elementos, dos quais um era o encarregado da máquina de choque, cujo fio era amarrado no meu órgão genital e o outro, que fazia "terra", era colocado no meu ânus, (sendo ambos) comandados por um 4º elemento que parecia escrever. Quando não suportava mais o suplício, propus a eles que contaria tudo.

A partir daquele momento, não mais percebi o que se passou, pois desmaiei, voltando a mim somente quando estava sendo atendido por um médico que media a minha pressão [...][11] (Carta, anexada aos autos, do 1º Sargento PM Antônio Martins Fonseca, 50 anos, São Paulo, 1975);

[...] em seguida, assisti o médico oficial aplicar injeções no jovem que estava inconsciente e, mais uma vez, o ameaçaram; que o depoente passaria pela mesma tortura que estava ocorrendo com aquele jovem e, se o depoente não resistisse, seriam aplicadas injeções para que recobrasse a consciência e voltasse a ser torturado, assim, sucessivamente, até falar o que eles queriam ou morrer; que, diante dessa situação, entrou em estado de choque, perdeu a voz, ficou num estado de semiconsciência e não se recorda, a não ser muito vagamente, estar cercado de vários oficiais, máquina de escrever, numa sala que não consegue determinar sua localização; que, diante desta situação, levou vários dias evacuando sangue e sendo medicado pelo médico oficial [...][12] (Auto de interrogatório de Antônio Rogério Garcia Silveira, 25 anos, estudante, Rio, 1970);

[...] que o Major João Vicente Teixeira ameaçava o interrogado sempre de morte, mostrando antes uma fotografia de um indivíduo morto, alegando ao interrogado que faria com ele, interrogado, o mesmo que tinha feito com Beto, elemento perigoso, ali fotografado – o Major Teixeira encaminhou-o a um médico, que se recorda chamar-se Meireles; que esse Meireles, segundo revelou o próprio major ao interrogado, era o homem que assinava os Atestados de Óbito dos subversivos mortos, médico esse que, após examinar o interrogado, lhe disse que aquilo não era nada, que ele precisava aguentar firme [...][13] (Auto de interrogatório de Apio Costa Rosa, 28 anos, bancário, Juiz de Fora, 1970);

[...] que o interrogando recebeu pancadas no abdômem e, bem assim, aplicação de choques elétricos na zona escrotal; que também foi atingido, nessa zona, por pancadas; que teve de ficar na posição

11. BNM n. 026, V. 8º, p. 1.669-1.672.

12. BNM n. 093, V. 5º, p. 1.833v-1.836.

13. BNM n. 143, V. 8º, p. 2.331-2.332.

de ajoelhado por muito tempo durante os interrogatórios; que o interrogando entende que, ainda hoje, conserva, pelo menos, vestígios nos seus joelhos desses padecimentos; que havia um médico para atender o interrogando e aplicar-lhe massagens durante esses maus-tratos [...][14] (Auto de interrogatório de Pedro Gomes das Neves, 37 anos, comerciante, Fortaleza, 1974).

[...] que, nesse período, foi o interrogado submetido a choques elétricos por todo o corpo, inclusive nos órgãos sexuais, (a) afogamentos, (a) espancamentos, de modo especial na cabeça, tendo tais torturas cessado somente quando o interrogando perdia os sentidos; que, nessas ocasiões, era chamado um médico, o qual era consultado sobre se podiam ou não continuarem as torturas [...][15] (Auto de interrogatório de Rogério Dolne Lustosa, 29 anos, vendedor, Recife).

[...] Quando os meus sequestradores resolveram entregar-me ao DOI, recomendados por um médico, face ao meu precário estado de saúde, organizaram uma manobra para dar a entender que a minha prisão fora levada a efeito por um outro grupo no dia 19 e não no dia 12 de maio. Eu havia sofrido três insuficiências cardíacas, nas dezenas de vezes em que estive no "pau de arara", sendo que, na última vez, trouxeram dois médicos para me examinar. Consideraram-me "bem", embora, no dia seguinte, um deles retornasse para me dizer que iria propor a minha remoção, por questão humanitária [...][16] (Carta, anexada aos autos, de Renato Oliveira da Motta, 59 anos, jornalista-vendedor, São Paulo, 1975).

Médicos-legistas

Da leitura desses relatos, obtém-se a certeza da conivência e mesmo participação direta de médicos e enfermeiros na prática de torturas. Algumas vezes, estas práticas chegaram ao limite da resistência dos atingidos, ocorrendo morte.

Os médicos que, frequentemente, forneceram laudos falsos acobertando sinais evidentes de tortura, também ocultaram a real *causa mortis* daqueles que foram assassinados.

Os motivos das mortes indicadas nos laudos necroscópicos, em sua maioria, coincidiam exatamente com a "versão oficial" dos acontecimen-

14. BNM n. 696, V. 3º, p. 884v e 885.

15. BNM n. 215, V. 3º, p. 558.

16. BNM n. 026, V. 4º, p. 986-996.

tos, tais como: "atropelamentos", "suicídios", "mortes em tiroteio", omitindo qualquer evidência de tortura. Tais documentos foram, muitas vezes, contrariados e repudiados pelos depoimentos de vítimas sobreviventes que presenciaram as mortes, no interior dos órgãos de repressão, em consequência das torturas sofridas.

Os médicos-legistas, geralmente vinculados às Secretarias de Segurança Pública, participaram também na ocultação de cadáveres. O objetivo desse comportamento era o de impedir que os familiares, ao encontrarem o corpo dos mortos, pudessem constatar as marcas das sevícias neles praticadas.

Da análise dos processos submetidos a estudo no Projeto BNM, pode-se perfeitamente identificar nomes de médicos-legistas comprometidos na feitura de laudos para o acobertamento das mortes sob tortura. Eis alguns exemplos: em São Paulo, Harry Shibata, Arnaldo Siqueira, Abeylard de Queiroz Orsini, Orlando José Bastos Brandão e Isaac Abramovitc; no Rio de Janeiro, Rubens Pedro Macuco Janini, Olympio Pereira da Silva; em Minas Gerais, Djezzar Gonçalves Leite; em Pernambuco, Ednaldo Paz de Vasconcelos.

O estudante Alexandre Vannuchi Leme, morto nas dependências do DOI-Codi-II Exército, em 17 de março de 1973, teve seu laudo necroscópico contendo a versão de que "teria se atirado sob um veículo sofrendo contusão na cabeça" assinado pelos legistas Isaac Abramovitc e Orlando José Bastos Brandão.

Carlos Nicolau Danielli, morto sob tortura nas dependências do DOI-Codi-II Exército, em janeiro de 1973, teve a versão de morte sob tiroteio com os órgãos de segurança "constatada" em necrópsia subscrita por Isaac Abramovitc e Paulo Augusto de Queiroz Rocha.

Até mesmo a versão fantasiosa de "suicídio", para explicar os assassinatos por tortura, encontraram respaldo em laudos médicos. Por exemplo, Harry Shibata e Marcos Almeida declaram que a morte do Tenente PM-Ref. José Ferreira de Almeida, ocorrida no DOI-Codi-II Exército, em 12 de agosto de 1975, deveu-se a "asfixia, por constricção do pescoço". Shibata repetiria tal laudo, no caso do jornalista Wladimir Herzog.

PARTE VI

OS LIMITES EXTREMOS DA TORTURA

19
"Aqui é o inferno"

Na linguagem forjada ao calor do enfrentamento entre vítimas e algozes da repressão policial-militar, "aparelhos" eram casas, sítios ou apartamentos especialmente usados como esconderijos dos militantes políticos.

Para facilitar ainda mais seu trabalho, situando-o à margem da própria legislação autoritária vigente, o sistema repressivo passou a dispor de seus próprios "aparelhos", nos quais presos políticos eram mantidos em cárcere privado, após serem sequestrados. Alguns encontraram a morte naqueles locais. Outros, mantidos permanentemente encapuzados, retornaram sem noção de onde haviam estado. São raros os que viram com os próprios olhos os sinistros imóveis devidamente equipados e adaptados para toda sorte de torturas e que retiveram, em suas memórias, detalhes como vias de acesso e tempo de percurso, que talvez facilitem a identificação exata daqueles "aparelhos" do sistema repressivo.

A "Casa dos Horrores"

O bancário Gil Fernandes de Sá, 29 anos, preso em Fortaleza, narrou ao Conselho de Justiça Militar, em 1973:

> [...] que do quartel do 10º GO foi conduzido em uma caminhoneta veraneio, deitado sobre o piso da mesma, a um lugar distante da cidade, cerca de uma hora de viagem; [...] que os policiais diziam que iam conduzir o interrogando a uma casa chamada "Casa dos

> Horrores"; que, lá chegando, o interrogando realmente percebeu que a coisa era séria porque ouviu gritos e gemidos [...][1].

A existência daquela prisão clandestina foi confirmada, no mesmo ano, pelo depoimento do comerciante Geraldo Magela Lins Guedes, 24 anos:

> [...] uma vez aqui em Fortaleza, a caminhoneta trafegou por cerca de uma hora, terminando afinal por chegar a um local que o interrogando ignora; que, nesse local, o interrogando foi conduzido a um pavimento superior do prédio, onde o piso é de assoalho; [...] que nesse pavimento superior viu e ouviu pessoas serem torturadas; [...] que durante o tempo em que esteve nesse local ignorado presenciou todas essas torturas, ouvindo gritos e ruídos decorrentes da aplicação de pancadas e outros maus-tratos sendo que, durante a noite, descia e deitava-se numa dependência de formato longo no pavimento térreo, onde se tinha a impressão de que aquele imóvel era uma casa de campo, pois nesse pavimento térreo estavam depositados pneus velhos, espigas de milho, esteiras, camburões; [...] que havia, ainda, nesse local, um elemento que preparava as refeições e que era homossexual; que esse elemento era conhecido por CILENE [...][2].

Como os prisioneiros eram transportados de olhos vendados para o misterioso local nas cercanias da capital cearense, era difícil identificá-lo com precisão, ainda que pudessem vê-lo quando se encontravam em seu interior. É o que confirma o interrogatório, em 1974, do farmacêutico José Elpídio Cavalcante:

> [...] que, desse quartel, foi conduzido pelos policiais e, de novo, com o capuz na cabeça, a uma propriedade fora desta cidade; que observou uma mudança de clima quando saiu dos limites da cidade; que essa casa ou propriedade é cercada por um muro alto; que, lá chegando, o interrogando foi encaminhado ao pavimento superior do prédio [...] (que ouviu) de outro policial a explicação de que "aqui não é o Exército, nem Marinha e nem Aeronáutica, aqui é o inferno" [...][3].

A "mudança de clima" constatada pelo farmacêutico encontra confirmação no depoimento, em 1973, do arquiteto José Tarcísio Crisóstomo Prata, 28 anos:

---

1. BNM n. 696, V. 2º, p. 659-662.
2. BNM n. 696, V. 2º, p. 659v a 662.
3. BNM n. 696, V. 3º, p. 902 e 903.

> [...] que essa casa de campo fica próxima a uma lagoa; [...] que o interrogando ouviu os gritos e gemidos daquelas pessoas que eram torturadas, lá do depósito, onde se encontrava recolhido, no pavimento térreo da referida casa de campo [...][4].

Para o auxiliar de contador Francisco Nilson de Vasconcelos, 24 anos, que foi torturado no mesmo local, os policiais "diziam ser uma fazenda"[5].

A casa de São Conrado

O estudante Ottoni Guimarães Fernandes Júnior, 24 anos, contou na 1ª Auditoria da Aeronáutica, em 1974, o que lhe ocorreu após ter sido preso, no Rio, pela equipe comandada pelo Delegado Sérgio Paranhos Fleury:

> [...] conduzido para uma casa particular, situada em São Conrado; que o interrogado foi retirado do veículo algemado, com os olhos vendados e os pés também amarrados; que o interrogado foi carregado e notou que estava descendo uma escada íngreme com cerca de quarenta degraus; que a casa em questão era de dois pavimentos, que na parte superior existia uma varanda, acrescentando o detalhe que a casa estava apoiada, na parte traseira, no morro de pedra, e o banheiro estava localizado na parte inferior, tendo como uma das paredes a própria pedra; [...] que se tratava de uma residência de alto padrão, de estilo colonial, e que na ocasião estava desabitada, pois nem a luz e nem a água estavam ligadas e que, da varanda da casa, podia divisar o Hotel Nacional [...][6].

A casa de Petrópolis

Ouvida pela Justiça Militar no Rio, em 1972, a bancária Inês Etienne Romeu, 29 anos, contou:

> [...] que esteve cem dias em cárcere privado, onde foi submetida a coações e sevícias de ordem física, psicológica e moral [...][7].

Dez anos depois, já em liberdade, Inês entregou à imprensa minucioso relato das circunstâncias de sua prisão e do local em que ficara presa em Petrópolis:

> [...] Chegando ao local, uma casa de fino acabamento, fui colocada numa cama de campanha, cuja roupa estava marcada com

---

4. BNM n. 696, V. 2º, p. 671 e 673.
5. BNM n. 696, V. 3º, p. 930v e 931.
6. BNM n. 679, V. 1º, p. 213v e 214.
7. BNM n. 598, V. 2º, p. 301v.

as iniciais CIE (Centro de Informação do Exército), onde o interrogatório continuou. [...] Colocavam-me completamente nua, de madrugada, no cimento molhado, quando a temperatura estava baixíssima. Petrópolis é intensamente fria na época em que lá estive (oito de maio a onze de agosto) [...][8].

Posteriormente, Inês identificou a casa utilizada como cárcere privado como sendo de propriedade de Mario Lodders, situada à Rua Arthur Barbosa, n. 120.

Também se refere a uma casa em Petrópolis a cabeleireira Jussara Lins Martins, 24 anos, que, em 1972, depôs na auditoria de Minas Gerais, onde fora presa:

> [...] que posteriormente a isso, foi enviada para a Guanabara onde, novamente, foi submetida a torturas numa casa que, ao que pensa, está localizada no caminho de Petrópolis, ficando ali no período de quatro dias [...][9].

O "local ignorado" de Belo Horizonte

O juiz auditor da Auditoria de Juiz de Fora, em Minas Gerais, passou aos autos este trecho do depoimento do repórter fotográfico José do Carmo Rocha, 39 anos, quando este foi interrogado em 1976:

> [...] que foi preso na sua residência, pela manhã, por vários homens armados, em número de seis (6) aproximadamente e levado para um local ignorado; que nesse lugar passou nove (9) dias, depois foi interrogado na Polícia Federal; que quando esteve preso, no lugar que ignora, foi espancado; [...] que após ser ouvido na Polícia Federal retornou ao lugar de onde viera antes, onde passou mais dois dias [...][10].

O Colégio Militar de Belo Horizonte

Processos pesquisados registram que até uma instituição de ensino, que abriga menores, foi utilizada para a prática de torturas, como é o caso do Colégio Militar da capital mineira. Consta do auto de qualificação e interrogatório do Professor José Antônio Gonçalves Duarte, 24 anos, que prestou depoimento em 1970:

---

8. *Pasquim*, Rio, 12 (607), 12 a 18 de janeiro de 1981.
9. BNM n. 54, V. 2º, p. 443v.
10. BNM n. 101, V. 3º, p. 740.

> [...] que depois desse episódio foi levado para o Colégio Militar, onde foi submetido a torturas no "pau de arara", local em que presenciou, também, ser torturada da mesma forma a acusada Neuza [...][11].

O depoimento da socióloga Neuza Maria Marcondes Viana de Assis, 33 anos, prestado em 1970, confirma a denúncia acima:

> [...] que a interrogada, ao ser levada para dentro do mato, dentro da área do Colégio Militar, para ser colocada no pau de arara, viu quando José Antônio Gonçalves Duarte ali estava amarrado apanhando com vareta nas costas [...][12].

O registro do depoimento do Professor Lamartine Sacramento Filho, 28 anos, colhido no mesmo ano, comprova a utilização daquela instituição de ensino em atividades repressivas:

> [...] que depois desse período foi levado para o Colégio Militar, onde foi interrogado sem que as autoridades tomassem por termo suas declarações, havendo durante esses interrogatórios sofrido ameaças de torturas; que depois daí foi transferido para Neves, onde passou mais ou menos uns 40 dias, sendo, nesse período, vez por outra, trazido ao Colégio Militar, onde era interrogado; que dessas últimas vezes em que esteve no Colégio Militar assinou vários depoimentos [...][13].

A "fazenda" e a casa de São Paulo

São de 1975 os depoimentos mais significativos sobre os cárceres privados do "braço clandestino da repressão" em São Paulo. O jornalista-vendedor Renato Oliveira da Motta, 59 anos, contou ao Conselho Militar que o inquiriu:

> [...] que foi encapuzado e levado para uma casa onde lhe tiraram o capuz, numa habitação inacabada e iluminada por lampiões a gás [...][14].

O mesmo depoente descreve em carta anexada aos autos:

> [...] O prédio deveria ter vários aposentos, porém observei a existência de três: uma sala de uns 4x4m², com armário onde eram guardados os instrumentos de tortura e roupas. Uma janela que dava a impressão de a casa estar localizada em terreno amplo, em-

11. BNM n. 147, V. 2º, p. 442-444.
12. BNM n. 147, V. 2º, p. 471-473.
13. BNM n. 147, V. 2º, p. 464-468.
14. BNM n. 26, V. 4º, p. 997.

bora não muito longe da estrada. Uma saleta que serviu de escritório, junto à qual um quarto. Chegava-se ao mesmo passando pela cozinha. Tinha uma janela lacrada e, no seu interior, dois grandes blocos de cimento retangulares. Em um dos blocos havia uma argola afixada numa das faces laterais; no outro, na face superior, havia duas argolas destinadas a prenderem os pés dos prisioneiros. Na saleta, um rádio e uma vitrola ligados, alternadamente, no mais alto volume. [...] A casa, sem acabamento, não tinha luz elétrica. Às vezes faltava água. Para iluminação, usavam-se lampiões de gás colocados em pedestais de uns 2m de altura. A alimentação era preparada pelos próprios indivíduos que ali atuavam. [...] No dia 17 de maio, enfim, fui transferido para outro local. Vendaram-me os olhos com largos esparadrapos e uns óculos pretos. Rodamos horas e horas, dando voltas intermináveis, até chegarmos a uma casa residencial. Para chegarmos ao corpo da casa havia uma escada. O prédio iluminado a eletricidade tinha banheiro completo e uma estação radiotransmissora, como no outro local. No quarto que me servia de cela, tinha mesa e cama. Um bloco de cimento semelhante aos já descritos. Para a entrada de ar, um pequeno basculante [...][15].

O comerciário Ednaldo Alves Silva, 31 anos, também se refere a um local semelhante, conforme registra sua carta anexada aos autos. Após ter sido preso, a 30 de setembro de 1975, por um grupo de homens que o sequestrou no centro de São Paulo, obrigando-o a entrar num Volks, Ednaldo foi conduzido a um local onde trocaram-lhe o capuz preto por óculos escuros e prosseguiram viagem:

> [...] Rodamos bastante, a certa altura percebi que percorríamos uma estrada, tendo, inclusive, surgido o problema de um pedágio, quando me advertiram para ficar calado e não me mover, caso contrário eles atirariam em mim. [...] Percebi, também, que os que agora me transportavam não eram os mesmos que haviam me sequestrado em plena via pública. [...] Após uma hora e meia ou duas horas de viagem, percebi, pela ausência de tráfego e por rodarmos em estrada não pavimentada, que saíramos da estrada principal. Logo o carro parou. Desceram-me e fui conduzido para uma casa que julgo localizada em lugar distante de local habitado.
> [...] Imediatamente guiaram-me por uma escada abaixo e, ao chegarmos a uma sala de chão de cimento áspero, começaram a espancar-me selvagemente. [...] Logo depois guiaram-me para subir

15. BNM n. 26, V. 4º, p. 986-996.

> a escada, através de um corredor chegamos a um pequeno quarto. Colocaram-me uma argola de ferro em um pulso e outro no tornozelo, que através de correntes prendiam-me no estrado de uma cama, com colchão de palha sem lençol. [...] Para se ter uma ideia do meu estado, a minha primeira impressão era que eu estava escutando meus próprios gritos. Mas, logo voltando à realidade, percebi que outras pessoas, tal como eu, eram vítimas daquele autêntico inferno [...][16].

Já o advogado Affonso Celso Nogueira Monteiro, ex-vereador e ex-deputado, em carta anexada aos autos e datada de 26 de outubro de 1975, redigida na terceira pessoa, indica que passou pelo local, descrito acima, após sofrer suplícios numa propriedade rural sofisticada:

> [...] foi iniciada viagem que durou, ao que supõe, perto de uma hora, da qual uns dez minutos em zona urbana, meia hora em estrada de intenso tráfego e vinte minutos em estrada ascendente não pavimentada, de solo irregular, cheia de curvas e que atravessa uma linha férrea, fato este indicado pela coincidência da passagem, na ocasião, de um trem a velocidade bem reduzida. Chegando ao destino, foi retirado do carro por alguém que, chamando-o pelo nome, disse estar em poder do "braço clandestino da repressão do governo", do qual ninguém poderia tirá-lo e que havia chegado a sua hora. Em seguida, é conduzido por um gramado até uma calçada cimentada, transposta a qual segue-se uma escada que desce uns quatro lances em ângulo reto, até um recinto que denominam de "buraco", onde o colocam voltado para um canto da parede. [...] sente que o chão de cimento é lamacento e escorregadio e que as paredes são úmidas, com o reboco em decomposição, caindo aos pedaços ao nele se apoiar. Supõe, por isso, tratar-se de ambiente subterrâneo. [...] Foi levado para um quarto de piso de tacos, tendo passado de novo pela calçada e pelo gramado, entrando em um prédio, subindo nova escada e atravessado corredores que dobram em ângulo reto. [...] É mais uma vez levado à tortura, agora ao ar livre, sem pau de arara, mas com novo método que consiste em pendurar a vítima pelos pés, mantendo os braços suspensos. [...] Descido do novo instrumento de martírio, perguntaram-lhe se sabe nadar e informaram-no de que tomaria um banho de cachoeira e a seguir de rio. O primeiro banho consiste em ser deitado e mantido nessa posição no leito pedregoso de um regato pouco profundo, cujas águas repentinamente crescem de volume e im-

16. BNM n. 26, V. 10º C-3, p. 2.179-2.190.

peto, determinando desequilíbrio e revolvimento de seu corpo nas pedras, aumentando os ferimentos e as dores. No banho do rio, a vítima é amarrada pela cintura, empurrada para um poço ou pequena piscina cimentada, com fundo limoso, onde vários homens se divertem com risadas e comentários "espirituosos" impondo-lhe sucessivos afogamentos, até o presumido limite de resistência. [...] Após permanecer onde se encontrava por tempo que, na ocasião, nas condições de isolamentos e de falta de informações usuais, não pode precisar, é informado que ia ser transferido para outro local, o que foi feito, vendado e algemado, em viagem de cerca de uma hora. Chegado ao novo local, puseram-no em um quarto de cimento, iluminado a luz elétrica, sem ventilação direta, uma vez que o pequeno basculante existente no alto da parede dos fundos, de cerca de 30x30cm, estava constantemente fechado. [...] No entanto, para que sua condição de prisioneiro não fosse esquecida, "grilhões" prendiam permanentemente uma de suas pernas à cama onde se encontrava e, em um dos ângulos do quarto, existiam dois blocos cúbicos de cimento com argolas. [...] A partir das novas condições, foi-lhe possível reestruturar-se em relação a espaço e tempo. Deduziu, então, que o local onde estivera era de natureza rural, situado em meio à mata, onde se ouviam pássaros e, ocasionalmente, ruído de chuva ou vento em árvores, e cuja única referência com cidade era a periódica chegada de carros, quase sempre seguida dos gritos dos torturados. No local atual lhe era evidente estar em zona de subúrbio, ouvindo, com regularidade, passagem de carros, inclusive ônibus. [...] Quanto às características dos imóveis, o anterior, rural, supõe ser sítio ou fazenda de bom nível de construção e tratamento, com ajardinado e instalação de lazer (piscina ou poço), amplo e com mais de um bloco de construção. Já o imóvel da nova estadia era evidentemente urbano (suburbano em relação a São Paulo, possivelmente), de tamanho médio, comprido, de laje, de acabamento tosco, com corredor de ladrilhos e vários quartos ao longo do corredor. Dispunha de geladeira, chuveiro elétrico no banheiro e lhe pareceu ser o único prisioneiro na oportunidade [...][17].

Posteriormente, a imprensa descobriu que aquela propriedade rural era um pequeno sítio no bairro de Embura, em Parelheiros, na região da Grande São Paulo, cuja entrada havia uma indicação: "Fazenda 31 de Março"[18].

17. BNM n. 26, V. 10º C-3, p. 2.163-2.177.

18. Cf. FON, Antonio Carlos. *Tortura, a história da repressão política no Brasil*. São Paulo: Global, 1979, p. 40.

20
Mortos sob tortura

Nos processos políticos analisados pelo Projeto BNM constatou-se, consignado nos autos, o testemunho de pessoas que presenciaram, nos cárceres brasileiros, a morte de outros presos políticos, sob tortura. Pode ser que, nas mesmas circunstâncias, tenham se dado outras mortes de pessoas tidas como "desaparecidas" ou apontadas como falecidas em "tiroteio" com os agentes do governo. Como neste trabalho não cabem as conjecturas – dada a natureza da pesquisa –, mas tão somente os relatos oficialmente registrados nos processos, será feita neste capítulo a narrativa dos episódios de mortes denunciadas em juízo, deixando para abordar no seguinte, que encerra esta reportagem, a questão dos "desaparecidos".

Chael Charles Schreier

Ao depor no Rio, em 1969, a estudante Maria Auxiliadora Lara Barcelos, de 25 anos, denunciou:

> [...] que a declarante ouviu os gritos de Chael, quando espancado;
>
> [...] que das 10 horas da noite às 4 da manhã, Antônio Roberto e Chael ficaram apanhando; [...] que lá pelas 4 horas da madrugada Chael e Roberto saíram da sala onde se encontravam, visivelmente ensanguentados, inclusive no pênis, na orelha e ostentando cortes nas cabeças; [...] que ouvia gritos de Chael dizendo não saber de nada; [...] que tais torturas duraram até sete horas da manhã, quando Chael parou de gritar, ficando caído no chão; [...] que Chael foi

> pisado; que era uma sexta-feira, tendo Chael morrido no sábado; [...] que Chael estava gritando desesperadamente na Polícia do Exército, no sábado pela manhã; que somente vinte dias depois veio a ter notícias da morte de Chael; que Antonio Roberto assistiu à morte de Chael; [...] Charles Chael, que foi chutado igual a um cão, cujo atestado de óbito registra sete costelas quebradas, hemorragia interna, hemorragias puntiformes cerebrais, equimoses em todo o corpo [...][1].

Em seus depoimentos no Rio e em São Paulo, o estudante Antônio Roberto Espinosa, de 23 anos, confirma o que declarara Maria Auxiliadora Lara Barcelos:

> [...] que estava preso no quartel já citado, em companhia de Chael, o qual, não aguentando os sofrimentos, acabou falecendo [...][2];
>
> [...] que após essas 3 horas de torturas, Chael foi conduzido a uma sala contígua, onde havia uma máquina de choques; que, nesta ocasião, o declarante foi colocado no corredor contíguo à sala de onde o declarante ouvia os gritos de Maria Auxiliadora e Chael;
>
> [...] que o declarante, enquanto sofria choques, ouvia os gritos de Chael, até que às 2 horas da tarde cessaram os gritos de Chael; que Chael havia sido assassinado pelo Capitão José Luiz, pelo Capitão Lauria e pelos policiais do Dops; que é capaz de reconhecê-los [...][3].

O auto de autópsia de Chael Charles Schreier foi realizado, a 24 de novembro de 1969, no Serviço Médico Legal do Hospital Central do Exército, no Rio, e é assinado pelo Major-médico Dr. Oswaldo Cayammi Ferreira, chefe do SML; pelo Capitão-médico Dr. Guilherme Achilles de Faria Mello; e pelo médico civil Dr. Rubens Pedro Macuco Janini. Traz a seguinte conclusão: "Justificada a causa da morte é encerrada a necrópsia e concluída por contusão abdominal com roturas do mesocolon transverso e mesentério, com hemorragia interna"[4].

João Lucas Alves e Severino Viana Calú

O assassinato dessas duas pessoas foi denunciado, em 1970, no decorrer do interrogatório, em Juiz de Fora, do estudante Afonso Celso Lana Leite, de 25 anos:

---

1. BNM n. 30, V. 3º, p. 704.
2. BNM n. 095, V. 8º, p. 1.594-1.596.
3. BNM n. 030, V. 3º, p. 1.010-1.012.
4. BNM n. 030, V. 1, p. 86-88.

> [...] que os interrogatórios dos acusados, inclusive os do interrogado, foram feitos sob torturas as mais atrozes, ocasionando a morte de dois companheiros seus: João Lucas Alves e Viana Calú; que esses dois companheiros morreram em virtude de não terem aquiescido com os depoimentos que lhe eram impostos pelos torturadores Thacyr Menezes Sia, do Dops, Ariosvaldo, do Dops, e diversos outros, dos quais não se lembra o nome, no Dops [...][5].

No mesmo processo, o trocador de ônibus Antonio Pereira Mattos, de 36 anos, reforça a denúncia:

> [...] que dá, como exemplos de torturas, o caso de João Lucas Alves que, depois de seis (6) meses de prisão, mais ou menos, e depois de barbaramente torturado, em consequência veio a falecer, e foi dado pelas autoridades policiais, como *causa mortis*, o suicídio, quando é do conhecimento do público, e isto consta da perícia médica, que esse companheiro tinha os olhos perfurados ao falecer e as unhas arrancadas; [...] que morreu também, em razão de torturas, um outro companheiro do interrogado, de nome Severino Viana Calú; [...] que Severino Viana Calú faleceu na Guanabara e João Lucas Alves, na (delegacia de) Furtos e Roubos de Belo Horizonte, ambos companheiros do interrogado na Guanabara; que soube que o falecimento de João Lucas Alves ocorreu em razão de torturas, porque os próprios policiais contaram ao interrogado [...][6].

O auto de corpo de delito de João Lucas Alves, 36 anos, foi realizado a 6 de março de 1969 no Departamento de Medicina Legal de Belo Horizonte, e está assinado pelos doutores Djezzar Gonçalves Leite e João Bosco Nacif da Silva.

Nele consta:

> Autoridade que requisitou – Del. de Furtos e Roubos. Lesões corporais: [...] Duas escoriações lineares alargadas, medindo a maior cerca de 5cm, e situadas na face interna, terço inferior do antebraço esquerdo. Escoriações vermelhas situadas nos 4 últimos pododátilos (dedos do pé) esquerdos: edema do pé direito. Contusão com equimose arroxeada sobre a unha do primeiro pododátilo direito. Equimose arroxeada na região glútea direita, face posterior da região escapular direita e flanco direito. Região anal normal. Ausência da unha do primeiro pododátilo esquerdo. Causa da morte: asfixia mecânica[7].

5. BNM n. 217, V. 2º, p. 42-43.
6. BNM n. 217, V. 2º, p. 33-34.
7. BNM n. 158, V. 3º, p. 1.026.

Eduardo Leite

A morte premeditada de Eduardo Leite, em 1970, foi denunciada, no Rio, pelo estudante Ottoni Guimarães Fernandes Júnior, de 24 anos, que esteve com ele no cárcere privado numa residência no bairro de São Conrado:

> [...] que os policiais apresentaram para o interrogado, ainda quando se encontravam na casa de São Conrado, um cidadão de nome Eduardo Leite, cognominado Bacuri; que Bacuri também estava sendo torturado em outra dependência da casa; que, no instante em que apresentaram Bacuri ao interrogado, os policiais declararam que ele iria ser morto, como realmente ocorreu no mês de novembro, em São Paulo [...][8].

Em São Paulo, o economista Vinicius José Nogueira Caldeira Brant, de 30 anos, também declarou em juízo ter visto Eduardo Leite num cárcere oficial paulista:

> [...] que as ameaças de sua vida tiveram uma base concreta ao se concretizarem na pessoa de outro preso, que sofria juntamente com o interrogado, tratando-se de Eduardo Leite, que estava preso na solitária ao lado da sua, no Dops; que dali foi retirado na madrugada do dia 27 de outubro, 3 dias depois que os jornais haviam noticiado a sua fuga, sendo de conhecimento público que Bacuri foi assassinado com requintes de perversidade [...][9].

A certidão de óbito de Eduardo Leite, de 25 anos, técnico em telefonia, foi assinada, a 8 de dezembro de 1970, pelo médico-legista Dr. Aloísio Fernandes. Dá como *causa mortis*: "hemorragia interna e fratura do crânio por ferimento pérfuro-contuso por projéteis de arma de fogo (balas)". Consta ainda que o local do óbito foi a "Estrada Bertioga/Boraceia" e o sepultamento deu-se no cemitério de Areia Branca, em Santos[10].

O exame necroscópico, realizado na mesma data no Posto Médico Legal de Santos, e assinado pelos doutores Aloísio Fernandes e Décio Brandão Camargo, registra:

> HISTÓRICO: Segundo consta, este cadáver foi encontrado às vinte e duas horas do dia 7/12 do corrente ano, na estrada que liga o Distrito de Bertioga com o de S. Sebastião. [...]
>
> CONCLUSÃO: Em face dos achados necroscópicos, concluímos que a morte se deu por fratura do crânio, destruição da massa

8. BNM n. 679, V. 1º, p. 213v e 214.
9. BNM n. 232, V. 3º, p. 932v e 933v.
10. BNM n. 365, V. 1º, p. 117.

> encefálica, hemorragia interna, traumatismos consequentes a ferimentos contusos produzidos por instrumentos pérfuro contundentes (bala), com lesão do encéfalo e do coração[11].

Luiz Eduardo da Rocha Merlino

A 1ª Auditoria de São Paulo consignou nos autos, em 1972, as seguintes declarações do físico Laurindo Martins Junqueira Filho, de 26 anos:

> [...] quer afirmar, também, que nesse processo de torturas assistiu a espancamentos de um companheiro de "organização", chamado Luiz Eduardo da Rocha Merlino, e que posteriormente, ainda na fase do interrogatório, esse companheiro foi retirado da Oban em estado lastimável, vindo a falecer em consequência das torturas que recebeu [...][12].

No mesmo ano, essas declarações foram reiteradas, em São Paulo, pelo depoimento da socióloga Eleonora de Oliveira Soares, de 27 anos:

> [...] que durante sua estadia na Oban sofreu torturas físicas, desde choques elétricos até pauladas no corpo, ameaças de torturarem sua filha menor, de um ano e dez meses, e ter assistido à morte de Luiz Eduardo da Rocha Merlino no recinto da Oban, morte esta provocada por torturas [...][13].

O réu Ricardo Prata Soares também confirmou em juízo, em 1972, ter presenciado os suplícios do referido preso:

> [...] que o depoimento policial foi realizado sob coações moral e física, às quais deixou o interrogando de resistir após presenciar as torturas infligidas em Luiz Eduardo da Rocha Merlino, que deram como consequência, em poucos dias, no falecimento do mesmo [...][14].

O exame necroscópico do jornalista Luiz Eduardo da Rocha Merlino, de 23 anos, foi realizado no Instituto Médico Legal de São Paulo, a 12 de agosto de 1971, e assinado pelos médicos-legistas Isaac Abramovitc e Abeylard de Queiroz Orsini. Nele consta:

> HISTÓRICO: Segundo consta, foi vítima de atropelamento[15].

11. BNM n. 162, V. 2, p. 492 e 493v.
12. BNM n. 055, V. 12, p. 3.240v.
13. BNM n. 218, V. 7º, p. 1.777-1.783.
14. BNM n. 055, V. 13, p. 3.455.
15. BNM n. 55, V. 10º, p. 2.415.

Joaquim Alencar Seixas

Ao depor em São Paulo, em 1972, a Senhora Fanny Aksclrud Seixas, de 54 anos, fez registrar no auto de interrogatório e qualificação da 2ª Auditoria do Exército:

> [...] que não procede o (*ilegível*) de seu interrogatório de fls. 217, onde consta que seu marido morreu em tiroteio travado com a polícia, na rua, porquanto a interrogada o viu no interior da Oban sendo seviciado, ouvindo inclusive a sua voz e seus gritos; que a interrogada viu quando colocaram o corpo de seu marido numa caminhonete, ouvindo naquele momento alguém indagar de quem era aquele corpo, ao que responderam que se tratava de Joaquim Alencar Seixas [...][16].

O exame necroscópico de Joaquim Alencar Seixas, 49 anos, foi feito no Instituto Médico Legal de São Paulo, a 19 de abril de 1971, e assinado pelos médicos-legistas Pérsio José R. Carneiro e Paulo Augusto de Q. Rocha. Constata-se que, entre várias equimoses e hematomas, a vítima foi atingida por sete tiros. Consta ainda:

> HISTÓRICO: faleceu em virtude de ferimentos recebidos após travar violento tiroteio com os órgãos da Secretaria de Segurança do Estado de São Paulo, às treze horas de dezesseis de abril de mil novecentos e setenta e um, na Av. do Cursino – Ipiranga – Capital[17].

Carlos Nicolau Danielli

A primeira denúncia desta morte foi na 1ª Auditoria de São Paulo, em 1973, através do auto de interrogatório e qualificação da Professora Maria Amélia de Almeida Telles, de 28 anos:

> [...] que, conduzidos para a Oban todos os três, ou seja: Carlos Nicolau Danielli, ela e seu marido, foram encaminhados para três salas de tortura diferentes, sendo que pediu a eles que não torturassem seu marido, pois estava tuberculoso, acabara de sair de um sanatório e era diabético; que seu marido quando foi preso portava um cartão de diabético e uma receita; que seu marido chegou a ficar em estado de coma e só então recebeu insulina, porque senão morreria naquela hora; que seu marido desmaiou e, em estado de coma, eles me chamaram para vê-lo; que Carlos Danielli foi tortu-

16. BNM n. 180, V. 7º, p. 2.458-2.459.

17. BNM n. 180, V. 1º, p. 87-89.

> radíssimo durante três dias, pois a interroganda ouvia seus gritos até que ele faleceu; [...] que eles mostraram para a interroganda um jornal noticiando a morte de Carlos Nicolau Danielli, descrevendo que ele teria sido morto num tiroteio, exatamente como a história da morte que teriam a depoente e seu marido; [...] que Carlos Nicolau Danielli era pai de três filhos [...][18].

Em 1973, também em São Paulo, o motorista César Augusto Telles, de 29 anos, confirmou o depoimento de sua esposa:

> [...] apeados do carro, fomos levados para o Opala sob a mira das referidas armas, sob ameaça de morte em caso de resistência, onde verifiquei que já se encontrava dentro do veículo meu amigo Carlos Danielli, manietado por um outro elemento e denotando ter sido espancado; [...] já mesmo ao entrar no pátio desse departamento policial, ao descer do carro Carlos Danielli foi espancado à vista de centenas de pessoas que ali se aglomeravam. [...] Fomos levados, em seguida, para o interior do edifício, onde, ao entrar, ouvi de imediato gritos lancinantes que reconheci serem de Carlos Danielli, no pavimento térreo. [...] Já pela madrugada, sob ameaça constante de morte e ouvindo constantemente os gritos de Carlos Danielli, minha esposa entrou em estado de choque psíquico, o que tornou inútil os esforços de seus agressores. [...] Nesse meio-tempo e até o 4º dia, Nicolau Danielli continuou sendo torturado barbaramente e, à medida que o tempo passava, seus gritos se transformavam em lamentos e, finalmente, constatamos o seu silêncio, apesar de que ouvíamos o barulho de espancamentos. No 5º dia foram apresentadas a mim e à minha esposa manchete de jornais que anunciavam a morte de Carlos Danielli como tendo tombado num tiroteio com agentes policiais. Sob os nossos protestos de que ele havia sido morto como consequência e ao cabo das torturas que sofreu na Oban, fomos ameaçados de ter o mesmo destino [...][19].

A certidão de óbito de Carlos Nicolau Danielli, 43 anos, datada de 30 de dezembro de 1972 e assinada pelo Dr. Isaac Abramovitc, registra como *causa mortis*: "anemia aguda traumática". Dá como local do óbito a Av. Armando de Arruda Pereira, 1800 – São Paulo. Seu corpo foi sepultado no cemitério de Perus.

O exame necroscópico, realizado no Instituto Médico Legal de São Paulo, a 2 de janeiro de 1973, é assinado pelos médicos-legistas Isaac Abramovitc

18. BNM n. 043, V. 2º, p. 435-438.
19. BNM n. 693, V. 24º, p. 8.971-8.973.

e Paulo A. de Queiróz Rocha. Não se refere a marcas de sevícias e traz a seguinte conclusão: Concluímos que o examinado faleceu em virtude de anemia aguda traumática produzida por projétil de arma de fogo, cuja direção foi de trás para frente, ligeiramente de baixo para cima e no plano sagital[20].

Odijas Carvalho de Souza

A morte sob tortura deste preso político, em Pernambuco, está consignada em dois processos penais. O primeiro tem como réu Alberto Vinícios Melo do Nascimento, estudante, ouvido pelo Conselho de Justiça em 1971, no Recife:

> [...] que aqui no Dops presenciou a tortura, ou melhor, escutou os efeitos da tortura por que passou um preso por nome Odijas; que após essas torturas o referido preso veio a falecer; [...] que o responsável por essas ocorrências é o próprio delegado do Dops, que é o Dr. Silvestre; que segundo Odijas lhe contou ainda em vida, existe um investigador que é responsável por torturas; que esse investigador foi um dos torturadores de Odijas, chegando a bater no mesmo até se cansar, segundo relato do próprio Odijas; que esse investigador atende pelo nome de Miranda [...][21].

No segundo processo figura a estudante Lylia da Silva Guedes, de 18 anos, interrogada no Recife em 1971:

> [...] que assistiu quando um outro prisioneiro era torturado, sendo tal prisioneiro de nome Odijas Carvalho de Souza; que o referido indivíduo se encontrava sentado, despido, e era agredido por cerca de quinze pessoas; que a interroganda reconheceria cerca de dez dessas pessoas, entre essas: Miranda, Edmundo, Eusébio, Dr. Carlos de Brito, Oswaldo, Fausto, Rocha, Brito, sendo as torturas comandadas pelo Dr. Silvestre, atual diretor do Dops do Recife – PE; que, em consequência das torturas, Odijas Carvalho veio a falecer; [...] que a interroganda pôde relacionar os diversos elementos que torturaram Odijas por já conhecer os referidos indivíduos do Dops do Recife e vê-los diariamente, inclusive quando foi torturada dois dias; que os jornais noticiaram a morte de Odijas, como tendo ocorrido no dia 8 de fevereiro, em virtude de embolia pulmonar [...][22].

---

20. BNM n. 693, V. 4º, p. 680-681.
21. BNM n. 632, V. 1º, p. 375v e 376v.
22. BNM n. 345, V. 1º, p. 155v e 156v.

De fato, na certidão de óbito de Odijas Carvalho de Souza, 25 anos, fornecida a 8 de fevereiro de 1971 pelo Hospital da Polícia Militar do Estado de Pernambuco, e assinada pelo médico-legista Dr. Ednaldo Paz de Vasconcelos, consta: *causa mortis* – Embolia pulmonar[23].

Alexandre Vannucchi Leme

Todas as denúncias sobre a morte desse estudante de Geologia da USP foram feitas em 1973, na 1ª Auditoria Militar de São Paulo, exceção apenas para o depoimento do engenheiro Marcus Costa Sampaio, de 27 anos, colhido no mesmo ano pela Auditoria Militar de Fortaleza:

> [...] que, quando estava nesta última cela, de certa feita ouviu os gritos e gemidos de uma pessoa que foi colocada na cela solitária; que já estava em tal cela 15 dias antes do interrogando chegar ao pavilhão; [...] quer esclarecer também que, durante sua permanência em tal pavilhão, sempre ouviu gritos e gemidos, quer durante o dia, quer durante à noite; que observou, com respeito àquele rapaz da solitária, que no início os seus gritos tinham certa intensidade, que foi diminuindo gradativamente até se tornar débil; que esse rapaz foi chamado a depor, ocasião em que deixou, caminhando normalmente, essa solitária e, em seguida, retornou à mesma solitária nos braços de alguns soldados, ao que lhe parecem pertenciam à Polícia Militar, o que não tem certeza; que em seguida o interrogando constatou que o carcereiro, ao abrir a porta da cela onde se encontrava o mencionado rapaz, saiu correndo e foi chamar algumas pessoas; que foi dada a ordem para que os presos permanecessem no fundo de suas celas e não se aproximassem das portas das mesmas que davam para o corredor e, em seguida, foi determinada uma revista em todas as celas e em todos os presos, sob a alegativa que se procurava instrumentos cortantes, ocasião em que declarou, o carcereiro, que aquele moço da solitária havia tentado o suicídio cortando os pulsos; que o interrogando veio a saber que o nome desse rapaz da solitária era Alexandre Vannucchi; que estando aqui em Fortaleza, e lendo o jornal *O Estado de S. Paulo*, viu duas notícias: uma que diz respeito à morte do mesmo Alexandre Vannucchi, que teria ocorrido por atropelamento ao tentar fugir de uma abordagem policial, notícia esta que era dada como tendo sido fornecida por órgãos policiais; que também, no mesmo jornal e na mesma edição, [havia] uma outra notícia dando conta de que o magnífico reitor da Universidade de São Paulo,

23. BNM n. 223, cf. anexo, p. 27.

> Miguel Reali, buscava o paradeiro do referido moço que cursava Geologia e era [o] representante dos alunos na Congregação da Escola de Geologia [...][24].

Consta do auto de interrogatório e qualificação do radiotécnico Carlos Vitor Alves Delamônica, de 27 anos, ouvido em São Paulo, em 1973:

> [...] que ainda na fase que passei na Oban, e como prova cabal das torturas a mim e a outros submetidos, veio a falecer, em consequência dos maus-tratos e das barbaridades, o meu vizinho de cela, o estudante do 4º ano de Geologia, Alexandre Vannucchi [...][25].

A mesma tragédia foi testemunhada pelo vendedor Roberto Ribeiro Martins de 28 anos:

> [...] essas torturas foram presenciadas por muitas pessoas, como também presenciei muitas pessoas sendo torturadas, entre as quais posso citar Luiz Vergatti, José Augusto Pereira e o caso mais grave deu-se com um jovem de nome Alexandre Vannucchi. Durante dois ou três dias ouvi os seus gritos e, por fim, na tardezinha do dia 19 de março, salvo engano, vi o seu cadáver ser retirado da cela forte, espalhando sangue por todo o pátio da carceragem, e depois ouvi comentários dos carcereiros que falavam em suicídio, e para justificar foi feita uma revista em todas as celas [...][26].

Também a psicóloga Leopoldina Brás Duarte, de 25 anos, revelou ter presenciado esta morte:

> [...] esclarecendo que foi coagida a assinar, pois quando chegou ao Dops haviam mais acusações e, caso a interroganda não as aceitasse, teria de voltar para o DOI e, como lá havia sido muito torturada com ameaças de prisão de seu pai e irmão e, inclusive, assistindo à morte de um menino que, mais tarde, veio a saber que se chamava Alexandre Vannucchi, não teve condições de recusar a assinatura [...][27].

Igual experiência teve a auxiliar pedagógica Neide Richopo, de 26 anos, conforme narrou em seu depoimento:

> [...] que, além de ser torturada e de assistir torturas em outras pessoas, presenciou também o assassinato de um rapazinho no DOI, chamado Alexandre; que se ouviam os gritos de tortura de Alexan-

---

24. BNM n. 696, V. 2º, p. 606 e 607v.
25. BNM n. 693, V. 24º, p. 9.003.
26. BNM n. 043, V. 24º, p. 433 e verso.
27. BNM n. 693, V. 24º, p. 8.969 e verso.

dre durante todo o dia e, no segundo dia, ele foi arrastado, já morto, da cela onde ele se encontrava. E, depois disso, os interrogadores apresentaram, pelo menos, três versões sobre a morte dele como sendo suicídio, sendo que a versão oficial é totalmente diferente das três anteriores, pois era a de que ele havia sido atropelado; que ele jamais poderia ser atropelado, porque já estava morto quando saiu do DOI. Que tudo o que disse com referência à morte de Alexandre é porque encara isso como meio de coação psicológica. Se a interroganda não assinasse o seu depoimento, poderia acontecer com ela o mesmo que aconteceu com Alexandre [...][28].

José Ferreira de Almeida

Incluído em processo político com outros companheiros de farda, este tenente da Polícia Militar de São Paulo, de 63 anos, veio a morrer em consequência das sevícias sofridas, conforme depoimento registrado pelo Conselho de Justiça. Em 1975, escreveu o capitão da PM Manoel Lopes, de 68 anos, em carta ao juiz-auditor:

> [...] Neste dia, quando me recolheram à cela, encontrei na mesma Carlos Gomes Machado, Luiz Gonzaga Pereira e José Ferreira de Almeida, que tinham ido para o Dops e agora retornavam ao DOI. José Ferreira de Almeida, deitado num colchão imundo estendido sobre o chão, agarrou a mão que eu lhe estendia para cumprimentá-lo e me disse: Lopes, eu não aguento mais, eu te acusei injustamente quando me torturavam; perdoa-me; e os soluços vieram-lhe até a garganta, dizendo por fim: eu vou morrer [...][29].

Também em carta às autoridades, o coronel da PM Carlos Gomes Machado, 62 anos, reafirmou a denúncia:

> [...] Além disso, embora sabendo ser eu cardíaco, não podendo sofrer emoções, levaram-me para ver outros colegas meus serem torturados, como foram os casos do Tenente Atilio Geromin, que ficou com marcas indeléveis nas duas pernas, visto que fora amarrado em uma cadeira de braços chamada, pelos interrogadores, de "cadeira do dragão"; Tenente José Ferreira de Almeida que, apesar de seus 63 anos de idade, foi levado à morte em virtude das tor-

28. BNM n. 693, V. 24º, p. 8.955 e verso.
29. BNM n. 026, V. 4º, p. 966-971.

> turas que lhe foram aplicadas, tais como "pau de arara", choques elétricos, palmatória etc., que se repetiam diariamente [...][30].

Assinado pelos doutores Harry Shibata e Marcos Almeida, o exame necroscópico de José Ferreira de Almeida foi realizado no Instituto Médico Legal de São Paulo, a 12 de agosto de 1975, e registra:

> HISTÓRICO: segundo consta, faleceu por enforcamento em sua cela, onde estava detido[31].

Wladimir Herzog

A 7 de novembro de 1975, o jornalista Rodolfo Osvaldo Konder, corréu no mesmo processo do jornalista Wladimir Herzog, prestou depoimento juramentado, em São Paulo, cujos termos foram tomados e assinados pelo Padre Olivo Caetano Zolin e pelos juristas Prudente de Moraes Neto, Goffredo da Silva Telles Júnior, Maria Luíza Flores da Cunha Bierrenbach, José Roberto Leal de Carvalho e Arnaldo Malheiros Filho. O depoimento foi, posteriormente, anexado aos autos do processo:

> [...] No sábado pela manhã, percebi que Wladimir Herzog tinha chegado. [...] Wladimir Herzog era muito meu amigo e nós comprávamos sapatos juntos, e eu o reconheci pelos sapatos. Algum tempo depois, Wladimir foi retirado da sala. Nós continuamos sentados lá no banco, até que veio um dos interrogadores e levou a mim e ao Duque Estrada a uma sala de interrogatório no andar térreo, junto à sala em que nós nos encontrávamos. Wladimir estava lá, sentado numa cadeira, com o capuz enfiado, e já de macacão. Assim que entramos na sala, o interrogador mandou que tirássemos os capuzes, por isso nós vimos que era Wladimir, e vimos também o interrogador, que era um homem de 33 a 35 anos, com mais ou menos 1,75m de altura, uns 65 quilos, magro, mas musculoso, cabelo castanho claro, olhos castanhos apertados e uma tatuagem de uma âncora na parte interna do antebraço esquerdo, cobrindo praticamente todo o antebraço. Ele nos pediu que disséssemos ao Wladimir "que não adiantava sonegar informações". Tanto eu como Duque Estrada de fato aconselhamos Wladimir a dizer o que sabia, inclusive porque as informações que os interrogadores desejavam ver confirmadas já tinham sido dadas por pessoas presas antes de nós. Wladimir disse que não sabia de nada e nós dois fomos retirados da sala e levados de volta ao banco de madeira onde antes nos encontrávamos, na sala contígua. De lá, podíamos ouvir

30. BNM n. 026, V. 4º, p. 899-904.
31. BNM n. 026, V. 2º, p. 488-489.

nitidamente os gritos, primeiro do interrogador e, depois, de Wladimir, e ouvimos quando o interrogador pediu que lhe trouxessem a "pimentinha" e solicitou ajuda de uma equipe de torturadores. Alguém ligou o rádio e os gritos de Wladimir confundiam-se com o som do rádio. Lembro-me bem que durante essa fase o rádio dava notícia de que Franco havia recebido a extrema-unção, e o fato me ficou gravado, pois naquele mesmo momento Wladimir estava sendo torturado e gritava. A partir de um determinado momento o som da voz de Wladimir se modificou, como se tivessem introduzido coisa em sua boca; sua voz ficou abafada, como se lhe tivessem posto uma mordaça. Mais tarde, os ruídos cessaram. [...] O interrogador saiu novamente da sala e dali a pouco voltou para me apanhar pelo braço e me levar até à sala onde se encontrava Wladimir, permitindo mais uma vez que eu tirasse o capuz. Wladimir estava sentado na mesma cadeira, com o capuz enfiado na cabeça, mas agora me parecia particularmente nervoso, as mãos tremiam muito e a voz era débil. [...] Na manhã seguinte, domingo, fomos chamados [...] para ouvirmos uma preleção sobre a penetração russa no Brasil, feita por um homem que me pareceu o principal responsável pela análise das informações colhidas no DOI. Este cidadão, acompanhado pelo "Doutor Paulo", um japonês de cerca de 40 e poucos anos, magro, 1,70m de altura, e de um interrogador de cerca de 25 anos, alourado, magro e alto, com mais ou menos 1,77m. O homem que me pareceu ser o principal é um homem moreno, rosto redondo, gordo, estatura mediana, e uma barba emoldurando o rosto. Ele primeiro se estendeu sobre a questão da espionagem russa no Brasil, e depois nos comunicou que Wladimir Herzog se suicidara na véspera, para concluir que Wladimir devia ser um agente da KGB, sendo ao mesmo tempo "o braço direito do Governador Paulo Egydio. [...] Que o interrogador de Wladimir Herzog vestia camiseta branca de gola olímpica e mangas curtas, e uma calça de brim que lhe pareceu ser do uniforme do Exército. [...] Que o interrogador de Wladimir, antes descrito pelo depoente como sendo aquele que tinha uma tatuagem de âncora no braço, era branco. Que, quando se iniciou a tortura de Wladimir, o declarante, estando na sala ao lado, chegou a ouvir sons de pancadas que lhe eram desferidas. Que o declarante, embora não possuísse relógio, calcula que a tortura de Wladimir tenha durado cerca de duas horas, menos que a do próprio declarante, que teria durado cerca de quatro horas. Que a tortura de Wladimir a que acima se referiu foi aquela que pôde ouvir, ignorando se Wladimir sofreu outras posteriormente em outra dependência do próprio DOI [...][32].

32. BNM n. 683, V. 5º, p. 1.546-1.547.

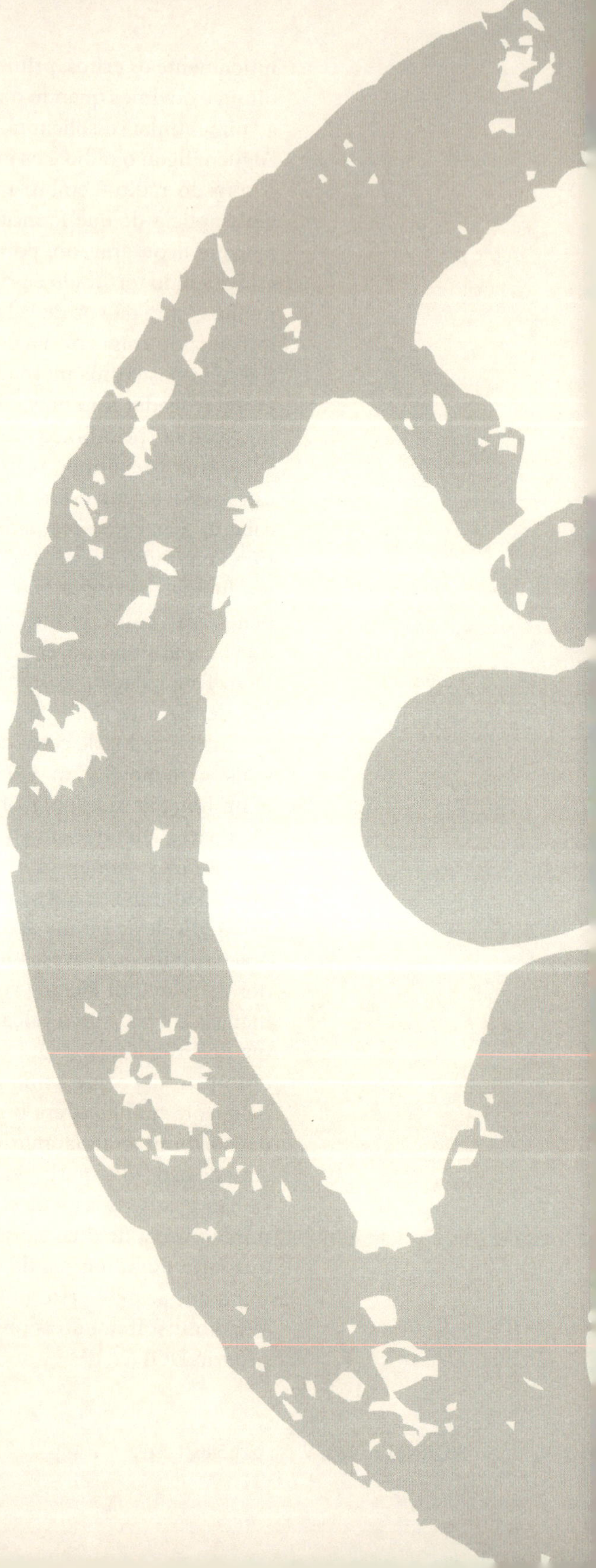

21
Desaparecidos políticos

O fenômeno da detenção arbitrária ou sequestro, seguido do desaparecimento da vítima, propagou-se rapidamente na América Latina durante as últimas décadas, em que a maioria dos países foi governada sob a Doutrina de Segurança Nacional.

A condição de desaparecido corresponde ao estágio maior do grau de repressão política em um dado país. Isso porque impede, desde logo, a aplicação dos dispositivos legais estabelecidos em defesa da liberdade pessoal, da integridade física, da dignidade e da própria vida humana, o que constitui um confortável recurso, cada vez mais utilizado pela repressão.

O perseguido político, muitas vezes, para manter-se incólume, opta por viver na clandestinidade, longe do grupo comunitário a que pertence, sem contato com a família, e apenas com a esporádica ligação com sua agremiação política, também perseguida e obrigada a se manter clandestina.

Quando os órgãos de segurança conseguem deter uma pessoa nessas circunstâncias, desse fato não tomam conhecimento a sociedade, os tribunais, a família, os amigos e os advogados do preso.

Isso representa vantagem para os órgãos de repressão, que passam a exercer total poder sobre o preso, para torturá-lo e para exterminá-lo, quando lhes aprouver.

Quando se obtém a certeza da prisão, os organismos de segurança já eliminaram a vítima e já destruíram todos os vestígios que pudessem levar ao seu paradeiro.

A perpetuação do sofrimento, pela incerteza sobre o destino do ente querido, é uma prática de tortura muito mais cruel do que o mais criativo dos engenhos humanos de suplício.

No Brasil, alguns desaparecidos foram vistos em dependências oficiais ou clandestinas por outros presos que tiveram melhor sorte. Seus testemunhos constam nos processos analisados pelo Projeto BNM. E sobre os desaparecidos, propriamente ditos, o que emanou de resultado prático na pesquisa realizada é a certeza de que eram pessoas procuradas pelos órgãos de repressão. Dificilmente os processos contêm algum tipo de informação que possa levar à descoberta de seus paradeiros. Isto porque esta forma de repressão pretende, de um lado, insinuar que as autoridades governamentais não seriam responsáveis por esses fatos criminosos, e, por outro, permitir aos serviços de inteligência maior mobilidade e desenvoltura, sem provocar nenhuma intervenção, quer do Judiciário, quer da imprensa, quer das famílias e dos advogados.

O único fato que se sabe sobre um desaparecido é que foi detido por organismos de segurança. O mais se baseia em hipóteses. A vítima quase certamente foi objeto de assassinato impune, sendo enterrada em cemitério clandestino, sob nome falso, geralmente à noite e na qualidade de indigente.

No Brasil existem cerca de 125 cidadãos desaparecidos por motivação política. Os movimentos de anistia e familiares lograram encontrar alguns deles, sempre enterrados sob falsas identidades, pela polícia.

Dentre os casos mais significativos, o Projeto BNM destacou alguns exemplares, como o de Mariano Joaquim da Silva, secretário do Sindicato Rural de Timbaúba, Pernambuco, em 1964, e membro do Secretariado Nacional das Ligas Camponesas, lavrador e sapateiro, que foi preso no dia 1º de maio de 1971, em Recife, sob a acusação de ser dirigente da VAR-Palmares. O órgão que efetuou sua prisão foi o DOI-Codi-I Exército, tendo sido levado para o Rio de Janeiro.

Posteriormente, foi transferido para local clandestino de repressão em Petrópolis ("Casa da Morte"), onde foi visto por Inês Etienne Romeu.

Em seu relatório, Inês afirma ter visto e falado várias vezes com Mariano, que se identificou, tendo-lhe relatado que ali chegara no dia 2 de maio, proveniente de Recife, onde tinha sido preso.

Inês foi inclusive "acareada" com Mariano Joaquim da Silva, perante os torturadores, que queriam, por toda a sorte, saber se ambos já se conheciam. Inês relata ter tido contato com Mariano até o dia 31 de maio, quando na madrugada ouviu uma movimentação estranha e percebeu que ele estava sendo removido. No dia seguinte, indagou a seus carcereiros sobre Mariano, os quais lhe disseram que ele havia sido transferido para o quartel do Exército no Rio de Janeiro. Desde então, nada mais se soube de Mariano.

Na residência que serviu como centro clandestino de torturas, em Petrópolis, referida no capítulo 19, Inês Etienne Romeu viu pessoas que são consideradas "desaparecidas" e ouviu referências sobre outras:

> 1. Quando fui levada para a casa de Petrópolis, lá já se encontrava um camponês nordestino, Mariano Joaquim da Silva, cognominado Loyola. Conversamos três vezes, duas na presença de nossos carcereiros e uma a sós. Mariano foi preso no dia 1º ou 2 de maio, em Pernambuco. Após sua prisão, permaneceu vinte e quatro horas no Recife, onde foi barbaramente torturado. Seu corpo estava em chagas. Em seguida, foi levado para aquele local, onde foi interrogado durante quatro dias ininterruptamente, sem dormir, sem comer e sem beber. Permaneceu na casa até o dia 31 de maio, fazendo todo o serviço doméstico, inclusive cortando lenha para a lareira. Dr. Teixeira disse-me, em princípio de julho, que Mariano fora executado porque pertencia ao Comando da VAR-Palmares, sendo considerado irrecuperável pelos agentes do governo. Quando conversei a sós com Mariano, ele mencionou a prisão de Carlos Alberto Soares de Freitas.
>
> 2. Dr. Pepe confirmou-me que seu grupo "executara" Carlos Alberto Soares de Freitas, cuja prisão, ocorrida em fevereiro deste ano, fora responsável. Disse-me que seu grupo não se interessa em ter líderes presos e que todos os "cabeças" seriam sumariamente mortos, após interrogatórios. Contou ainda que Marilena Vilas Boas Pinto estivera também naquela casa e que fora, como Carlos Alberto Soares de Freitas, condenada à morte e executada.
>
> 3. Segundo ainda o Dr. Pepe, o ex-deputado Rubens B. Paiva teve o mesmo fim, embora não fosse intenção do grupo matá-lo. Só queriam que ele confessasse, mas, no decorrer das torturas, Rubens Paiva morreu. A morte do ex-deputado foi considerada pelo Dr. Pepe como "uma mancada".

> 4. Aluísio Palhano, ex-líder dos bancários do Rio de Janeiro, preso no dia 6 de maio de 1971, foi conduzido para aquela casa no dia 13 do mesmo mês, onde ficou até o dia seguinte. Não o vi pessoalmente, mas Mariano Joaquim da Silva contou-me que presenciou sua chegada, dizendo-me que seu estado físico era deplorável. Ouvi, contudo, sua voz várias vezes, quando interrogado. Perguntei ao Dr. Pepe sobre ele, que me respondeu: "ele sumiu".
>
> 5. Dr. Guilherme disse-me, antes do dia 15 de maio, que iriam prender o Ivan Mota Dias nesta data. Posteriormente, contou-me que Ivan havia sido executado por eles; já o Dr. Roberto disse-me que ele se encontrava no exterior. Entretanto, outros elementos subalternos confirmaram-me a morte de Ivan Mota Dias.
>
> 6. No mês de julho, estiveram na casa dois militantes da VPR e um da ALN. O primeiro penso ser Walter Ribeiro Novais, ex-salva-vidas de Copacabana. Márcio me afirmou que o mataram. Inclusive, na época (8 a 14 de julho de 1971), houve uma ruidosa comemoração, em virtude de sua morte. O segundo, é uma moça que acredito ser Heleni Guariba. Foi barbaramente torturada durante 3 dias, inclusive com choques elétricos na vagina. O terceiro é Paulo de Tarso Celestino da Silva, que foi torturado durante quarenta e oito horas por Dr. Roberto, Laecato, Dr. Guilherme, Dr. Teixeira, Zé Gomes e Camarão. Colocaram-no no pau de arara, deram-lhe choques elétricos, obrigaram-no a ingerir uma grande quantidade de sal. Durante muitas horas o ouvi suplicando por um pouco d'água.
>
> 7. No dia 4 de agosto, Laurindo chegou a casa e comunicou ao Dr. Bruno e Dr. César que José Raimundo da Costa havia sido preso numa barreira. Segundo me disse posteriormente Dr. Pepe, José Raimundo da Costa não foi torturado, pois no interrogatório disse que não sabia onde estava Lamarca e, se o soubesse, não o diria. Assim, José Raimundo da Costa foi morto vinte e quatro horas depois de sua prisão, num "tiroteio" na Av. Suburbana, no Rio de Janeiro [...][1].

A situação do ex-fuzileiro naval Edgar de Aquino Duarte, que participou ativamente nas mobilizações da Associação dos Marinheiros e Fuzileiros Navais antes de 1964, no Rio de Janeiro, é elucidativa do destino real dos desaparecidos políticos brasileiros. Depois de residir em Cuba após o advento do Regime Militar, Edgar voltou ao Brasil, em 1968, desembarcando em Porto Alegre e utilizando documentos em nome de Ivan Leite. Entrou em contato com seus pais em Recife, permaneceu dois meses em Bom Jardim (PE) e depois foi a São Paulo, onde montou uma imobiliária com um sócio

---

1. Dossiê denúncia divulgado à imprensa em janeiro de 1981, Rio de Janeiro.

de nome José Leme Ferreira. Sempre trabalhando, não tinha mais contato com antigos companheiros. Por coincidência, certo dia, Edgar encontrou-se com o Cabo Anselmo, que lhe disse ter chegado de Cuba, estando sem trabalho e sem moradia. Edgard o levou para morar em seu apartamento. No Natal de 1970, Edgar, Anselmo e a noiva deste foram ao Rio de Janeiro. Em março de 1971, em pleno centro bancário paulista, na Rua Boa Vista, Edgar foi sequestrado e levado ao DOI-Codi do II Exército, lá ficando preso e incomunicável. A família recebeu, inclusive, uma carta sua da prisão. De posse dela, seu pai e outros familiares foram a São Paulo, ao DOI-Codi e ao Dops, e lá obtiveram a informação de que seu nome não constava na lista dos detidos. Entretanto, vários presos políticos testemunham que estiveram com Edgar no DOI-Codi e no Dops, em 1973. José Genoíno Neto e Ivan Akselrud Seixas subscreveram documentos enviados à Auditoria Militar, nos quais afirmam ter estado com Edgar nas celas por que passaram. Tais depoimentos foram solenemente desprezados pela Justiça Militar.

Edgar foi visto também pelo ajustador mecânico Luiz Vergatti, de 41 anos, que depôs em São Paulo, em 1973:

> [...] que Edgard de Aquino Duarte está preso lá no Dops, porque a gente viu ele lá durante o banho de sol; que Edgard de Aquino Duarte é pessoa desconhecida e estranha para o interrogando e não lhe mostrou nenhum documento de identidade, mas que, entretanto, acredita que seja a pessoa [...][2].

Ao depor em São Paulo, em 1973, o vendedor Roberto Ribeiro Martins, de 28 anos, também se referiu ao prisioneiro em questão:

> [...] quero ainda acrescentar, por um dever de justiça e para comprovar que são muitas as arbitrariedades neste Brasil de hoje, que tomei conhecimento no Dops da existência de um rapaz, de nome Edgard de Aquino, preso há dois anos sem culpa formada e incomunicável [...][3].

A morte de Bergson Gurjão de Farias foi denunciada em juízo, em 1972 e 1973, pelos réus José Genoíno Neto e Dower Moraes Cavalcante:

> [...] que num dos dias em que estava sendo interrogado lhe mostraram o corpo de Bergson Gurjão de Farias, um jovem de 25 anos que foi mor-

2. BNM n. 693, V. 24º, p. 9.015 e 9.015v.

3. BNM n. 043, V. 2º, p. 433 e verso.

to a baioneta, que estava com malária, segundo informações dos policiais, não podendo, ao ser perseguido, correr ou se movimentar [...][4].

[...] que, no momento de sua prisão, foi espancado e submetido a choques elétricos e ameaça de morte; juntamente com o interrogado, sofreram o mesmo processo: José Genoíno Neto, Luiz Reis Medeiros, Dagoberto Alves da Costa e Bergson Gurjão de Farias, que foi morto porque resistiu à prisão, ocorrendo um choque [...][5].

Dado como desaparecido Armando Teixeira Frutuoso, esta pessoa teria sido vista num cárcere do Rio pelo radiotécnico Gildásio Westin Cosenza, de 28 anos, conforme seu depoimento em 1976:

[...] que foi então levado a um cubículo onde os torturadores, ficando às costas do interrogando, levantaram-lhe o capuz; que, então, se viu bem à frente de um senhor que estava sentado, encostado à parede e que, ao tentar levantar-se, não conseguiu; que este senhor devia ter de 55 a 60 anos, já bastante calvo, cabelos grisalhos, pele bastante clara, nariz grande e adunco que nunca fora visto pelo interrogando anteriormente, mas ficou sabendo, posteriormente, através dos próprios interrogadores, de que se tratava de Armando Frutuoso, ex-líder sindical que teria sido preso usando documentos com o nome de Armando David de Oliveira [...][6].

A prisão e o posterior desaparecimento de Antonio Joaquim Machado e Carlos Alberto Soares de Freitas foram matéria de interrogatórios da Professora Maria Clara Arantes Pêgo, de 28 anos, na Justiça Militar do Rio, em 1972:

[...] que quer esclarecer que o Dr. Antonio Joaquim Machado é advogado, preso em 15 de fevereiro de 1971, no Rio de Janeiro, em Ipanema, nas proximidades da Rua Joana Angélica, foi possivelmente assassinado sob tortura, na PE; que a declarante morou com esta pessoa cerca de oito meses; que a declarante conhecia, desde menina, a família, e sabe que o mesmo foi preso nessa data, porque juntamente com ele foram presos Carlos Alberto Soares de Freitas e Emanoel Paiva, e desde essa data, tanto o primeiro como o segundo, Carlos Alberto de Freitas, continuam desaparecidos, esgotados todos os recursos legais para encontrá-los; que dos três elementos presos, o único encontrado com vida foi o Emanoel, que se encontra preso respondendo processo [...][7].

4. BNM n. 693, V. 24º, p. 8.995-8.997.

5. BNM n. 224, V. 4º, p. 702v.

6. BNM n. 684, V. 39º, p. 27-32.

7. BNM n. 081, V. 1º, p. 208.

Outro desaparecimento, cuja vítima foi vista nas dependências de organismos de segurança, é o de Paulo Stuart Wright, um dos fundadores e dirigentes da "Ação Popular" (AP). Ex-deputado, cassado em 1964 pela Assembleia Legislativa de Santa Catarina por pressão do Comandante Naval daquele Estado, Paulo foi sequestrado pelo II Exército, em setembro de 1973, e levado ao DOI-Codi, na Rua Tutoia, em São Paulo. Foi visto numa das dependências internas do DOI-Codi pela enfermeira Maria Diva de Faria, em cuja residência Paulo estivera hospedado no dia do seu desaparecimento.

Após sua soltura do DOI-Codi, Maria Diva concordou em prestar depoimento sigiloso perante a Comissão Justiça e Paz da Arquidiocese de São Paulo. Este depoimento ensejou que os familiares de Paulo fizessem uma representação ao Superior Tribunal Militar (STM), onde, em sessão secreta sem precedentes, aquele tribunal ouviu o depoimento. Em seguida, solicitou informações ao II Exército, o qual respondeu com evasivas e imprecisões.

O STM voltou a exigir informações uma segunda vez, tendo o II Exército respondido no mesmo estilo anterior, o que levou o tribunal a fazer uma queixa formal ao ministro do Exército, em cujo gabinete o embaraçoso assunto acabou engavetado.

Um caso de desaparecimento que envolveu "erro de identificação legal" é o de Eremias Delizoikov, estudante universitário paulista, que foi morto por órgãos de segurança no Rio de Janeiro, em 15 de outubro de 1969, no bairro de Vila Cosmos, numa operação contra a VPR-Vanguarda Popular Revolucionária. Por ocasião de sua morte, o Comando do I Exército divulgou nota oficial com o seguinte teor:

> Em prosseguimento às ações de repressão à subversão e ao terrorismo, o I Exército levou a efeito hoje, pela manhã, na região de Vila Cosmos, uma diligência da qual resultou a apreensão de grande quantidade de armamento, munição, bombas caseiras, documentos falsos, dinheiro etc. Durante o desenvolvimento da operação, foram seus encarregados recebidos a bala pelos terroristas, resistindo pela força às autoridades. Em consequência, saíram feridos levemente três militares e morto um dos subversivos [...].

Ocorre que a pessoa morta nesta operação, Eremias Delizoikov, foi sepultada como sendo, erroneamente, o sargento do Exército José de Araújo Nóbrega, militante da VPR procurado pelos órgãos de segurança. Somente algum tempo depois é que se veio a saber a real identidade do morto.

Entretanto, na certidão de óbito, Eremias Delizoikov consta como José de Araújo Nóbrega, que, no entanto, está vivo. A família de Eremias, embora tenha a certeza de sua morte, o considera, do ponto de vista legal, desaparecido. Esta inusitada e dolorosa situação fez com que, durante anos, a família de Eremias se recusasse a crer que ele havia sido morto, negando a possibilidade de equívoco naquele reconhecimento. Isso somente foi desfeito quando, em 1979, com a Lei de Anistia, José de Araújo Nóbrega retornou ao país, e foi apresentado à família de Eremias.

Durante a onda de repressão que atingiu o Partido Comunista Brasileiro – PCB em 1975, vários de seus dirigentes foram presos pelos órgãos de segurança, sendo que suas prisões não foram assumidas pelo governo, nem seus paradeiros até hoje determinados. Dentre eles encontra-se José Montenegro de Lima, pesquisador de mercado, que foi preso no dia 29 de setembro daquele ano, em sua residência no bairro da Bela Vista, em São Paulo. Tal detenção foi realizada por quatro agentes policiais e testemunhada por seus vizinhos e conhecidos. Seus familiares comunicaram a detenção à 2ª Auditoria de São Paulo, que oficiou ao DOI-Codi-II Exército e ao Dops. Os órgãos mencionados, em resposta àqueles ofícios, negaram a detenção de José Montenegro de Lima, informando o Dops, ainda, estar o seu nome na relação de pessoas procuradas e foragidas. Posteriormente, em interrogatório judicial, Genivaldo Matias da Silva, réu em processo do PCB, assegurou ter visto José Montenegro de Lima detido nas dependências do DOI-Codi-II Exército. Com base neste depoimento, a família de Montenegro tentou reabrir o caso, sem sucesso.

No dia 28 de agosto de 1979, no momento em que o Congresso Nacional aprovava a Lei de Anistia, era encontrado em São Paulo, enterrado como indigente no cemitério Dom Bosco, em Perus, sob o nome falso de Nelson Bueno, o corpo do desaparecido Luís Eurico Tejera Lisboa. Como já foi visto no capítulo 10, esse jovem fora condenado pela Justiça Militar, em 1969, por atividades na União Gaúcha dos Estudantes Secundaristas e estava vivendo na clandestinidade, como militante da ALN, quando, em circunstâncias desconhecidas, foi preso na primeira semana de setembro de 1972.

A família, através de cuidadosa análise dos registros referentes ao seu sepultamento naquele cemitério, conseguiu localizar um inquérito policial já arquivado, que o dava como morto por suicídio. A versão do suicídio, entretanto, não se ajusta aos depoimentos das testemunhas que foram ouvidas, nem às circunstâncias descritas no inquérito, sobre o encontro do cadáver, e menos ainda aos laudos periciais. O quarto da pensão onde teria havido o suicídio apresentava várias perfurações de bala, mas segundo a polícia Luís Eurico, antes de cometer suicídio, teria dado diversos tiros a esmo. A família reabriu judicialmente o caso. Foram realizadas exumações, sem nenhum resultado positivo. Entretanto, a versão oficial é inconsistente. Um dos indícios mais eloquentes disso foi a pressão que as testemunhas receberam da polícia quando a família descobriu o corpo e a pensão em que os fatos teriam se passado. Luís Eurico Tejera Lisboa foi o primeiro dos desaparecidos cujos restos mortais se conseguiu localizar.

O drama que cerca a família do desaparecido pode ser avaliado ao se analisar o caso de Ana Rosa Kucinski Silva, professora no Instituto de Química da Universidade de São Paulo e militante da ALN, que desapareceu no dia 22 de abril de 1974, junto com o seu marido, Wilson Silva, em São Paulo.

As famílias de Ana Rosa e Wilson impetraram vários recursos judiciais na tentativa de localizá-los, obtendo a negativa de suas prisões.

Não bastasse o desespero da procura, a família de Ana Rosa ainda veio a ser vítima de um processo de extorsão e chantagem por parte de pessoas ligadas ao DOI-Codi-II Exército. Alguns militares e informantes daquele órgão montaram um plano para extorquir dinheiro em troca de informações acerca de seu paradeiro. Sobre os fatos, houve, inclusive, uma ação penal que condenou os autores da trama. Esse episódio é exemplo do desespero de familiares de desaparecidos, bem como demonstração das ignomínias que os organismos de repressão política podem praticar.

A família de Ana Rosa, após bater, inutilmente, às portas dos diversos órgãos de segurança, contratou advogado que havia sido anteriormente investigador do Dops de São Paulo, acreditando que essa característica possibilitaria maiores facilidades nos contatos com os responsáveis pela detenção da professora. O advogado buscou informações sobre o paradeiro de Ana Rosa junto a um sargento do Exército, que trabalhava como ordenança do Comandante do II Exército em São Paulo, e junto a um civil informante do DOI-Codi, obtendo a resposta de que Ana Rosa estava presa e incomunicável naquela repartição militar.

A família foi informada e, evidentemente, pediu que fosse conseguida autorização de visita e mais dados acerca de seu estado de saúde. Os "informantes" alegaram aos familiares de Ana Rosa que, para isso, necessitavam de dinheiro e pediram considerável quantia. Como as promessas não se cumpriam, a família pediu que ao menos pudessem receber correspondência de Ana Rosa, como comprovação das informações prestadas.

Os policiais farsantes concordaram e apresentaram ao jornalista Bernardo Kucinski, irmão de Ana Rosa, um bilhete manuscrito, alegando ter sido redigido por ela. Bernardo contestou a autenticidade, tendo sido pressionado pelos referidos elementos a crer em sua veracidade. Pediu, então, que os policiais indagassem de sua irmã o apelido de infância que ela lhe dera. Os policiais concordaram. Horas depois, retornaram com suposto apelido, que não correspondia ao verdadeiro. Desconfiado de que se tratava de uma farsa, Bernardo, ainda assim, aceitou a proposta que lhe fizeram os "informantes", no sentido de apresentarem-lhe um coronel do Exército que trabalhava no DOI-Codi, o qual daria, pessoalmente, as informações sobre a situação de sua irmã. Esse suposto coronel lhe disse que sua irmã estava bem, que não havia sido ela que escrevera o bilhete, mas fora ela quem o ditara. E prometeu conseguir uma visita da família com Ana Rosa, desde que fosse paga a outra metade da verba exigida. Bernardo pagou e os militares sumiram. E tanto Ana Rosa quanto Wilson Silva até hoje estão desaparecidos.

No dia 17 de maio de 1973, na fazenda Rio Doce, entre os municípios de Jataí e Rio Verde, no Estado de Goiás, aproximadamente às 3 horas da madrugada, Maria Augusta Thomáz e Márcio Beck Machado foram assassinados a tiros, enquanto dormiam. O dossiê sobre mortos e desaparecidos, do Comitê Brasileiro pela Anistia (CBA), diz que eles foram militantes do Molipo – "Movimento de Libertação Popular". Haviam participado do movimento estudantil de São Paulo, ele estudante da Faculdade de Economia da Universidade Mackenzie, e ela estudante de Psicologia na Faculdade Sedes Sapientiae. Em agosto de 1980, através de investigação encetada pelo jornalista Antonio Carlos Fon e com os dados fornecidos pelo CBA, foi possível descobrir as circunstâncias de suas mortes e o local em que os mesmos haviam sido enterrados.

Sabe-se que os homicídios foram praticados por diversos agentes que integravam uma operação conjunta do DOI-Codi do II Exército e do DOI-

-Codi do Distrito Federal, apoiados pela Polícia Militar de Goiás e pela Polícia Civil local. Os responsáveis pela operação determinaram aos moradores da fazenda a ocultação dos cadáveres e seus sepultamentos no próprio local em que ocorreram as mortes. Também a identidade dos mortos foi ocultada, e esses dois militantes foram condenados à revelia pela 2ª Auditoria de São Paulo, mesmo sabendo os órgãos de segurança que eles tinham sido executados.

Quando, sete anos mais tarde, foi descoberto o local em que os dois jovens se encontravam enterrados e se preparava o traslado de seus corpos, as sepulturas foram violadas por indivíduos que se identificaram como policiais, e levaram dali os restos mortais. Contudo, a clandestinidade dessa operação e a pressa utilizada na sua execução tornaram-na imperfeita. Seus familiares requereram vistoria no local e o laudo constatou a presença de partes anatômicas correspondentes a corpos humanos no lugar do sepultamento criminoso. Dentes, cabelos e ossos foram encontrados, evidenciando a realidade do sepultamento anterior.

Hoje se sabe quais autoridades policiais determinaram o sepultamento clandestino. Sobre os fatos rola inquérito policial instaurado há mais de cinco anos, sem nenhuma conclusão, na Polícia Federal de Goiânia. Os mortos continuam sendo considerados, oficialmente, desaparecidos. No estudo do processo BNM n. 68 verificou-se que o promotor requereu fosse oficiado ao Dops solicitando a certidão de óbito de Márcio Beck Machado, para que se pudesse declarar extinta a punibilidade contra ele. Nem isso foi atendido.

A família do desaparecido político não tem sequer o direito ao atestado de óbito de seu ente querido, arrebatado da vida pelas garras cruéis da repressão política do Regime Militar.

Caso impressionante de desaparecimento político, pelo cinismo dos órgãos de segurança, foi o de Rubens Beirodt Paiva.

Ativo deputado federal, defensor das bandeiras nacionalistas desde a luta pela criação da Petrobras, Rubens Paiva foi cassado pelo AI-1, em decorrência de sua participação na famosa CPI do Ibad – Instituto Brasileiro de Ação Democrática, que apurou o recebimento, pelos generais comprometidos com o golpe militar, de polpudas verbas, em dólares, provenientes do governo dos Estados Unidos, em 1963.

Rubens Paiva, no dia 20 de janeiro de 1971, foi preso em sua residência, na presença de sua esposa e filha.

Às 11 horas da manhã, numa chamada telefônica, uma pessoa havia lhe pedido o endereço, alegando desejar entregar-lhe uma correspondência que trazia do Chile.

Meia hora mais tarde, sua casa foi brutalmente invadida por seis pessoas em trajes civis, todas armadas, que não se identificaram e o levaram preso. Guiando seu próprio automóvel e acompanhado por dois policiais, Rubens foi conduzido ao quartel da Polícia do Exército, na Rua Barão de Mesquita, onde funcionava o DOI-Codi-I Exército.

Sua casa ficou ocupada por quatro policiais. Seus familiares nem podiam usar o telefone. As visitas eram detidas e conduzidas presas ao quartel. Vasculharam toda a casa, nada encontrando. Apreenderam as agendas telefônicas.

No dia seguinte, sua esposa Maria Eunice Paiva e sua filha Eliana, então com 15 anos de idade, foram presas, encapuzadas e conduzidas ao DOI-Codi-I Exército, onde foram fotografadas, identificadas e separadas. A filha foi liberada 24 horas depois, tendo sido interrogada por três vezes nesse período. A esposa ficou detida 12 dias, sempre incomunicável, prestando depoimento diversas vezes, inclusive à noite.

A acusação que pesava contra Rubens Paiva era simplesmente a de manter correspondência com brasileiros exilados no Chile.

Quando Maria Eunice foi liberada, os responsáveis pelo DOI-Codi-I Exército devolveram à família de Rubens seu carro, que se encontrava no pátio daquela dependência militar, passando-lhe recibo de entrega.

O fato foi submetido à apreciação do Superior Tribunal Militar, que pediu informações ao comandante do I Exército. Apesar dos dados indiscutíveis que confirmavam a prisão em sua casa, guiando o seu próprio carro, tendo por companhia dois agentes de segurança, e a devolução do veículo mediante recibo, o I Exército respondeu que ele não se encontrava detido.

É fato público e notório, e dele já cuida a história, que, a partir de 1966, membros do PCdoB se instalaram em região situada à margem esquerda do Rio Araguaia, conforme já visto em capítulo anterior.

De 12 de abril de 1972 a janeiro de 1975, em três campanhas distintas, as Forças Armadas cuidaram de sufocar a "Guerrilha do Araguaia". A ação das Forças Armadas encontrou resistência e a luta que ocupou tão dilatado período provocou mortes de ambos os lados. O movimento guerrilheiro foi vencido, tendo sido alguns de seus integrantes aprisionados, processados e condenados pela LSN. Cerca de 60 militantes foram mortos em combate. Até hoje é desconhecida a localização de seus restos mortais, apesar de se saber que os corpos foram identificados pelas Forças Oficiais.

Os nomes dos que morreram na "Guerrilha do Araguaia" encontram-se no Anexo III, como parte da relação de desaparecidos políticos compilada durante o período compreendido pelo Projeto BNM.

Desde tempos imemoriais o respeito aos mortos é costume sagrado dos povos. Nas leis bárbaras, a profanação ou a subtração do cadáver era punida com a privação da paz.

A ausência de sepultura, que impede sejam os mortos venerados pelos seus, erige-se em maldição bíblica das mais aterradoras. Por intermédio do Profeta Ezequiel, durante o cativeiro dos hebreus no Egito, lançou o Senhor Deus ao faraó a maldição de morte sem sepultura, mostrando a temível e indigna aos homens:

> "Tombarás na superfície do campo
> sem seres recolhido nem enterrado.
> Entregar-te-ei como pasto aos animais
> da terra e às aves do céu" (Ez 29,5).

A literatura clássica mostra que pagãos e cristãos se afinavam no proclamar o direito dos mortos à sepultura adequada e conhecida.

Na peça teatral *Antígona*, de Sófocles, o Rei Creonte impediu que Polinice tivesse direito a sepultura, proibindo que colocassem seu corpo em um túmulo e sobre este derramassem suas lágrimas. Isto porque Polinice, que era de Tebas, lutara contra Creonte, que governava sua cidade, morrendo em combate.

Antígone desafia a proibição, dando túmulo ao irmão e enfrentando a ira de Creonte. Justificando sua atitude, ela diz:

> Sim, porque não foi Júpiter que a promulgou; e a Justiça, a deusa que habita com as divindades subterrâneas, jamais estabeleceu tal

> direito entre os humanos; nem eu creio que teu édito tenha força bastante para conferir a um mortal o poder de infringir as leis divinas, que nunca foram escritas, mas são irrevogáveis; não existem a partir de ontem, ou de hoje; são eternas, sim! Tais decretos, eu, que não temo o poder de homem algum, posso violar sem que por isso me venham a punir os deuses! [...].

A norma de respeito aos mortos, mesmo quando inimigos em guerra, peregrinou pelos tempos e pelos povos e se hospeda hoje no artigo 120 da Convenção de Genebra (III), assinada após o fim da Segunda Guerra Mundial, em 12 de agosto de 1949, sendo que o diplomata João Pinto da Silva e o General Floriano de Lima Brayner assinaram em nome do Brasil:

> [...] As autoridades detentoras de prisioneiros de guerra deverão assegurar que os que morreram em seu poder sejam enterrados com dignidade, se possível de acordo com os ritos da religião à qual pertenceram, e que seus túmulos sejam respeitados, mantidos e marcados adequadamente para que possam ser encontrados a qualquer tempo. [...] Para que os túmulos possam ser sempre encontrados, todas as informações relativas às inumações e aos túmulos deverão ser registradas.

E ainda que lei nenhuma houvesse, seria confortador conhecer as circunstâncias em que as prisões e mortes se operaram, para que não seja fragmentada a história de suas vidas.

Mais torturante que uma certeza triste é a dúvida duradoura que, a cada dia, renova a dor e a agiganta. E essa dor ganha relevo e cor quando os que são por ela atormentados se sentem impotentes para desfiar o cipoal de incertezas que os aflige.

Justo é pedir a localização dos filhos, irmãos, pais e esposos que, notoriamente, foram presos pelos órgãos de segurança e encontraram a morte pelo "desaparecimento" para dar-lhes sepultura digna.

Justo é pedir a localização dos corpos, para que sejam trasladados, se for o caso, e endereçados à sepultura próxima de parentes, em uma atitude de respeito aos vivos, a quem assiste o direito de velar seus mortos.

A reivindicação que os familiares de desaparecidos formulam tem precedentes no Evangelho. Após a crucifixão do Cristo, José de Arimateia rogou a Pilatos que o deixasse tirar o corpo para sepultá-lo.

> Até Pilatos, que recebeu milenar condenação por ter sido indiferente, deixando que a crucificação do filho de Deus ocorresse, teve então comportamento distinto do anterior. Sem hesitar, permitiu que José de Arimateia e Nicodemos tirassem Jesus da cruz e lhe dessem sepultura (Jo 19,38-42).

Justo é pedir a localização dos corpos para responder, enfim, à indagação de Alceu Amoroso Lima:

> Até quando haverá, no Brasil, mulheres que não sabem se são viúvas; filhos que não sabem se são órfãos; criaturas humanas que batem em vão em portas implacavelmente trancadas, de um Brasil que julgávamos ingenuamente isento de tais insanas crueldades?[8]

8. Os Esperantes. In: *Jornal do Brasil*, 23/10/1974.

EPÍLOGO

Meu pai contou para mim; eu vou contar para meu filho.
Quando ele morrer? Ele conta para o filho dele.
É assim: ninguém esquece.
– Kelé Maxacali, índio da aldeia de Mikael, Minas Gerais, 1984.

ANEXOS

Anexo I
Glossário de siglas

ABI – Associação Brasileira de Imprensa
AI – Ato Institucional
ALA – Ala Vermelha
ALN – Ação Libertadora Nacional
AM – Amazonas
AMFNB – Associação dos Marinheiros e Fuzileiros Navais do Brasil
ANL – Aliança Nacional Libertadora
AP – Ação Popular
APML – Ação Popular Marxista-Leninista
Arena – Aliança Renovadora Nacional
BA – Bahia
BC – Batalhão de Caçadores
BNM – Brasil: Nunca Mais
CBA – Comitê Brasileiro pela Anistia
CCC – Comando de Caça aos Comunistas
CE – Ceará
Cebrap – Centro Brasileiro de Análise e Planejamento
Celam – Conselho Episcopal Latino-Americano
Cenimar – Centro de Informações da Marinha
CGG – Comando Geral de Greve
CGI – Comissão Geral de Investigações

CGT – Comando Geral dos Trabalhadores
CIA – Central Intelligence Agency (Agência Central de Inteligência dos Estados Unidos)
CIE – Centro de Informações do Exército
Cisa – Centro de Informações e Segurança da Aeronáutica
CJM – Circunscrição Judiciária Militar
CMI – Conselho Mundial de Igrejas
CNBB – Conferência Nacional dos Bispos do Brasil
Colina – Comando de Libertação Nacional
Corrente – Corrente Revolucionária de Minas Gerais
CPC – Centro Popular de Cultura
CPI – Comissão Parlamentar de Inquérito
CPM – Código Penal Militar
CPOR – Centro de Preparação de Oficiais da Reserva
CPPM – Código de Processo Penal Militar
Crusp – Conjunto Residencial da Universidade de São Paulo
CSN – Conselho de Segurança Nacional
CSR – Comitê de Solidariedade Revolucionária
DCT – Departamento de Correios e Telégrafos
Deops – Departamento Estadual de Ordem Política e Social
DF – Distrito Federal
DI – Dissidência
DL – Decreto-lei
DOI-Codi – Destacamento de Operações de Informações – Centro de Operações de Defesa Interna
Dops – Departamento de Ordem Política e Social
DPF – Departamento de Polícia Federal
DPPS – Delegacia de Polícia Política e Social (RJ)
DSN – Doutrina de Segurança Nacional
DVP – Dissidência da VAR-Palmares
ES – Espírito Santo
ESG – Escola Superior de Guerra
FALN – Força Armada de Libertação Nacional
FAP – Frente Armada Popular

FBT – Fração Bolchevique Trotskista
FEB – Força Expedicionária Brasileira
FGTS – Fundo de Garantia por Tempo de Serviço
FLN – Frente de Libertação Nacional
FLNE – Frente de Libertação do Nordeste
GB – Guanabara
GO – Goiás
GO – Grupo de Obuzes
GPMI – Grupo Permanente de Mobilização Industrial
Iapi – Instituto de Aposentadoria e Pensões dos Industriários
Ibad – Instituto Brasileiro de Ação Democrática
Ipes – Instituto de Pesquisa e Estudos Sociais
IPM – Inquérito Policial Militar
JOC – Juventude Operária Católica
JUC – Juventude Universitária Católica
LOJM – Lei de Organização Judiciária Militar
LSN – Lei de Segurança Nacional
MA – Maranhão
MAR – Movimento de Ação Revolucionária
MCR – Movimento Comunista Revolucionário
MDB – Movimento Democrático Brasileiro
MEB – Movimento de Educação de Base
MEL – Movimento Estudantil Libertário
MEP – Movimento de Emancipação do Proletariado
MG – Minas Gerais
MIM – Movimento Independência ou Morte
MNR – Movimento Nacional Revolucionário
Molipo – Movimento de Libertação Popular
MR-8 – Movimento Revolucionário 8 de Outubro
MR-21 – Movimento Revolucionário 21 de Abril
MR-26 – Movimento Revolucionário 26 de Março
MRM – Movimento Revolucionário Marxista
MRP – Movimento Revolucionário Paraguaio

MRT – Movimento Revolucionário Tiradentes
MS – Mato Grosso do Sul
MT – Mato Grosso
M3G – Marx, Mao, Marighella e Guevara
OAB – Ordem dos Advogados do Brasil
Oban – Operação Bandeirantes
OCML-PO – Organização de Combate Marxista-Leninista – Política Operária
Olas – Organização Latino-Americana de Solidariedade
ONU – Organização das Nações Unidas
OP-COR – Organização Partidária – Classe Operária Revolucionária
OSI – Organização Socialista Internacionalista
PA – Pará
PB – Paraíba
PCB – Partido Comunista Brasileiro
PCdoB – Partido Comunista do Brasil
PCBR – Partido Comunista Brasileiro e Revolucionário
PCR – Partido Comunista Revolucionário
PE – Pernambuco
PE – Polícia do Exército
PI – Piauí
PIB – Produto Interno Bruto
PIC – Pelotão de Investigações Criminais
PM – Polícia Militar
PMMG – Polícia Militar de Minas Gerais
POC – Partido Operário Comunista
Polop – Organização Revolucionária Marxista Política Operária
Port – Partido Operário Revolucionário (Trotskista)
PR – Paraná
PRT – Partido Revolucionário dos Trabalhadores
PSB – Partido Socialista Brasileiro
PSD – Partido Social Democrático

PTB	– Partido Trabalhista Brasileiro
QG	– Quartel General
RAN	– Resistência Armada Nacional
Rede	– Resistência Democrática ou Resistência Nacionalista Democrática e Popular
RI	– Regime de Infantaria
RJ	– Estado do Rio de Janeiro
RN	– Rio Grande do Norte
RS	– Rio Grande do Sul
SC	– Santa Catarina
Serpro	– Serviço Nacional de Processamento de Dados
SML	– Serviço Médico Legal
SNI	– Serviço Nacional de Informações
SP	– Estado de São Paulo
STF	– Supremo Tribunal Federal
STM	– Superior Tribunal Militar
Supra	– Superintendência de Política da Reforma Agrária
TL	– Tendência Leninista
Ubes	– União Brasileira de Estudantes Secundaristas
UC	– União de Comunistas
UDN	– União Democrática Nacional
UEE	– União Estadual dos Estudantes
UM	– Unidade Militar
UNE	– União Nacional dos Estudantes
URSS	– União das Repúblicas Socialistas Soviéticas
USP	– Universidade de São Paulo
VAR-Palmares	– Vanguarda Armada Revolucionária – Palmares
VPR	– Vanguarda Popular Revolucionária

ANEXO II
A TORTURA, O QUE É, COMO EVOLUIU NA HISTÓRIA

"A tortura deixou, para sempre, de existir", dizia Victor Hugo, em 1874. Infelizmente, o século XX demonstra que o escritor francês se equivocou. Segundo dados da Anistia Internacional, a tortura física, moral e psicológica é hoje sistematicamente aplicada – ou pelo menos tolerada – por governos de 60 países.

A 10 de dezembro de 1948, a Assembleia Geral da Organização das Nações Unidas (ONU) aprovou a Declaração Universal dos Direitos Humanos, cujo artigo 5º reza:

> Ninguém será submetido a tortura, nem a tratamento ou castigo cruel, desumano ou degradante.

Atualmente, em mais de um terço dos países signatários da Carta Magna dos Direitos Humanos, a tortura é parte substancial dos métodos interrogatórios da polícia e das forças militares, sendo praticada para se obter informações, humilhar, intimidar, aterrorizar, punir ou assassinar prisioneiros políticos e comuns.

O que é a tortura

A tortura foi definida pela Associação Médica Mundial, em assembleia realizada em Tóquio, a 10 de outubro de 1975, como:

> a imposição deliberada, sistemática e desconsiderada de sofrimento físico ou mental por parte de uma ou mais pessoas, atuando por própria conta ou seguindo

> ordens de qualquer tipo de poder, com o fim de forçar uma outra pessoa a dar informações, confessar, ou por outra razão qualquer[1].

O psicanalista Hélio Pellegrino observa que

> a tortura busca, à custa do sofrimento corporal insuportável, introduzir uma cunha que leve à cisão entre o corpo e a mente. E, mais do que isto: ela procura, a todo preço, semear a discórdia e a guerra entre o corpo e a mente. Através da tortura, o corpo torna-se nosso inimigo e nos persegue. É este o modelo básico no qual se apoia a ação de qualquer torturador. [...] Na tortura, o corpo volta-se contra nós, exigindo que falemos. Da mais íntima espessura de nossa própria carne, levanta-se uma voz que nos nega na medida em que pretende arrancar de nós um discurso do qual temos horror, já que é a negação de nossa liberdade. O problema da alienação alcança, aqui, o seu ponto crucial. A tortura nos impõe a alienação total de nosso próprio corpo, tornando estrangeiro a nós, e nosso inimigo de morte. [...] O projeto da tortura implica numa negação total - e totalitária - da pessoa, enquanto ser encarnado. O centro da pessoa humana é a liberdade. Esta, por sua vez, é a invenção que o sujeito faz de si mesmo através da palavra que o exprime. Na tortura, o discurso que o torturador busca extrair do torturado é a negação absoluta e radical de sua condição de sujeito livre. A tortura visa ao avesso da liberdade. Nesta medida, o discurso que ela busca, através da intimidação e da violência, é a palavra aviltada de um sujeito que, nas mãos do torturador, transforma-se em objeto[2].

Enfim, é tortura tudo aquilo que deliberadamente uma pessoa possa fazer a outra, produzindo dor, pânico, desgaste moral ou desequilíbrio psíquico, provocando lesão, contusão, funcionamento anormal do corpo ou das faculdades mentais, bem como prejuízo à moral.

No Brasil, no período compreendido por este estudo (1964-1979), a tortura foi sistematicamente aplicada aos acusados de atividades consideradas "subversivas". Entretanto, a incidência retratada nos procedimentos judiciais é bem menor que a sua real extensão e intensidade. Isso porque os Conselhos de Justiça Militar, via de regra, evitavam que as denúncias de torturas fossem consignadas aos autos das ações penais. Quando toleravam incorporá-las, o faziam de forma superficial, simplificada, genérica, demonstrando, assim, conivência com o comportamento criminoso dos órgãos de segurança do Es-

1. Citado por RUIZ MATEOS, Alfonso Maria. O cuidado médico dos presos. In: *Concilium*. Vozes, 140-1978/10, p. 124(1.328).

2. A tortura política. In: *Folha de S. Paulo*. 5 de junho de 1982, p. 3.

tado. Raros os juízes auditores que fizeram consignar nos autos a descrição pormenorizada das sevícias sofridas pelos réus e os nomes de seus algozes.

Muitas vezes as vítimas da tortura, por sua própria vontade ou aconselhadas por familiares, agrupamentos políticos ou advogados de defesa, optaram por silenciar, em seus interrogatórios na Justiça, sobre as torturas que padeceram, temendo, como a muitos sucedeu, que a denúncia induzisse a uma condenação antecipada. Muitos não falaram de seus sofrimentos com medo de retornarem às sessões de tortura, como ocorreu inúmeras vezes. No entanto, os que ousaram descrever os suplícios de que foram vítimas, os modos e os instrumentos de tortura, os locais, a assistência médica e os nomes dos torturadores, e tiveram suas palavras consignadas nos autos processuais pela própria voz autorizada do Tribunal Militar, permitiram constatar que, no Brasil de 1964 a 1979, a tortura foi regra, e não exceção, nos interrogatórios de pessoas suspeitas de atividades contrárias aos interesses do Regime Militar. Tal prática generalizada encontra amparo e fundamento ideológico na Doutrina de Segurança Nacional.

Evolução histórica da tortura

Ao longo dos séculos, a tortura era um direito do senhor sobre os escravos, considerados coisas, ou foi aplicada como pena advinda de sentenças criminais. O apedrejamento, o chumbo derretido na pele, a decepação de órgãos, eram penas impostas a infratores ou supostos infratores das leis e visavam obediência ao princípio do Talião, resumido pelo célebre axioma "olho por olho, dente por dente", e tinham como fundamento o ressarcimento do mal causado através da aplicação do mesmo mal a quem o causara. Já o Código de Hamurabi, ordenamento legal do século XVIII a.C., adotado na Babilônia, previa para os criminosos a empalação, a fogueira, a amputação de órgãos e a quebra de ossos.

A lei mosaica, do Antigo Testamento, defendia os escravos das arbitrariedades: "Se alguém ferir o seu escravo ou a sua serva com uma vara, e o ferido morrer debaixo de sua mão, será punido" (Ex 21,20). Entretanto, o Livro do Eclesiástico admite a tortura dos escravos ("Jugo e rédea dobram o pescoço, e ao escravo mau torturas e interrogatório", 33,27), embora defenda a dignidade deles ("Tens um só escravo? Trata-o como a um irmão, pois necessitas dele como de ti mesmo", 33,32).

No Novo Testamento, o açoite aparece como a sevícia mais comum aos acusados de delitos. O Apóstolo Paulo chega a apelar à sua cidadania romana para livrar-se da tortura (At 22,24). O Direito Romano admitia a tortura, pois o processo baseava-se na autoacusação e na confissão dos suspeitos, e não nas provas e nas testemunhas.

Em fins do século II, Tertuliano, na obra *De Corona*, exorta os soldados convertidos à fé cristã a evitarem praticar torturas. Dois séculos depois, Lactâncio, em sua *Divinae Institutiones,* escreve eloquentes páginas contra a tortura, "por ser contra o direito humano e contra qualquer bem". Já Santo Agostinho, na *De Civitate Dei,* escrita entre os anos 412 e 416, não chega a condenar a inclusão da tortura no Direito Romano, mas repudia sua aplicação, por tratar-se de pena imposta a quem não se sabe ainda se é culpado.

Pouco antes de Agostinho, em 382, o Sínodo Romano, presidido pelo Papa Dâmaso, remete alguns cânones aos bispos da Gália, entre os quais se declara expressamente que não são livres de pecado os funcionários civis que "condenaram pessoas à morte, deram sentenças injustas e exerceram a tortura judiciária"[3]. Apenas vinte anos após aquele sínodo ocorre uma virada no pensamento do magistério pontifício da Igreja. O Papa Inocêncio I (401-417) escreve em sua *Epístola VI*: "Pediram-nos a opinião sobre aqueles que, após haverem recebido o batismo, tiveram cargos públicos e exerceram a tortura, ou aplicaram sentenças capitais. A este respeito nada nos foi transmitido"[4]. Iniciava-se, pois, o consentimento implícito às normas processuais romanas, apesar da suposta cristianização do Império. Entendia-se que a Igreja não podia reprovar o uso da espada no Direito Penal, uma vez que isso decorria da própria "vontade de Deus". E considerando que o Estado, após Constantino, contava com um número sempre maior de funcionários cristãos, exigir que se mantivesse frente a ele a mesma atitude crítica de Tertuliano, de Lactâncio, de Agostinho e de todos que sentiram de perto a perseguição, significava – aos olhos da nova teologia do poder – impedir a justiça penal de seguir o seu curso "normal".

Com as invasões bárbaras, a tortura diminuiu e as fontes conhecidas só retomam o tema por ocasião da conversão dos búlgaros, em 866. A eles escreve o Papa Nicolau I, para esclarecê-los sobre questões dogmáticas e morais,

---

3. N. 13, cap. V, PL 13, p. 1.181ss.

4. Cap. 3, n. 7.

entre as quais o costume que tinham, antes de abraçar a fé cristã, de torturar os criminosos. O papa insiste na supressão da tortura, acentuando que a confissão deve ser espontânea, pois a tortura não é admitida "nem pela lei divina e nem pela lei humana". Recomenda ainda que, em lugar de suplícios, apele-se às testemunhas e exija-se o juramento sobre os evangelhos[5].

A reintrodução da tortura aos processos penais

No século XII, o Direito Penal do Ocidente retoma princípios do Direito Romano Imperial e reintroduz a tortura judiciária, apesar de, à mesma época, afirmar o *Decretum Gratiani*: "A confissão não deve ser obtida pela tortura, como escreve o Papa Alexandre"[6].

No século seguinte, a tortura passa a fazer parte dos códigos processuais, especialmente nos estados centralizados, como Castella de Afonso X, a Sicília de Frederico II e a França de Luís IX. Simultaneamente a Igreja passa a admitir o uso processual da tortura. Em 1244 o Papa Inocêncio IV aprova a legislação penal de Frederico II e, em 1252, em seu *Ad Extirpando*, aceita que "os hereges sem mutilação e sem perigo de vida podem ser torturados a fim de revelar os próprios erros e acusar os outros, como se faz com os ladrões e salteadores". É o retorno oficial ao sistema penal romano, fundado na autoacusação e na confissão do réu. Essa trágica involução reflete-se na obra do maior pensador medieval, Tomás de Aquino. Em fins do século XIII, ao tratar das injúrias contra as pessoas, na parte moral da *Suma Teológica* (questão 64), ele se refere à mutilação, à flagelação dos filhos e dos servos e ao encarceramento. Mas não menciona a tortura, exceto em sua *Expositio super Job*: "Sucede às vezes que, quando um inocente é acusado falsamente perante um juiz, este, para descobrir a verdade, o submete à tortura, agindo segundo a justiça; mas a causa disso é a falta de conhecimento humano"[7]. Santo Tomás admite pois que, não havendo outro recurso para se apurar a verdade, é justa a aplicação da tortura, mesmo sobre um inocente. Tal posição inaugura, na Igreja, a adoção da tortura como prática sistemática de preservação da disciplina religiosa. Ela passa a ser oficialmente aceita nos processos de heresia, não obstante não se recomende sua aplicação direta por religiosos, padres e bispos.

---

5. *Denzinger* 648.
6. Parte 2, causa 15, questão 6 – *Quod vero.*
7. Cap. X, p. 1-5.

A Inquisição e a Doutrina de Segurança Nacional

A mais notória obra sobre o uso da tortura pela Igreja é *O manual dos inquisidores*, de Nicolau Emérico (1320-1399)[8]. No capítulo 3, "Sobre o interrogatório do acusado", o inquisidor recomenda: "aplicar-se-lhe-á a tortura, a fim de lhe poder tirar da boca toda a verdade"[9]. O capítulo 5 traz como título "Sobre a tortura", e tem como frase introdutória: "Tortura-se o acusado, com o fim de o fazer confessar os seus crimes"[10]. Quem tortura, os eclesiásticos ou o braço secular? A esta indagação responde o frade italiano que comandou a Inquisição na região espanhola de Aragón:

> Quando começou a estabelecer-se a Inquisição, não eram os inquisidores quem aplicavam a tortura aos acusados, com medo de incorreram em irregularidades. Esse cuidado incumbia aos juízes leigos, conforme a Bula *Ad Extirpanda*, do Papa Inocêncio IV, na qual esse pontífice determina que devem os magistrados obrigar com torturas os hereges (esses assassinos das almas, esses ladrões da fé cristã e dos sacramentos de Deus) a confessar os seus crimes e a acusar outros hereges seus cúmplices. Isto no princípio; posteriormente, tendo-se verificado que o processo não era assaz secreto e que isso era inconveniente para a fé, achou-se que era mais cômodo e salutar atribuir aos inquisidores o direito de serem eles mesmos a infligir a tortura, sem ser preciso recorrer aos juízes leigos, sendo-lhes ainda outorgado o poder de mutuamente se relevarem de irregularidades em que às vezes, por acaso, incorressem.
>
> De ordinário utilizam os nossos inquisidores cinco espécies de tormentos no decorrer da tortura. Como isso são coisas sabidas de toda a gente, não irei deter-me neste assunto. Podem consultar-se Paulo, Grilando, Locato etc. Já que o Direito Canônico não prevê particularmente este ou aquele suplício, poderão os juízes servir-se daqueles que acharem mais aptos para conseguirem do acusado a confissão de seus crimes. Não se deve, porém, fazer uso de torturas inusitadas. Marcílio menciona catorze espécies de tormentos: acaba por afirmar que imaginou ainda outros, como seja a privação de sono, também referida e aprovada por Grilando e Locato. Mas, se me é permitido dizer a minha opinião, isso é mais trabalho de carrascos do que tratado de teólogos. É por certo um costume louvável aplicar a tortura aos criminosos, mas reprovo veementemente esses juízes sanguinários que, por quererem vangloriar-se, inventam tormentos de tal modo cruéis que os acusados morrem durante a tor-

8. Edições Afrodite, Lisboa, maio de 1972.

9. Ibid., ponto 5, p. 42.

10. Ibid., p. 63.

tura ou acabam por perder alguns dos membros. Também Antônio Gomes condena violentamente esse procedimento[11].

No Brasil, de 1964 a 1979, os métodos de interrogatórios e o sistema processual baseados na Doutrina de Segurança Nacional parecem advir da Inquisição medieval. Esta também instigava a delação entre parentes ("em matéria de heresia, o irmão pode testemunhar contra o irmão e o filho contra o pai")[12], reduzia o número de testemunhas ("bastam dois testemunhos para condenar definitivamente em matéria de heresia")[13], aceitava delações anônimas ("não deverão tornar-se públicos os nomes das testemunhas, nem dá-los a conhecer ao acusado")[14]. Compare se ainda o modo de se proceder ao interrogatório de presos políticos às "principais manhas que o inquisidor deve empregar contra as manhas dos hereges:

> 1. Através de repetidas interrogações, obrigá-los a responder claramente e de forma precisa às questões formuladas.
>
> 2. Se vier a presumir que um acusado, acabado de prender, tem intenção de esconder o seu crime (o que é fácil de descobrir antes do interrogatório, seja por meio dos carcereiros, seja por pessoas mandadas para espiar o acusado), será então necessário que o inquisidor fale com muita doçura ao herege, dê-lhe a entender que já sabe de tudo.
>
> 3. Se um herege, contra o qual não foram ainda fornecidas provas suficientes de culpa, mesmo que haja bastos indícios, continuar a negar, fará o inquisidor com que ele compareça e far-lhe-á perguntas ao acaso. Logo que o acusado haja negado qualquer coisa, lançará mão da Ata em que se contêm os interrogatórios precedentes. Poderá folheá-los e dirá: "É muito claro que me estás a esconder a verdade, deixa de estar a dissimular". Tudo de forma a que o condenado julgue estar já reconhecido como culpado e que na Ata estão contidas provas contra ele. [...].
>
> 4. Se o acusado teimar em negar o seu crime, deverá o inquisidor dizer-lhe que vai partir brevemente para longe, que não sabe quando virá, que lhe desagrada o ter que se ver obrigado a deixá-lo apodrecer nas prisões, que bem desejava tirar a limpo toda a verdade de sua boca, a fim de o poder mandar embora e dar por findo o processo. Mas, já que ele se obstina em não querer confessar, que

11. Ibid., p. 68-70.

12. Ibid., cap. 2, p. 22-23.

13. Ibid., cap. 2, p. 24.

14. Ibid., cap. 2, p. 26.

o vai deixar a ferros até o seu regresso, que tem pena dele por lhe parecer de saúde delicada, que possivelmente irá adoecer etc.

5. Se o acusado continuar a negar, multiplicará os interrogatórios e as interrogações. E desta forma, ou o acusado há de confessar, ou há de dar respostas diversas. Se der várias respostas diferentes, é o bastante para o conduzir à tortura.

6. Se o acusado persistir na negação, pode o inquisidor falar-lhe com doçura, tratá-lo com um pouco mais de atenções no respeitante à comida e à bebida, fazer também com que algumas pessoas de bem o vão visitar e conversem com ele, inspirando-lhe confiança, aconselhando-o a confessar, prometendo-lhe que o inquisidor lhe há de fazer mercês, fingindo-se de mediadores entre este e o acusado. [...]

7. Uma outra artimanha do inquisidor será chamar um cúmplice do acusado, ou pessoa a quem este estime e em quem acredite, a fim de a enviar repetidas vezes para falar com o prisioneiro e conseguir o segredo. [...] Numa palavra, devem ser utilizadas todas as artimanhas que não tragam em si aparência de mentira"[15].

Os tribunais de inquisição não seguiam ordem jurídica alguma e os processos não obedeciam às formalidades do Direito. Estimulava-se a delação, que formalizava a peça acusatória. A denúncia oral fazia-se com as mãos sobre o Evangelho, como juramento e, a partir daí, o inquisidor tramitava o processo, mantendo oculta a identidade do denunciante. A obrigação de denunciar os hereges era permanente. Mesmo quando a acusação intentada era completamente desprovida de verdade, o inquisidor não era obrigado a apagar de seu livro de registros processuais os dados referentes aos supostos hereges. Isso porque, dizia-se, "aquilo que não se descobre em certa altura, pode vir a descobrir-se noutra"[16].

Os próprios inquisidores davam buscas gerais à procura de heréticos. De tempos em tempos, nas paróquias escolhiam-se alguns padres e leigos, "pessoas de bem", a quem se fazia prestar juramento, e que promoviam buscas frequentes "e escrupulosas em todas as casas, nos quartos, celeiros, subterrâneos etc." a fim de se certificarem se porventura não havia hereges escondidos por ali.

A progressiva rejeição da tortura

Com a evolução dos tempos, a Igreja, envolvida pelas ideias humanistas, procurou minorar tais procedimentos medievais, afastou-se dos centros

15. Ibid., cap. 3, p. 33-47.

16. Ibid., cap. 1, p. 15.

de poder e estabeleceu a igualdade de todos perante a Justiça, restringindo sobremaneira a prática de torturas e de detenções preventivas. Foram suprimidos o uso da água fervente, do óleo quente e do ferro em brasa. Aboliu-se também o princípio de que "em qualquer julgamento Deus estará presente para dar razão a quem tiver". Pois o "poder divino" submetia o acusado a provas. Se saísse ileso, era inocente. Se a ferida não infeccionasse, se a pele não formasse bolhas, não era considerado culpado e sua inocência era proclamada. Caso contrário, se não resistisse à dor, era obrigado a confessar sua culpa e, portanto, incriminado.

Ainda que no século XVI se tenham publicado os ordenamentos criminais de Carlos V, favoráveis a todo tipo de crueldade, o humanista cristão João Vives, em seu comentário a *De Civitate Dei,* de Santo Agostinho, rejeita decididamente a tortura:

> Como podem viver tantos povos, inclusive bárbaros, como dizem os gregos e latinos, que permitem torturar durissimamente um homem de cujos delitos se duvida? Nós, homens dotados de todo senso humanitário, torturamos homens para que não morram inocentes, embora tenhamos deles mais piedade do que se morressem: muitas vezes os tormentos são, de longe, piores do que a morte [...]. Não posso e não quero alongar-me aqui sobre a tortura [...] é um lugar comum, entre os retóricos, falar pró e contra ela. Enquanto o que dizem contra é fortíssimo, os argumentos a favor são fúteis e fracos[17].

Em 1624, João Graefe ou Grevius, pastor armeniano holandês, publicou em Hamburgo o seu *Tribunal Reformatum,* verdadeiro tratado de teologia moral a respeito da tortura. Segundo ele, esta não pode ser justificada pelas Escrituras, é contra a caridade cristã e o direito natural. A esta obra seguem-se outras de autores católicos, Von Sppe (*Cautio criminalis,* 1631), I. Schaller (*Paradoxon de tortura in christiana republica non exercenda,* 1657), A. Nicolas (*Si la torture est un moyen sûr à vérifier les crimes secrets,* 1682). A de maior importância, porém, foi a dissertação de C. Thomasius, *De tortura ex foris christianorum proscribenda,* publicada em Halle, em 1705, na qual ele defende a exclusão da tortura dos processos penais, por ser uma pena desproporcional e contra a justiça em geral, bem como por ser contra o senso cristão de justiça e de proporção. Aconselha ao príncipe a considerar

17. Tomo V, ed. Froben, Basileia, editado em 1551.

sua abolição pela ótica meramente política, uma vez que teologicamente e segundo o direito natural ela é insustentável.

A partir da famosa obra de C. Beccaria, *Dei delitti e delle* (Livorno, 1764), os iluministas retomam os argumentos de Thomasius e conseguem introduzir a proibição da tortura na legislação vigente, a começar pela Suécia e pela Prússia de Frederico II. No entanto, o mesmo não ocorre na Igreja Católica. A 3 de fevereiro de 1766, o Santo Ofício inclui no *Index* de livros proibidos a obra de Beccaria. E Santo Afonso de Ligório, na edição de 1785 de sua *Teologia Moral*, ainda se pergunta: "O que é lícito ao juiz em questão de tortura?" O único moralista que se coloca ao lado de Thomasius é o capuchinho alemão R. Sasserath, em seu *Cursus Theologiae Moralis*, de 1787.

Também a Revolução Francesa trouxe significativos avanços no tratamento da questão, impondo às autoridades o respeito à integridade física dos detidos e, consequentemente, proibindo a tortura.

A partir do século XIX, nenhum manual de Teologia Moral recoloca a questão da tortura, pois, já no século XVII, fora considerada prática "moralmente censurável" e, no século XVIII, erigida em crime. Contudo, no Brasil colônia, o Código Criminal estipulava para os escravos a pena de açoite e, por vezes, a sentença punha o escravo a ferros. A única atenuante era o impedimento legal de o negro receber mais de 50 chibatadas diárias [...]. Para os delitos graves havia o emparedamento e a possibilidade de quebra dos dentes e de ossos do culpado.

É no século XX, após a Primeira Guerra Mundial, que a tortura volta como método privilegiado de interrogatório policial e militar em dezenas de países, embora excluída da legislação. Na Segunda Guerra, ela é usualmente aplicada aos prisioneiros de guerra, em especial nos campos de concentração nazistas, vítimas inocentes de um genocídio programado que, após o conflito mundial, fez emergir na consciência dos povos de todo o mundo a exigência de se ter um estatuto que objetive e defenda os valores essenciais da vida humana. Assim, os países membros da ONU assinaram, em 1948, a Declaração Universal dos Direitos Humanos, onde as torturas e os maus-tratos são definitivamente condenados.

Poucas normas jurídicas foram tão aceitas no mundo das nações civilizadas como aquelas proclamadas pela ONU.

Sua influência fez com que quase todos os países adotassem, em seus ordenamentos jurídicos, regras de proibição terminantes com tais práticas.

Apesar disso, a humanidade assiste ao alastramento endêmico da tortura.

O Concílio Vaticano II (1963-1965), em sua Constituição *Gaudium et Spes,* declara que "tudo o que viola a integridade da pessoa humana, como as mutilações, as torturas físicas ou morais e as tentativas de dominação psicológica [...] são efetivamente dignas de censura, (pois) contradizem sobremaneira a honra do Criador" (n. 284).

Em 1977, as Igrejas protestantes e ortodoxas, através do Conselho Mundial de Igrejas (CMI) também reprovaram, em importante declaração, a prática ignominiosa da tortura:

> Dadas as trágicas dimensões da tortura em nosso mundo, instamos as Igrejas a usarem este ano do trigésimo aniversário da Declaração Universal dos Direitos Humanos como ocasião especial para tornarem públicas a prática, a cumplicidade, e a propensão à tortura existentes em nossas nações. A tortura é epidêmica, é gerada no escuro, no silêncio. Conclamamos as Igrejas a desmascararem a sua existência abertamente, a quebrarem o silêncio, a revelarem as pessoas e as estruturas de nossas sociedades responsáveis por estas violações dos direitos humanos que são os mais desumanizantes.

Nos últimos anos a tortura foi prática disseminada especialmente em países governados sob a égide da Doutrina de Segurança Nacional, prática que subverte o objeto essencial do Estado, que é o resguardo das liberdades individuais e a promoção do bem comum. À luz da Segurança Nacional, a tortura não decorre apenas do sadismo dos torturadores; ela é parte integrante do sistema repressivo montado pelo Estado, a fim de sufocar os direitos e as liberdades de seus opositores. É parte da estratégia de manutenção do poder. Acreditando em sua eficácia e rapidez, as investigações policiais e militares passaram a adotá-la como método exclusivo de apuração de fatos considerados crimes contra a Segurança Nacional. Para tanto, a tortura tornou-se matéria de estudo teórico e prático em academias militares e em centros de instrução policial.

Anexo III
Desaparecidos políticos desde 1964

1. Adriano Fonseca Fernandes Filho – 1973 (A = Araguaia)
2. Aluízio Palhano Pedreira Ferreira – 1971
3. Ana Rosa Kucinski Silva – 1974
4. André Grabois – 1973 (A)
5. Antônio "Alfaiate" – 1974 (A)
6. Antônio Alfredo Campos – 1973 (A)
7. Antônio Carlos Monteiro Teixeira – 1972 (A)
8. Antônio Guilherme Ribeiro Ribas – 1973 (A)
9. Antônio Joaquim Machado – 1971
10. Antônio de Pádua Costa – 1974 (A)
11. Antônio Teodoro de Castro – 1973 (A)
12. Arildo Valadão – 1973 (A)
13. Armando Teixeira Frutuoso – 1975
14. Áurea Eliza Pereira Valadão – 1974 (A)
15. Ayrton Adalberto Mortati – 1971
16. Bergson Gurjão de Farias – 1972 (A)
17. Caiuby Alves de Castro – 1973
18. Carlos Alberto Soares de Freitas – 1971
19. Celso Gilberto de Oliveira – 1970
20. Cilon da Cunha Brun – 1973 (A)
21. Ciro Flávio Oliveira Salazar – 1972 (A)
22. Custódio Saraiva Neto – 1974 (A)
23. Daniel José de Carvalho – 1973
24. Daniel Ribeiro Calado – 1973 (A)
25. David Capistrano da Costa – 1974
26. Denis Antônio Casemiro – 1971

27. Dermeval da Silva Pereira – 1974 (A)
28. Dinaelsa Soares Santana Coqueiro – 1973 (A)
29. Dinalva Oliveira Teixeira – 1973 (A)
30. Divino Ferreira de Souza – 1973 (A)
31. Durvalino de Souza – 1973
32. Edgar de Aquino Duarte – 1974
33. Eduardo Collier Filho – 1974
34. Elmo Corrêa – 1974 (A)
35. Elson Costa – 1975
36. Ezequias Bezerra da Rocha – 1973
37. Félix Escobar Sobrinho – 1971
38. Fernando Augusto de Santa Cruz Oliveira – 1974
39. Gilberto Olímpio Maria – 1973 (A)
40. Guilherme Gomes Lund – 1973 (A)
41. Heleni Pereira Teles Guariba – 1971
42. Helenira Rezende de Souza Nazareth – 1972 (A)
43. Hélio Luiz Navarro de Magalhães – 1974 (A)
44. Hiram de Lima Pereira – 1975
45. Honestino Monteiro Guimarães – 1973
46. Humberto Albuquerque Câmara Neto – 1973
47. Idalísio Soares Aranha Filho – 1972 (A)
48. Ieda Santos Delgado – 1974
49. Isis Dias de Oliveira – 1972
50. Issami Nakamura Okano – 1974
51. Itair José Veloso – 1975
52. Ivan Mota Dias – 1971
53. Jaime Petit da Silva – 1973 (A)
54. Jana Moroni Barroso – 1974 (A)
55. Jayme Amorim de Miranda – 1975
56. João Alfredo – 1964
57. João Batista Rita Pereda – 1973
58. João Carlos Haas Sobrinho – 1972 (A)
59. João Gualberto – 1973 (A)
60. João Massena Melo – 1974
61. Joaquim Pires Cerveira – 1973
62. Joel José de Carvalho – 1973
63. Joel Vasconcelos dos Santos – 1971
64. Jorge Leal Gonçalves Pereira – 1970
65. José Francisco Chaves – 1972 (A)
66. José Humberto Bronca – 1973 (A)

67. José Lavechia – 1973
68. José Lima Piauhy Dourado – 1973 (A)
69. José Maurílio Patrício – 1974 (A)
70. José Montenegro de Lima – 1975
71. José Porfírio de Souza – 1973
72. José Romam – 1974
73. José Toledo de Oliveira – 1972 (A)
74. Kleber Lemos da Silva – 1972 (A)
75. Líbero Giancarlo Castiglia – 1973 (A)
76. Lúcia Maria de Souza – 1973 (A)
77. Lúcio Petit da Silva – 1974 (A)
78. Luís de Almeida Araújo – 1971
79. Luís Inácio Maranhão Filho – 1974
80. Luiz Renê Silveira e Silva – 1974 (A)
81. Luíza Augusta Garlippe – 1973 (A)
82. Lourival Paulino – 1972 (A)
83. Manuel José Murchis – 1972 (A)
84. Márcio Beck Machado – 1973
85. Marco Antônio Dias Batista – 1970
86. Maria Augusta Thomaz – 1973
87. Maria Célia Corrêa – 1974 (A)
88. Maria Lúcia Petit da Silva – 1972 (A)
89. Mariano Joaquim da Silva – 1971
90. Mário Alves de Souza Vieira – 1970
91. Maurício Grabois – 1973 (A)
92. Miguel Pereira dos Santos – 1972 (A)
93. Nélson de Lima Piahuy Dourado – 1974 (A)
94. Nestor Veras – 1975
95. Orlando Momente – 1974 (A)
96. Orlando Rosa Bonfim Júnior – 1975
97. Osvaldo Orlando da Costa – 1974 (A)
98. Paulo César Botelho Massa – 1972
99. Paulo Costa Ribeiro Bastos – 1972
100. Paulo Mendes Rodrigues – 1973 (A)
101. Paulo Roberto Pereira Marques – 1973 (A)
102. Paulo Stuart Wright – 1973
103. Paulo de Tarso Celestino da Silva – 1971
104. Pedro Alexandrino de Oliveira – 1974 (A)
105. Pedro Inácio de Araújo – 1964
106. Ramires Maranhão do Valle – 1973

107. Rodolfo de Carvalho Troiano - 1974 (A)
108. Rosalindo Souza - 1973 (A)
109. Rubens Beirodt Paiva - 1971
110. Rui Carlos Vieira Berbert - 1971
111. Rui Frazão Soares - 1974
112. Sérgio Landulfo Furtado - 1972
113. Stuart Edgar Angel Jones - 1971
114. Suely Yomiko Kanayama - 1974 (A)
115. Telma Regina Cordeiro Corrêa - 1974 (A)
116. Thomas Antônio da Silva Meirelles Netto - 1974
117. Tobias Pereira Júnior - 1974 (A)
118. Uirassu de Assis Batista - 1974 (A)
119. Vandick Reidner Pereira Coqueiro - 1973 (A)
120. Virgílio Gomes da Silva - 1969
121. Vitorino Alves Moitinho - 1973
122. Walquíria Afonso Costa - 1974 (A)
123. Walter Ribeiro Novais - 1971
124. Walter de Souza Ribeiro - 1974
125. Wilson Silva - 1974

Anexo IV
Declaração sobre tortura

Conselho Mundial de Igrejas (Genebra, Suíça, agosto de 1977)

"[...] a ênfase do Evangelho está no valor de todos os seres humanos aos olhos de Deus, na obra expiatória e redentora de Cristo que legou a verdadeira dignidade à humanidade, no amor como motivo da ação, e no amor ao próximo como expressão prática de uma atuante fé em Cristo. Somos membros uns dos outros, e quando um sofre todos sofrem" (*Consulta sobre Direitos Humanos e Responsabilidade Cristã,* St. Pölten, Áustria, 1974).

A trigésima reunião do Comitê Central do Conselho Mundial de Igrejas (Genebra, 28 de julho – 6 de agosto de 1977) ouviu as palavras do seu moderador o qual, com profunda tristeza, dirigiu sua atenção para "o aumento constante de relatórios sobre violações de direitos humanos e sobre a utilização da tortura em um número cada vez maior de países no mundo". O secretário-geral então instou o Comitê Central a "um estilo de reflexão e de vida que é condição para a promoção da unidade, testemunho e serviço do povo de Deus de acordo com o propósito de Deus". Um elemento essencial disso é o firme propósito "de ser autêntico, e de viver a verdade". "Viver como ser humano", disse ele, "significa descobrir as coisas, trazê-las à luz, revelá-las, tirar delas seu caráter de obscuridade, despertá-las para a consciência".

Somos chamados a dar testemunho da luz que veio ao mundo através do nosso Senhor Jesus Cristo. "Ao mesmo tempo, conhecemos a condenação, que Deus enviou a luz ao mundo, mas o mundo preferiu as trevas porque as suas obras eram más. Os que fazem o mal detestam a luz e fogem dela, para que as suas más obras não sejam descobertas" (Jo 3,19-20).

Estamos hoje sob o julgamento de Deus, porquanto em nossa geração a escuridão, fraude e desumanidade da câmara de tortura tornaram-se uma realidade mais difundida e atroz do que em qualquer outra época da história.

Nenhuma prática humana é tão abominável, e nem tão universalmente condenada. No entanto, as torturas física e mental e outras formas de tratamento cruel e desumano estão agora sendo aplicadas sistematicamente em muitos países, sendo que praticamente nenhum país pode asseverar que está livre delas.

No ano que vem o mundo será convocado para marcar o trigésimo aniversário da aprovação, em 10 de dezembro de 1948, pela Assembleia Geral das Nações Unidas, da "Declaração Universal dos Direitos Humanos". O preâmbulo da referida Declaração afirma que "o reconhecimento da dignidade inerente e dos direitos iguais e inalienáveis de todos os membros da família humana é o fundamento da liberdade, justiça e paz no mundo".

A Assembleia de Nairóbi do CMI (1975) nos instou para que conservássemos bem alto esta preocupação com a justiça, para que trabalhássemos pela implementação de todos os direitos enunciados na Declaração Universal, e pela eliminação das causas das violações dos direitos humanos.

A luta pela abolição da tortura envolve "trabalho no nível mais básico por uma sociedade sem estruturas injustas". A tortura ocorrerá com maior probabilidade nas sociedades caracterizadas pela injustiça, mas poderá também ocorrer em situações onde a maioria dos direitos estão protegidos. Embora a tortura seja às vezes aplicada a prisioneiros comuns, as vítimas mais prováveis são as pessoas que se envolveram na luta pela justiça e direitos humanos em suas próprias sociedades, pessoas que tiveram a coragem de dar voz às necessidades do povo. Diante da oposição política, governantes de um número cada vez maior de países decretaram leis de emergência nas quais a garantia básica de *habeas corpus* foi suspensa. Aos presos é proibido contato com um advogado de defesa, seus familiares, líderes religiosos ou outros, criando condições propícias para a tortura. Sob o pretexto da "segurança nacional", muitos estados hoje subordinam a dignidade humana aos interesses egoístas daqueles que estão no poder.

Dadas as trágicas dimensões da tortura em nosso mundo, instamos as Igrejas a tomarem esse ano do trigésimo aniversário como uma ocasião especial para desnudar a prática, a cumplicidade, e a inclinação à tortura existentes em nossos países. A tortura é endêmica, brota no escuro, no silêncio. Convocamos as Igrejas para trazer a público sua existência, quebrar o silêncio, revelar as pessoas e estruturas das nossas sociedades que são responsáveis por essa mais desumanizante de todas as violações dos direitos humanos.

Reconhecemos que ainda restam, mesmo entre as Igrejas, algumas diferenças de interpretação dos direitos humanos, e que às vezes prioridades diferentes são estabelecidas para a implementação dos direitos humanos de acordo com vários contextos socioeconômicos, políticos e culturais. Mas sobre a questão da tortura não pode haver diferença de opinião. As Igrejas podem e devem estar entre as forças principais pela abolição da tortura.

Instamos as Igrejas, por conseguinte, a:

> 1. a) intensificar seus esforços para informar seus membros e os povos dos seus países sobre o que dispõe a "Declaração Universal dos Direitos Humanos", e especialmente seu artigo 5, que reza:
>
> Ninguém será submetido a tortura ou a tratamento ou castigo cruel, desumano ou degradante;
>
> b) continuar e intensificar seus esforços para levar seus governos a ratificar os convênios internacionais sobre direitos econômicos, sociais e culturais, e sobre direitos civis e políticos aprovados pela Assembleia Geral das Nações Unidas, em 16 de dezembro de 1966; esforços especiais devem ser feitos para conseguir a ratificação do "Protocolo Opcional" do "Convênio sobre Direitos Sociais e Políticos" pelo qual os estados aceitam permitir que sejam consideradas comunicações de indivíduos sob sua jurisdição que afirmam serem vítimas de uma violação dos direitos estabelecidos no referido Convênio pelo seu próprio Estado; por igual modo, a atenção de governos deve ser chamada para a importância da ratificação específica do artigo 41 do "Convênio sobre Direitos Civis e Políticos", pelo qual um Estado pode expressar sua disposição de permitir que outros países levantem questões, através de cuidadoso proce-

dimento, sobre o seu cumprimento das disposições desse Convênio, incluindo o artigo 7 que proíbe a tortura ou tratamento ou castigo cruel, desumano ou degradante;

c) informar seus membros e os povos dos seus países sobre o conteúdo da "Declaração sobre a Proteção de Todas as Pessoas de Serem Submetidas à Tortura ou Outro Tratamento ou Castigo Cruel, Desumano ou Degradante", aprovado unanimemente pela Assembleia Geral das Nações Unidas, em 9 de dezembro de 1975;

d) estudar e buscar a aplicação em todos os níveis de governo das "Regras Mínimas Comuns para o Tratamento de Presos", aprovadas em 30 de agosto de 1955 pelo Primeiro Congresso das Nações Unidas para a Prevenção do Crime e Tratamento de Réus;

e) estudar e buscar a aplicação da "Declaração de Tóquio: Orientação para Médicos referente à Tortura e outro Tratamento ou Castigo Cruel, Desumano ou Degradante em Relação à Detenção e Encarceramento", aprovada pela vigésima-nona Assembleia Médica Mundial, em Tóquio, outubro de 1975.

2. Assegurar a obediência dos seus governos às disposições desses importantes instrumentos internacionais, reconhecendo que, apesar de não serem legalmente aplicáveis, elas representam um grande consenso internacional e sustentam um peso moral muito substancial.

3. Expressar sua solidariedade com Igrejas e povos em outros lugares nas suas lutas para que essas disposições sejam aplicadas em seus próprios países.

4. Instar seus governos a contribuírem positivamente com o atual esforço das Nações Unidas para desenvolver um corpo de princípios para a proteção de todas as pessoas sob qualquer forma de detenção ou encarceramento, e fortalecer os procedimentos existentes para a implementação das "Regras Mínimas Comuns"; e da Organização Mundial de Saúde para desenvolver um "Código de Ética Médica Relevante para a Proteção de Pessoas Detidas Contra a Tortura e Outro Tratamento ou Castigo Cruel, Desumano ou Degradante".

5. Trabalhar pela elaboração, nas Nações Unidas, de um "Convênio sobre a Proteção de todas as Pessoas contra a Tortura" (cf. Anexo V).

6. Animar outras iniciativas para estabelecer uma estratégia internacional para lutar contra a tortura e criar um eficiente sistema internacional para banir a tortura.

7. Assegurar que as autoridades encarregadas de aplicar a lei, e os membros das Forças Armadas e organismos especiais de segurança, e membros das profissões médicas e outros sejam informados

sobre os instrumentos internacionais acima mencionados, pressionando pela sua não participação na tortura, bem como sua não cumplicidade com outros diretamente envolvidos.

8. Trabalhar contra qualquer comércio internacional adicional da tecnologia ou equipamentos de torturas e contra o desenvolvimento na comunidade científica de técnicas de tortura física ou mental ainda mais sofisticadas.

9. Buscar acesso a lugares de detenção e centros de interrogatórios a fim de assegurar que pessoas ali detidas não estejam sendo maltratadas.

10. Estar especialmente atentas ao fato de que a tortura quase sempre ocorre após detenção secreta, sequestro e subsequente desaparecimento da vítima; e assegurar que medidas rápidas e apropriadas sejam tomadas para localizar a vítima e providenciar proteção legal para tais pessoas da parte das autoridades competentes.

Anexo V
Convenção contra a tortura e outros tratamentos ou castigos cruéis, desumanos ou degradantes

[Aprovada pela Assembleia Geral da Organização das Nações Unidas (ONU), aos 10 de dezembro de 1984]

Os países que aprovam esta convenção,

Considerando que, de acordo com os princípios proclamados na Carta das Nações Unidas, o reconhecimento dos direitos iguais e inalienáveis de todos os membros da família humana é o fundamento da liberdade, justiça e paz no mundo;

Reconhecendo que esses direitos decorrem da dignidade inerente na pessoa humana;

Considerando a obrigação dos países na Carta, em particular o artigo 55, de promoverem o respeito e observância dos direitos humanos e das liberdades fundamentais;

Levando em consideração o artigo 5 da Declaração Universal dos Direitos Humanos e o artigo 7 do Convênio Internacional sobre os Direitos Civis e Políticos, ambos dos quais estabelecem que ninguém será submetido a tortura nem a tratamento ou castigo cruel, desumano ou degradante;

Levando em consideração também a Declaração sobre a Proteção de Todas as Pessoas Contra Serem Submetidas à Tortura ou Outros Tratamentos ou Castigos Cruéis, Desumanos ou Degradantes, aprovada pela Assembleia Geral aos 9 de dezembro de 1975; e

Desejando tornar mais eficiente a luta contra a tortura e outros tratamentos ou castigos cruéis, desumanos ou degradantes ao redor do mundo,

Concordaram como segue:

— I Parte —

Artigo 1

1. Para as finalidades desta convenção, o termo "tortura" significa qualquer ato através do qual se inflige intencionalmente dor ou sofrimento severos, seja físico ou mental, sobre uma pessoa com propósitos tais como obter dela ou de uma terceira pessoa informação ou uma confissão, punindo-a por um ato que ela ou uma terceira pessoa tenha cometido ou é suspeita de ter cometido, ou intimidando ou constrangendo a pessoa ou uma terceira pessoa, ou por qualquer razão baseada em qualquer forma de discriminação, quando tal dor ou sofrimento é infligido, instigado, ou com o consentimento ou aprovação de uma autoridade pública ou outra pessoa agindo em uma capacidade oficial. O termo não inclui a dor ou sofrimento somente resultante, inerente ou acidentalmente, de sanções legais.

2. Este artigo não prejudica nenhum instrumento internacional ou legislação nacional que contenham ou possam conter estipulações de aplicação mais abrangente.

Artigo 2

1. Cada país que aprova esta convenção tomará eficientes medidas legislativas, administrativas, judiciárias e outras a fim de evitar atos de tortura em qualquer território sob sua jurisdição.

2. Nenhuma circunstância excepcional – seja um estado ou ameaça de guerra ou instabilidade política interna ou qualquer outra emergência pública – pode ser invocada para justificar a tortura.

3. Uma ordem de oficial superior ou autoridade pública não pode ser invocada como justificativa de tortura.

Artigo 3

1. Nenhum país que aprova esta convenção poderá expulsar, devolver ou extraditar uma pessoa para outro país onde houve motivos substanciais para acreditar que ela estará em perigo de ser submetida a tortura.

2. Para a finalidade de determinar se existem tais motivos, as autoridades competentes levarão em conta todas as considerações relevantes incluindo, onde aplicável, a existência no determinado país de um quadro consistente de violações flagrantes e maciças de direitos humanos.

Artigo 4

1. Cada país que aprova esta convenção deverá assegurar que todos os atos de tortura sejam ofensas nas suas leis criminais. O mesmo aplicar-se-á a qualquer tentativa de cometer tortura e a um ato por qualquer pessoa que se constitua em cumplicidade ou participação em tortura.

2. Cada país que aprova esta convenção fará com que estas ofensas sejam punidas com penas apropriadas que levem em conta sua natureza grave.

Artigo 5

1. Cada país que aprova esta convenção tomará as medidas necessárias para estabelecer sua jurisdição sobre as ofensas referidas no artigo 4, nos seguintes casos:

a. Quando as ofensas são cometidas em qualquer território sob sua jurisdição ou a bordo de um navio ou aeronave registrados naquele país;

b. Quando o acusado é cidadão daquele país;

c. Quando a vítima é cidadã daquele país, caso o país considere isto apropriado.

2. Cada país que aprova esta convenção deverá também tomar as medidas necessárias para estabelecer sua jurisdição sobre tais ofensas em casos onde o acusado esteja presente em qualquer território sob sua jurisdição e quando ele não o extradita de acordo com o artigo 8 para qualquer dos países mencionados no parágrafo 1 deste artigo.

3. Esta convenção não exclui qualquer jurisdição criminal exercida em acordo com a lei interna.

Artigo 6

1. Após o exame da informação em seu poder, e estando convencido que as circunstâncias o justificam, qualquer país que aprova esta convenção e cujo território está presente uma pessoa acusada de haver cometido qualquer ofensa referida no artigo 4 deverá detê-la ou tomar outras medidas legais para assegurar sua presença. A custódia e outras medidas legais serão aquelas contidas na lei daquele país, mas poderão ser continuadas somente pelo tempo necessário para permitir que sejam instituídas quaisquer procedimentos criminais ou de extradição.

2. O referido país imediatamente fará um inquérito preliminar sobre os fatos.

3. Qualquer pessoa sob custódia por causa do parágrafo 1 deste artigo será ajudada a comunicar-se imediatamente com o representante apropriado mais próximo do país do qual ela é cidadã ou, no caso de ser apátrida, com o representante do país onde geralmente reside.

4. Quando um país detém uma pessoa, de acordo com este artigo, ele imediatamente notificará os países referidos no artigo 5, parágrafo 1, sobre o fato de que tal pessoa está sob custódia e as circunstâncias que a justificam. O país que faz o inquérito preliminar conforme o parágrafo 2 deste artigo dará relatório imediato das suas conclusões aos referidos países e indicará se pretende ou não exercer jurisdição.

Artigo 7

1. O país que aprova esta convenção e em território cuja jurisdição se encontra uma pessoa acusada de cometer qualquer ofensa mencionada no artigo 4 deverá, de acordo com os casos mencionados no artigo 5, submeter o caso às autoridades competentes para que seja processada, isto no caso da pessoa não ser extraditada.

2. Essas autoridades deverão chegar à sua decisão na mesma forma como no caso de uma ofensa ordinária de natureza grave sob a lei daquele país. Nos casos referidos no artigo 5, parágrafo 2, os padrões de provas exigidas para o processo e condenação não poderão de forma nenhuma ser menos exigentes do que os aplicáveis nos casos referidos no artigo 5, parágrafo 1.

3. Qualquer pessoa contra a qual se inicie processo referente a qualquer das ofensas mencionadas no artigo 4 terá garantias de tratamento justo em todas as etapas do processo.

Artigo 8

1. As ofensas mencionadas no artigo 4 serão consideradas ofensas extraditáveis para serem incluídas em qualquer tratado de extradição existente entre países que aprovam esta convenção. Estes países se propõem a incluir tais ofensas como ofensas extraditáveis em todos os tratados de extradição a serem celebrados entre si.

2. Se um país que aprova esta convenção condiciona a extradição na existência de um tratado e recebe pedido de extradição de outro país que aprova esta convenção, mas com quem não tenha tratado de extradição, tal país pode considerar esta convenção como a base legal para extradição por causa de tais ofensas. A extradição ficará sujeita às outras condições existentes na lei do país solicitado.

3. Países que aprovam esta convenção e que não condicionam a extradição na existência de um tratado reconhecerão tais ofensas como ofensas extraditáveis entre si, sujeitas às condições existentes na lei do país solicitado.

4. Para fins de extradição entre países que aprovam esta convenção, tais ofensas serão tratadas como cometidas não só no lugar onde ocorreram como também nos territórios dos países obrigados a estabelecer sua jurisdição de acordo com o artigo 5, parágrafo 1.

Artigo 9

1. Os países que aprovam esta convenção concederão entre si a maior medida de ajuda com processos criminais iniciados por causa de quaisquer das ofensas mencionadas no artigo 4, incluindo a entrega de todas as provas necessárias ao andamento do processo.

2. Os países que aprovam esta convenção exercerão suas obrigações do parágrafo 1 deste artigo em conformidade com quaisquer tratados de assistência jurídica mútua que possa existir entre si.

Artigo 10

1. Cada país que aprova esta convenção assegurará que a educação e a informação referente à proibição da tortura estão plenamente incluídas no treinamento de pessoal que trabalha na área policial e de segurança, quer sejam civis ou militares, médicos e enfermeiros, autoridades públicas e outras pessoas que possam estar envolvidas na detenção, custódia, interrogatório ou tratamento de qualquer pessoa submetida a qualquer forma de prisão, detenção ou encarceramento.

2. Cada país que aprova esta convenção incluirá está proibição nas regras ou instruções dadas com respeito aos deveres e funções de quaisquer das referidas pessoas.

Artigo 11

Cada país que aprova esta convenção revisará sistematicamente suas regras de interrogatório, instruções, métodos e práticas, bem como providências para a custódia e tratamento de pessoas submetidas a qualquer forma de detenção ou encarceramento em qualquer território sob sua jurisdição, visando evitar qualquer caso de tortura.

Artigo 12

Cada país que aprova esta convenção deve assegurar que suas autoridades competentes farão uma pronta e imparcial investigação onde quer que exista fundamento razoável para acreditar que um ato de tortura foi cometido em qualquer território sob sua jurisdição.

Artigo 13

Cada país que aprova esta convenção deve assegurar que qualquer pessoa que alega ter sido submetida a tortura em qualquer território sob sua jurisdição tem o direito de queixar-se às autoridades competentes e ter seu caso pronta e imparcialmente examinado pelas mesmas. Providências deverão ser tomadas para assegurar que o queixoso e as testemunhas sejam protegidos contra quaisquer maus-tratos ou intimidação em consequência da sua queixa ou do fornecimento de quaisquer provas.

Artigo 14

1. Cada país que aprova esta convenção deverá assegurar que seu sistema legal garanta compensação à vítima de um ato de tortura e que tenha o direito realizável a uma justa e adequada compensação, incluindo os meios para uma reabilitação plena na medida do possível. No caso da morte da vítima como resultado de um ato de tortura, seus dependentes terão direito a compensação.

2. Nada neste artigo afetará qualquer direito da vítima ou outras pessoas à compensação existente na lei nacional.

Artigo 15

Cada país que aprova esta convenção assegurará que qualquer declaração provada como tendo sido feita como resultado de tortura não será invocada como prova em qualquer processo, exceto contra uma pessoa acusada de tortura como prova de que a declaração foi feita.

Artigo 16

1. Cada país que aprova esta convenção cuidará para evitar em qualquer território sob sua jurisdição outros atos de tratamento ou castigo cruel, desumano ou degradante que não sejam considerados tortura conforme a definição no artigo 1, quando tais atos são cometidos ou instigados, ou com o consentimento e aprovação de uma autoridade pública ou outra pessoa agindo em capacidade oficial. Especificamente, as obrigações contidas nos artigos 10, 11, 12 e 13 aplicar-se-ão com a substituição das referências à tortura pelas referências a outras formas de tratamentos ou castigos cruéis, desumanos e degradantes.

2. As providências desta convenção não prejudicarão as determinações de qualquer outro instrumento internacional ou lei nacional que proíba tratamento ou castigo cruel, desumano ou degradante ou que se refira a extradição ou expulsão.

Artigo 17

1. Será formada uma Comissão Contra a Tortura [daqui por diante referida como a Comissão] que exercerá as funções que passarão a ser descritas. A Comissão consistirá de dez peritos de alto gabarito moral e reconhecida competência no campo dos direitos humanos, os quais servirão em sua capacidade pessoal. Os peritos serão eleitos pelos países que aprovam esta convenção [daqui por diante referidos como estados], dando-se consideração à distribuição geográfica equitativa e à conveniência de participação de algumas pessoas com experiência jurídica.

2. Os membros da Comissão serão eleitos pelo voto secreto de uma lista de pessoas indicadas pelos estados. Cada Estado poderá indicar uma pessoa entre os seus próprios cidadãos. Os estados lembrarão a conveniência de indicar pessoas que são também membros da Comissão de Direitos Humanos estabelecida sob o Convênio Internacional sobre os Direitos Civis e Políticos e que estejam dispostos a prestar serviços na Comissão Contra a Tortura.

3. A eleição dos membros da Comissão ocorrerá durante as reuniões bienais dos estados convocados pelo secretário-geral das Nações Unidas. Naquelas reuniões, para as quais dois terços dos estados constituir-se á em *quorum*, as pessoas eleitas para a Comissão serão aquelas que obtiverem o maior número de votos e uma maioria absoluta dos votos dos representantes dos estados presentes e votando.

4. A eleição inicial ocorrerá não mais tarde do que seis meses após a entrada em vigor desta convenção. Pelo menos quatro meses antes da data de cada eleição, o secretário-geral das Nações Unidas enviará uma carta aos estados convidando-os a fazer indicações de nomes dentro de três meses. O secretário-geral preparará uma lista em ordem alfabética de todas as pessoas indicadas, com os estados que as indicaram, submetendo-a aos estados.

5. Os membros da Comissão serão eleitos por um período de quatro anos. Eles estarão aptos para reeleição caso forem reindicados. Entretanto, o mandato de cinco membros eleitos na primeira eleição expirará no fim de dois anos; imediatamente após a primeira eleição os nomes destes cinco membros serão escolhidos por sorte pelo coordenador da reunião referida no parágrafo 3 deste artigo.

6. Caso morra um membro da Comissão ou se demita ou não possa mais exercer seus deveres na Comissão por qualquer motivo, o Estado que o indicou nomeará outro perito dentre seus próprios cidadãos para servir o restante do seu mandato, sujeito à aprovação da maioria dos estados. A aprovação será considerada como dada caso a metade ou mais dos estados respondam negativamente dentro de seis semanas após serem informados pelo secretário-geral das Nações Unidas sobre a nomeação proposta.

7. Os estados serão responsáveis pelas despesas dos membros da Comissão enquanto estiverem exercendo os deveres da Comissão.

Artigo 18

1. A Comissão elegerá sua diretoria para um mandato de dois anos. Seus membros poderão ser reeleitos.

2. A Comissão estabelecerá suas próprias regras, mas estas regras incluirão, *inter alia,* o seguinte:

a. O *quorum* será de seis membros;

b. As decisões da Comissão serão tomadas pela maioria dos membros presentes.

3. O secretário-geral das Nações Unidas providenciará os funcionários e espaço necessários para a realização eficiente das funções da Comissão segundo esta convenção.

4. O secretário-geral das Nações Unidas convocará a reunião inicial da Comissão. Após sua reunião inicial, a Comissão reunir-se á tantas vezes quantas forem estabelecidas pelo seu regimento interno.

5. Os estados serão responsáveis pelas despesas feitas em conexão com as reuniões dos estados e da Comissão, incluindo a restituição às Nações Unidas por quaisquer despesas, tais como o custo de funcionários e espaço, feitas pelas Nações Unidas em decorrência do parágrafo 3 deste artigo.

Artigo 19

1. Os estados entregarão relatórios, através do secretário-geral das Nações Unidas, sobre as medidas que tomaram para concretizar os objetivos desta convenção, dentro de um ano após a entrada em vigor desta conven-

ção para o Estado em questão. Depois disso, os estados entregarão relatórios suplementares cada quatro anos sobre quaisquer medidas novas tomadas e outros relatórios eventualmente solicitados pela Comissão.

2. O secretário-geral das Nações Unidas transmitirá os relatórios a todos os estados.

3. Cada relatório será considerado pela Comissão, a qual fará tantos comentários gerais sobre o mesmo quantos julgar apropriados, remetendo-os ao Estado em questão.

4. A Comissão poderá, por sua própria vontade, decidir sobre a inclusão de quaisquer comentários feitos de acordo com o parágrafo 3 deste artigo, juntamente com as observações recebidas do Estado em questão, no seu relatório anual feito de acordo com o artigo 24. Caso solicitado pelo Estado em questão, a Comissão poderá também incluir uma cópia do relatório entregue em acordo com o parágrafo 1 deste artigo.

Artigo 20

1. Caso a Comissão receber informação confiável que contenha indicações bem fundamentadas de que a tortura está sendo sistematicamente praticada no território de um Estado, a Comissão convidará aquele Estado a cooperar no exame da informação e, neste sentido, apresentar observações com respeito à informação recebida.

2. Levando em conta quaisquer informações que tenham sido apresentadas pelo Estado em questão, bem como qualquer outra informação relevante ao seu alcance, a Comissão poderá – se decidir que isto seja justificado – designar um ou mais de seus membros para fazer uma investigação confidencial e relatar urgentemente à Comissão.

3. Caso uma investigação for feita de acordo com o parágrafo 2 deste artigo, a Comissão buscará a cooperação do Estado em questão. Em acordo com aquele Estado, esta investigação poderá incluir uma visita ao seu território.

4. Após o exame do relatório do(s) seu(s) membro(s) feito em acordo com o parágrafo 2 deste artigo, a Comissão transmitirá suas conclusões ao Estado em questão juntamente com quaisquer comentários ou sugestões que pareçam apropriadas diante da situação.

5. Todos os atos da Comissão mencionados nos parágrafos 1 a 4 deste artigo serão confidenciais, e a cooperação do Estado em questão será solicitada em todas as etapas dos procedimentos. Após a conclusão de tais procedimentos com referência a uma investigação feita em acordo com o parágrafo 2, a Comissão poderá, após consultas com o Estado em questão, decidir pela inclusão de um relato sumário dos resultados dos procedimentos no seu relatório anual segundo o artigo 24.

Artigo 21

1. Um Estado poderá a qualquer tempo declarar, por este artigo, que reconhece a competência da Comissão para receber e considerar comunicações que declarem que um Estado alega que outro Estado não está cumprindo suas obrigações assumidas através desta convenção. Tais comunicações poderão ser recebidas e consideradas de acordo com as regras estabelecidas neste artigo somente se forem submetidas por um Estado que tenha feito uma declaração reconhecendo, com referência a si mesmo, a competência da Comissão. Nenhuma comunicação será tratada por esta Comissão sob este artigo se ela se refere a um Estado que não tenha feito tal declaração. As comunicações recebidas sob este artigo serão tratadas de acordo com o seguinte procedimento:

a. Caso um Estado considerar que outro Estado não esteja cumprindo as cláusulas desta convenção, ele poderá, através de comunicação escrita, levar o assunto à atenção daquele Estado. Dentro de três meses após o recebimento da comunicação, o Estado que recebe a comunicação deverá dar ao Estado que a enviou uma explicação ou qualquer outra declaração por escrito esclarecendo o assunto, que deverá incluir – na medida em que for pertinente e possível – referência aos procedimentos domésticos e as medidas tomadas, em andamento ou disponíveis sobre o assunto;

b. Caso o assunto não for ajustado para a satisfação de ambos os estados em questão dentro de seis meses após o recebimento da comunicação inicial pelo Estado receptor, qualquer dos estados terá o direito de referir a matéria à Comissão, através de notificação dada à Comissão e ao outro Estado;

c. A Comissão tratará de matéria a ela referida sob este artigo somente depois de asseverar que todas as medidas domésticas foram invocadas e esgotadas nesse assunto, em conformidade com os princípios geralmente reconhecidos da lei internacional. Esta não será a regra onde a aplicação de medidas estaria sendo excessivamente prolongada ou incapaz de produzir alívio eficiente à pessoa que é vítima da violação desta convenção;

d. A Comissão realizará sessões reservadas ao examinar comunicações que se enquadram neste artigo;

e. De acordo com o que estipula o subparágrafo "c", a Comissão oferecerá seus bons ofícios aos estados em questão visando uma solução amiga ao assunto, na base do respeito às obrigações estabelecidas nesta convenção.

Para este fim, a Comissão poderá, quando apropriado, estabelecer um comitê *ad hoc* de conciliação;

f. Em qualquer assunto a ela referida com base neste artigo, a Comissão poderá convidar os estados em questão, mencionados no subparágrafo "b", para fornecer qualquer informação relevante;

g. Os estados em questão, mencionados no subparágrafo "b", terão o direito de ser representados quando a matéria for considerada pela Comissão e prestar declarações oralmente e/ou por escrito;

h. A Comissão, dentro de doze meses após o recebimento da notificação mencionada no subparágrafo "b", apresentará um relatório:

I) Caso uma solução dentro dos termos do subparágrafo "e" for encontrada, a Comissão limitará seu relatório a uma breve declaração sobre os fatos e sobre a solução alcançada;

II) Caso uma solução dentro dos termos do subparágrafo "e" não for encontrada, a Comissão limitará seu relatório a uma breve declaração sobre os fatos; as declarações apresentadas por escrito e o registro das declarações orais feitas pelos estados em questão serão anexadas ao relatório.

Em qualquer dos casos, o relatório será enviado aos estados em questão.

2. As estipulações deste artigo entrarão em vigor quando cinco estados tiverem feito declarações sob o parágrafo 1 deste artigo. Tais declarações serão depositadas pelos estados junto ao secretário-geral das Nações Unidas, o qual transmitirá cópias aos demais estados. Uma declaração poderá ser retirada a qualquer tempo através de notificação ao secretário-geral. Tal retirada não prejudicará a consideração de qualquer matéria que conste em

comunicação já transmitida sob este artigo; nenhuma outra comunicação de qualquer Estado será recebida sob este artigo após a notificação da retirada da declaração ter sido recebida pelo secretário-geral, salvo ter o Estado em questão feito uma nova declaração.

Artigo 22

1. Um Estado poderá a qualquer tempo declarar sob este artigo que reconhece a competência da Comissão de receber e considerar comunicações de e a favor de pessoas sujeitas à sua jurisdição que alegam ser vítimas de uma violação de cláusulas desta convenção por um Estado. Nenhuma comunicação será recebida pela Comissão no caso da referida comunicação tratar de um Estado que não tenha feito tal declaração.

2. A Comissão considerará inadmissível qualquer comunicação sob este artigo que seja anônima ou que considere ser um abuso do direito de apresentar tais comunicações ou incompatível com as cláusulas desta convenção.

3. Sujeita às estipulações do parágrafo 2, a Comissão trará quaisquer comunicações a ela apresentadas sob este artigo ao conhecimento do Estado que tenha feito uma declaração sob o parágrafo 1 e que esteja sendo acusado de violar quaisquer cláusulas da convenção. Dentro de seis meses, o Estado receptor apresentará à Comissão explicações escritas ou declarações esclarecendo o assunto e as medidas tomadas, se for o caso, por aquele Estado.

4. A Comissão considerará as comunicações recebidas sob este artigo à luz de todas as informações que foram colocadas ao seu dispor em nome da pessoa ou pelo Estado em questão.

5. A Comissão não levará em conta quaisquer comunicações individuais sob este artigo, ao menos que tenha verificado que:

a. O mesmo assunto não tenha sido, e não está sendo, examinado sob outro procedimento de investigação internacional;

b. A pessoa esgotou todas as medidas domésticas possíveis; esta não será a regra quando a aplicação de medidas for excessivamente demorada ou passível de não receber alívio eficiente à pessoa que é vítima da violação desta convenção.

6. A Comissão realizará reuniões fechadas quando estiver examinando comunicações que se enquadram neste artigo.

7. A Comissão enviará suas conclusões ao Estado em questão e à pessoa.

8. As estipulações deste artigo entrarão em vigor quando cinco estados tiverem feito declarações segundo o parágrafo 1 deste artigo. Tais declarações serão depositadas pelos estados junto ao secretário-geral das Nações Unidas, o qual transmitirá cópias das mesmas aos demais estados.

Artigo 23

Os membros da Comissão e os comitês *ad hoc* de conciliação que forem nomeados de acordo com o artigo 21, parágrafo 1 "e", terão direito às facilidades, privilégios e imunidades de peritos em missões das Nações Unidas conforme as cláusulas relevantes da Convenção sobre os Privilégios e Imunidades das Nações Unidas.

Artigo 24

A Comissão apresentará um relatório anual das suas atividades sob esta convenção aos estados e à Assembleia Geral das Nações Unidas.

— III Parte —

Artigo 25

1. Esta convenção está aberta para assinatura por todos os estados.

2. Esta convenção está sujeita à ratificação. Instrumentos de ratificação serão depositados junto ao secretário-geral das Nações Unidas.

Artigo 26

Esta convenção está aberta à adesão por todos os estados. A adesão será efetuada pelo depósito de um instrumento de adesão junto ao secretário-geral das Nações Unidas.

Artigo 27

1. Esta convenção entrará em vigor no trigésimo dia após o depósito junto ao secretário-geral das Nações Unidas do vigésimo instrumento de ratificação ou adesão.

2. Para cada Estado que ratificar ou aderir a esta convenção após o depósito do vigésimo instrumento de ratificação ou adesão, a convenção entrará em vigor no trigésimo dia após a data do depósito do seu próprio instrumento de ratificação ou adesão.

Artigo 28

1. Cada Estado poderá, na ocasião da assinatura ou ratificação desta convenção ou de adesão à mesma, declarar que não reconhece a competência da Comissão formada pelo artigo 20.

2. Qualquer Estado que tenha feito restrições de acordo com o parágrafo 1 deste artigo poderá, a qualquer momento, retirar estas restrições através de notificação ao secretário-geral das Nações Unidas.

Artigo 29

1. Qualquer Estado poderá propor emenda e depositá-la junto ao secretário-geral das Nações Unidas. O secretário-geral a seguir comunicará a proposta de emenda aos estados com um pedido para que seja notificado se estão a favor de uma conferência de Estado a fim de discutir e votar a proposta. No caso de pelo menos um terço dos estados se manifestarem a favor de tal conferência dentro de quatro meses após a data da referida comunicação, o secretário-geral convocará a conferência sob os auspícios das Nações Unidas. Qualquer emenda adotada pela maioria dos estados presentes e votada na conferência será submetida pelo secretário-geral a todos os estados para aceitação.

2. Uma emenda adotada em acordo com o parágrafo 1 deste artigo entrará em vigor quando dois terços dos estados tiverem notificado o secretário-geral das Nações Unidas que a aceitaram em conformidade com seus respectivos processos constitucionais.

3. Quando emendas entrarem em vigor, elas serão obrigatórias para os estados que as aceitaram, e para outros estados ainda compromissados com esta convenção e quaisquer emendas anteriores que tenham aceitadas.

Artigo 30

1. Qualquer disputa entre dois ou mais estados com referência à interpretação ou aplicação desta convenção que não possa ser resolvida pela negociação será submetida, a pedido de um deles, ao arbitramento. Se, dentro de seis meses da data do pedido de arbitramento, os estados não conseguirem concordar sobre a organização do arbitramento, qualquer um dos estados poderá entregar a disputa à Corte Internacional de Justiça a pedido ou em conformidade com o Estatuto da Corte.

2. Cada Estado poderá, por ocasião da assinatura ou ratificação desta convenção ou adesão à mesma, declarar que não se considera obrigado a observar o parágrafo 1 deste artigo. Outros estados não estarão obrigados a observar o parágrafo 1 deste artigo com relação a qualquer Estado que tenha feito tal restrição.

3. Qualquer Estado que tenha feito restrição conforme o parágrafo 2 deste artigo poderá a qualquer tempo retirar essa restrição através de notificação junto ao secretário-geral das Nações Unidas.

Artigo 31

1. Um Estado poderá denunciar esta convenção através de notificação escrita ao secretário-geral das Nações Unidas. A denúncia torna-se efetiva um ano após a data de recebimento da notificação pelo secretário-geral.

2. Tal denúncia não terá o efeito de liberar o Estado de suas obrigações sob esta convenção com referência a qualquer ato ou omissão que ocorrer antes da data em que a denúncia entre em vigor, nem deverá a denúncia prejudicar por qualquer maneira a consideração contínua de qualquer matéria que já estiver em discussão pela Comissão antes da data em que a denúncia entrar em vigor.